U0946980

走进
福建自贸试验区

ZOUJIN FUJIAN ZIMAO SHIYANQU

福建自贸试验区领导小组办公室
福建自贸区发展研究中心 编

海峡出版发行集团 THE STRAITS PUBLISHING & DISTRIBUTING GROUP | 福建人民出版社 FUJIAN PEOPLE'S PUBLISHING HOUSE

图书在版编目(CIP)数据

走进福建自贸试验区/福建自贸试验区领导小组办公室，福建自贸区发展研究中心编．—福州：福建人民出版社，2016.4

ISBN 978-7-211-07368-9

Ⅰ.①走… Ⅱ.①福… ②福… Ⅲ.①自由贸易区—研究—福建省 Ⅳ.①F752.857

中国版本图书馆 CIP 数据核字（2016）第 078778 号

走进福建自贸试验区

ZOUJIN FUJIAN ZIMAOSHIYANQU

编　　者：福建自贸试验区领导小组办公室
福建自贸区发展研究中心

选题策划：汤伏祥

责任编辑：林　顶

特约编辑：陈燕燕

出版发行：海峡出版发行集团
福建人民出版社　　**电　　话**：0591-87533169(发行部)

网　　址：http://www.fjpph.com　　**电子邮箱**：fjpph7211@126.com

网　　址：http://weibo.com/fjpph

地　　址：福州市东水路 76 号　　**邮政编码**：350001

印　　刷：福州万达印刷有限公司

地　　址：福州市仓山区金山大道 618 号桔园洲工业园 19 号楼　　**邮政编码**：350002

开　　本：700 毫米×1000 毫米　1/16

印　　张：25

字　　数：331 千字

版　　次：2016 年 4 月第 1 版　　2016 年 4 月第 1 次印刷

书　　号：ISBN 978-7-211-07368-9

定　　价：50.00 元

本书如有印装质量问题，影响阅读，请直接向承印厂调换

前　言

2014 年 12 月 31 日，国务院批准设立中国（福建）自由贸易试验区。4 月 21 日，福建自贸试验区正式挂牌运作。建立福建自贸试验区是党中央、国务院作出的重大决策，是在新形势下推进改革开放和深化两岸经济合作的重要举措，为全面深化改革和扩大开放探索新途径、积累新经验，具有重要意义。

挂牌以来，在省委省政府的坚强领导下，在国家有关部委的大力支持下，经各方共同努力，福建自贸试验区建设扎实有序推进，取得了阶段性的成效。现将福建自贸试验区一年来的主要做法、建设成效及相关政策理论研究，汇编成《走进福建自贸试验区》一书，供有关单位和广大读者参阅。

编者

2016 年 4 月

目 录

实务篇

研究篇

舆情篇

政策法规篇

附 录

>>实务篇

福建自贸试验区基本情况

2014年初，福建省启动自贸试验区申报工作。2014年12月12日，国务院常务会议明确将福建与广东、天津一起列入第二批自由贸易试验区试点。2014年12月28日，全国人大常委会审议通过了福建自贸试验区法律调整授权决定。2014年12月31日，国务院批复设立中国（福建）自由贸易试验区。2015年3月24日，中共中央政治局会议审议通过了《中国（福建）自由贸易试验区总体方案》（以下简称“总体方案”）。2015年4月8日，国务院印发了总体方案。2015年4月21日，福建自贸试验区举行挂牌仪式。

一、实施范围

福建自贸试验区实施范围118.04平方公里，涵盖平潭、厦门、福州三个片区。

平潭片区面积43平方公里，分为港口经贸区、高新技术产业区、旅游商贸休闲区等三个功能区块，重点建设两岸共同家园和国际旅游岛，在投资贸易和资金人员往来方面实行更加自由便利的措施。

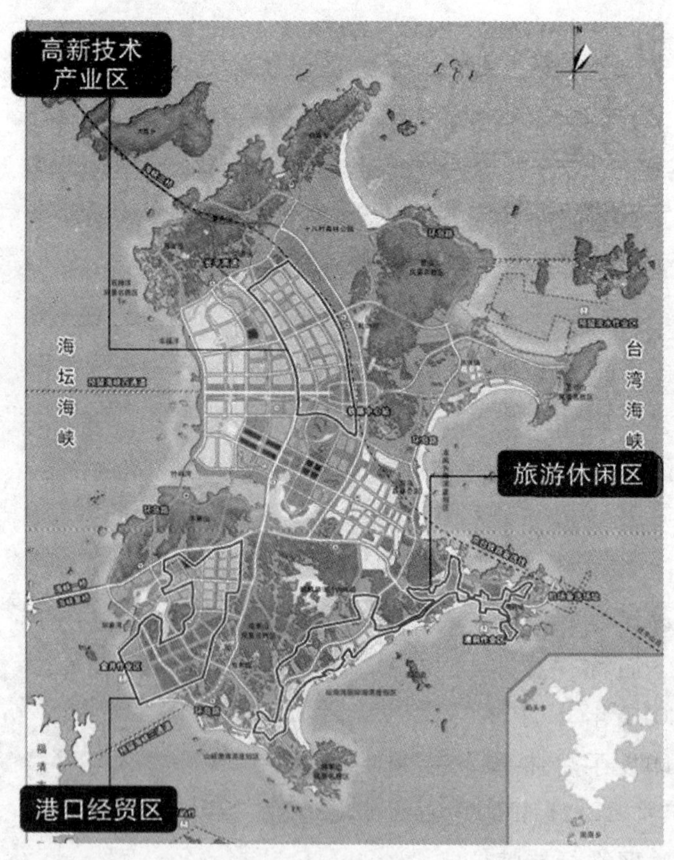

厦门片区面积 43.78 平方公里，包括东南国际航运中心海沧港区域和两岸贸易中心核心区，重点建设两岸新兴产业和现代服务业合作示范区、东南国际航运中心、两岸区域性金融服务中心和两岸贸易中心。

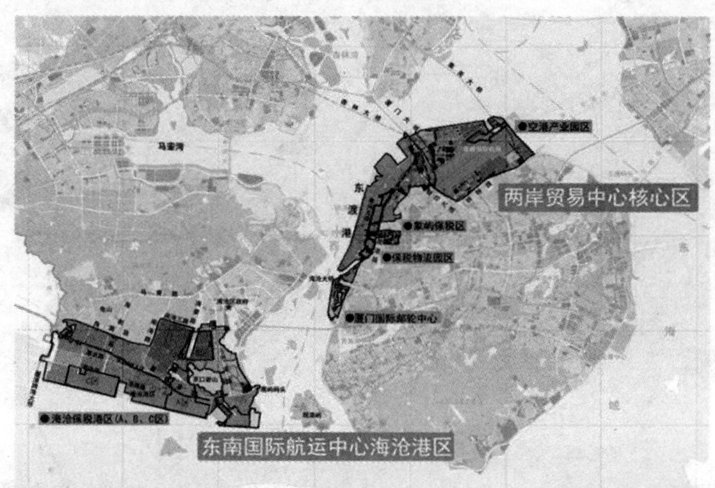

福州片区 31.26 平方公里，包括福州经济技术开发区和福州保税港区，具体细分为 7 个区块，重点建设先进制造业基地、21 世纪海上丝绸之路沿线国家和地区交流合作的重要平台、两岸服务贸易与金融创新合作示范区。

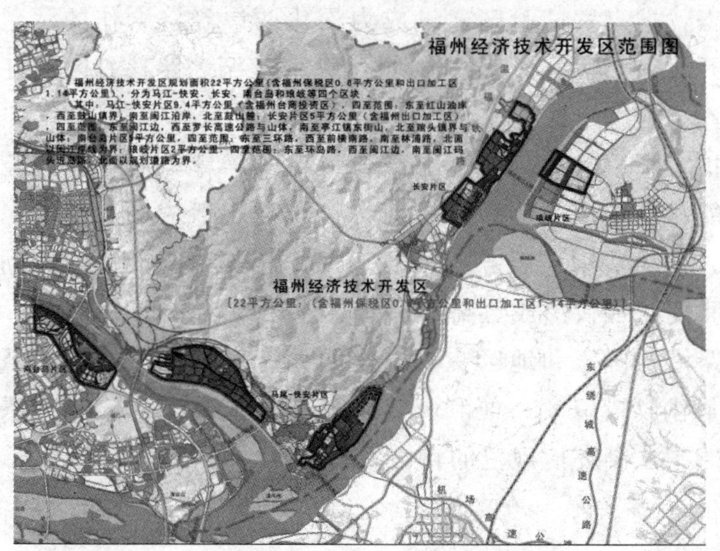

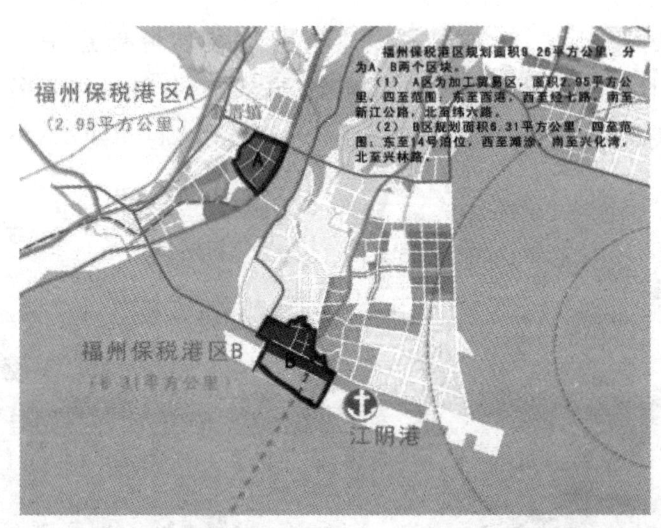

二、战略定位与发展目标

围绕立足两岸、服务全国、面向世界的战略要求，充分发挥改革先行优势，营造国际化、市场化、法治化营商环境，把自贸试验区建设成为改革创新试验田；充分发挥对台优势，率先推进与台湾地区投资贸易自由化进程，把自贸试验区建设成为深化两岸经济合作的示范区；充分发挥对外开放前沿优势，建设21世纪海上丝绸之路核心区，打造面向21世纪海上丝绸之路沿线国家和地区开放合作新高地。

坚持扩大开放与深化改革相结合、功能培育与制度创新相结合，加快政府职能转变，建立与国际投资贸易规则相适应的新体制。创新两岸合作机制，推动货物、服务、资金、人员等各类要素自由流动，增强闽台经济关联度。加快形成更高水平的对外开放新格局，拓展与21世纪海上丝绸之路沿线国家和地区交流合作的深度和广度。经过三至五年改革探索，力争建成投资贸易便利、金融创新功能突出、服务体系健全、监管高效便捷、法制环境规范的自由贸易园区。

三、初步成效

经过近一年来的实践，福建自贸试验区工作机制基本理顺，各项工作有序推进，人流、物流、资金流、信息流逐步激活。

（一）行政效率显著提高

通过简政放权和管理创新，政府服务水平大幅提升。一是商事登记制度改革深入推进。企业设立全面实行“一表申报、一口受理、一照一码、一章审批、一日办结”服务模式，企业设立由29天缩短到最快1天。“一照一码”从新设企业拓展到存量企业，电子营业执照全面实施，外资企业备案与企业设立合并受理。二是项目审批程序大幅精简。平潭片区社会投资项目审批从选址到竣工验收规范为四个阶段，每个阶段都采用“一表申请、一口受理、一章审批、一次出件”，申请材料从250项减少到19项左右，项目审批时限从原来平均1年压缩到93个工作日以内。厦门片区实行“多规合一”和项目审批“一张表”，项目立项到施工许可由原来的180个工作日缩短到49个工作日。三是企业办事基本实现不出区。三个片区综合服务大厅功能逐步完善，80%以上的省级和大部分市级行政许可事项已下放自贸试验区实施。福州片区综合服务大厅设立服务窗口69个，入驻部门44个，将时限压缩到法定时限的30%以内。

（二）通关环境明显改善

一批对标国际贸易通行规则的创新举措落地，企业通关更快速、更便捷、更便宜。一是通关效率明显提升。国际贸易“单一窗口”功能进一步完善，实现了与海关总署、国检总局的数据通道对接，企业货物申报时间从4个小时减至5—10分钟；船舶进出境申报时间由36个小时缩短到2.5个小时以内。二是监管模式更加科学。对货物实施分类监管，海关特殊监管区内可以同时经营保税和非保税业务。口岸部门密切合作，报关报检流程逐步优化，关检合作走在全国前列。三是企业负担有效减轻。通关提速后，企业物流成本、时间成本大幅降低。实施关检“一站式”查验，企业通关每个集装箱可减少费用 600 元。保税展示交易出区税款实行无纸化分段担保，担保由按月预缴改为按实际批次缴交，减少了企业资金占用。

(三) 开放水平持续提升

随着改革红利的不断释放，自贸试验区逐步成为我省吸收利用外资的新高地和新的聚集区。一是全面实行负面清单外资管理模式，对负面清单之外领域，实行备案制。截至 2016 年 3 月底，通过备案设立外资企业 1111 家，合同外资金额 74.15 亿美元，分别占新设外资企业数和合同外资金额的 98.1%、99.5%。二是进一步扩大服务领域对外资开放。截至 2016 年 3 月底，引进服务领域外资企业 1063 家，其中，融资租赁企业 80 家、电子商务企业 32 家。三是对一般境外投资项目和设立企业实行备案制，取消企业对外投资外汇行政许可，下放银行直接办理，企业对外投资备案证书申领当日即可办结。四是加强与“海丝”沿线国家和地区的交流合作。近百家企业与韩国、新加坡等国家和地区实现 AEO（经认证经营者）互认，进一步降低查验率。“台厦蓉欧”货运班列常态化运营，已运行班列 20 次、524 个集装箱，实现自贸试验区与“一带一路”的交汇。利嘉保税展示交易中心正在抓紧建设 6 万平方米的“韩国城”和 7 万平方米的“海丝国家综合馆”。

(四) 对台窗口效应显现

率先实施一批对台交流合作的创新举措和开放措施，两岸货物、服务、资金、人员要素流动更加便利。一是两岸通关合作取得突破。先后推出 30 多项对台贸易便利化措施，率先采信台湾检验检测机构出具的认证结果和检测结果，对 120 种台湾商品实施“源头管理、结果采信、抽检验证”快速验放模式等，对台贸易通关更快速、更便捷、更便宜。二是台商投资踊跃。截至 2016 年 3 月底，自贸试验区台资企业 699 家，合同台资金额 12.82 亿美元，分别占外资总量的 61.7%、17.2%。台湾居民到自贸试验区注册了 50 多户个体工商户。三是两岸金融合作进一步加强。先行开展对台跨境人民币贷款业务，提款金额占大陆试点业务总量的 90%。设立跨海峡人民币代理清算账户 48 个，结算总量占大陆近 10%。台湾中国信托商业银行入驻厦门片区，台湾华创股权投资基金落户平潭片区。四是闽台交流交往更加便捷。率先实施台湾居民入境免签注和试点签发电子台胞证政策，台胞入闽手续明显简化，台车入闽启动实施。对台海运快件累计约 15 万件。两岸联合设立“台企快车服务中心”、“两岸产业搭桥中心”，成立两岸知识产权智库。

（五）金融创新取得进展

一批新型金融服务模式推出，企业融资更便利、渠道更宽。一是金融机构入驻踊跃。截至 2016 年 3 月底，自贸试验区内已有金融机构 147 家，比设立自贸试验区前增加 39 家。其中银行 90 家，证券 9 家保险 48 家。互联网金融、汽车金融、航运金融等金融业态不断创新发展。二是跨境投融资更便利。全省（包括非自贸试验区）办理跨境双向人民币资金池的跨国企业集团共 80 家，从境外累计流入金额 199.74 亿元，累计流出境外 266.21 亿元。三是小微企业融资更容易。实施银税互动，银行根据小微企业纳税情况给予信用贷款。厦门片区已有 256 家企业获得 8.11 亿元贷款，平潭片区通过“银税互动”为小微企业放贷 18.6 亿元。

（六）发展功能逐步形成

自贸试验区政策效应开始显现，大量企业向自贸试验区聚集。一是企业入驻井喷式增长。省有关部门出台 10 项政策扶持 12 个重点业态发展，三个片区及时出台配套政策和招商指引。企业投资意愿不断增强，据调查，90%自贸试验区内企业愿意增资扩产。截至 2016 年 3 月底，自贸试验区共新增企业 26722 户，增长 4.2 倍；注册资本 42549 亿元，增长 5.1 倍。二是培育一批新业态新平台。整车进口、跨境电商、保税展示交易、创业创新创客基地、文化创意、飞机维修、融资租赁等重点平台建设取得新进展，新业态逐渐向自贸试验区靠拢并快速发展，推动我省产业转型升级。2015 年江阴整车进口 3887 辆，逆势增长 69.2%。三是有效带动全省投资和贸易增长。截至 2015 年 12 月底，自贸试验区新增合同外资 55.64 亿美元，拉动全省合同外资增长 53 个百分点；福州、厦门新增出口额 59.99 亿元，拉动全省出口增长 0.86 个百分点，为全省出口保持正增长提供了有力支撑。

(七) 人才工作得到强化

通过选人才、建队伍、强素质，为自贸试验区发展奠定良好的组织保障和智力支持。一是完善人才政策。出台了自贸试验区人才工作 14 条措施和引进高层次人才行动计划等文件，省有关部门已制定出台 10 多项配套政策。二是全方位培训人才。省委组织部举办 3 期领导干部专题培训。省商务厅、省公务员局在上海举办 6 期自贸试验区干部培训班。福建自贸试验区领导小组办公室每月定期举办企业政策解读讲座。三个片区也开展了多种形式培训活动。全省累计组织培训 1 万多人次。三是创新人才引进方式。省委组织部在全省选派 62 名优秀年轻干部到自贸试验区挂职锻炼，并协调国家部委选派 20 名干部到我省自贸试验区挂职。福州、厦门片区试行了公务员聘任制，开展了重要岗位竞争性选拔；福州片区从澳大利亚引进 1 名高级招商专员；平潭片区引进 6 名台湾专业人士到行政企事业单位任职。

(八) 事中事后监管不断强化

一是联合监管逐步完善。省工商局信用信息平台已链接省直 29 个单位，对市场主体公示信息和经营行为进行“双抽查”，实行联动监管、联合惩戒，对失信被执行人在任职、股权变更和转让质押、银行贷款、招投标等方面进行限制。二是强化风险防控。按照“每个试验项目要制定具体的政策文件、每项政策要有相应的监管措施”的要求，初步提出了自贸试验区首张风险防空清单，梳理出监管风险点 55 个，提出了 88 条防控措施。着手整合政府部门、行业协会、企业自身、社会公众等力量，推动建立市场主体多元共治机制。三是监管方式不断创新。出台促进公平竞争暂行办法，开展企业信用分类监管试点。在全国率先开发应用“税收风险管理信息系统”，将“事后纠正打击”转变为“事中分析提示”，既突出对重点企业的监管，又便利了信用良好企业。四是法制保障不断加强。省人大常委会暂时停止实施与总体方案不一致的地方性法规。以省政府令的形式颁布实施了《中国（福建）自由贸易试验区管理办法》等规章。《中国（福建）自由贸易试验区条例》2016 年 4 月 1 日公布施行。省法院、省检察院出台了《服务保障自贸试验区建设的意见》，三个片区均成立了自贸试验区检察室、国际商事仲裁院和国际商事调解中心，福州、厦门片区成立了自贸试验区法庭。平潭海峡两岸仲裁院聘请 50 名台湾仲裁员，台资企业可以选择台湾地区的仲裁员。

福建自贸试验区综合评估报告

【编者按】2015年10月，福建自贸试验区领导小组办公室委托商务部国际贸易经济合作研究院对福建自贸试验区半年来的建设情况进行综合评估，现将评估报告的主要内容摘编如下。

一、评估概述

在福建自贸试验区挂牌半年之际，福建自贸试验区领导小组办公室委托商务部国际贸易经济合作研究院（以下简称商务部研究院）开展福建自贸试验区半年评估工作。商务部研究院高度重视，组成以顾学明院长为负责人、产业国际化战略研究所张威所长为组长的评估组。评估组首先进行了资料搜集和案头分析工作，并于2015年10月赴福州、厦门、平潭三个片区进行深入调研，共召开了7场座谈会，涉及14家省直部门、37家市直部门、70家企业，实地调研并听取代表部门、企业汇报10余场。在此基础上，经过反复酝酿、认真研究、仔细推敲，撰写出评估报告。

福建自贸试验区挂牌运行半年以来，各项建设任务扎实推进，各试验领域均有制度创新的重大突破。根据《中国（福建）自由贸易试验区总体方案》（以下简称总体方案）转化的186项重点试验任务，已落地实施131项，实施率达70.43%。三个片区紧紧围绕各自功能定位，突出特色优势，分别制订相应的片区实施方案，三个片区2015年212项重点试验项目已落地实施165项，实施率达77.83%。福建自贸试验区改革开放的红利不断释放，营商环境进一步优化，为国家深化改革和扩大开放积累了可复制、可推广的成功经验。

福建自贸试验区不断落实各项保障措施。从组织保障来看，省级层面福建自贸试验区领导小组替代管委会架构设计、任务分组替代职能分组，采取的管理架构设计符合福建自身省情，也有利于突破区块分割局限，为自贸试验区发展提供有力的组织支持。从机制保障来看，福建自贸试验区已经建立起权责分工明确、条块协同配合、运转有序高效的运行机制，构建了包括试验任务推进、评估、发布及反馈在内的自我发展、自我纠错的良性动态运行机制，保证试点项目扎实有序推进的同时，保障改革创新成果加快复制推广，自贸试验区试验任务推进工作实现良好开局。从法制保障来看，福建自贸试验区的法制建设正在全面推进，自贸试验区正确把握先行先试与依法办事之间的关系，加快完善自贸试验区的法治环境，用法治巩固改革成果，为自贸试验区发展提供法制保障，确保在法治轨道上推进改革。从人才保障来看，福建自贸试验区围绕自贸试验区发展需要，突出人才队伍建设工作，实行更加积极的人才引进政策，同时加强本地人才资源的开发力度，为自贸试验区建设提供了良好的人才支撑。

在落实总体方案的同时，福建自贸试验区高度重视创新工作，坚持以体制机制创新为核心，以问题需求为导向，积极对标国际先进投资贸易规则，建立创新举措通报制度，促进三个片区比学赶超，在建设工作中不断求突破、促创新。挂牌半年来，福建自贸试验区推出实施了一系列创新举措，其中实施效果较好的109项创新举措经毕马威公司评估，有45项为全国首创，26项为复制拓展，包括投资便利化、贸易便利化、对台先行先试、事中事后监管等多个领域。同时，在商事制度改革、投资审批体制完善、国际贸易“单一窗口”、对台贸易自由、贸易便利化推进等方面，福建自贸试验区尤具特色、亮点突出。

在各项保障措施的支持下，福建自贸试验区各项试点任务有效推进，运行成效显著。从改革成效来看，福建自贸试验区通过加大简政放权与加快健全事中事后监管体系并行，加快搭建以企业为主体的国际化营商环境，为市场在资源配置中发挥决定性作用提供平台，使政府与市场定位更加明晰，为深化经济体制改革提供新路径。从开放成效来看，福建自贸试验区加快推动服务业领域有序开放，加快创新两岸货物贸易与服务贸易发展，推动自贸试验区成为对台先行先试的改革高地，开放力度与广度进一步扩大。从转型升级成效来看，福建自贸试验区努力营造便企利民的发展环境，持续推动自贸试验区功能性平台建设，积极推动传统产业创新发展，为打造经济结构转型升级版提供突破口，也为促进新型贸易业态发展搭建试验平台。从对接国际规则成效来看，福建自贸试验区已探索实行“准入前国民待遇加负面清单”模式，加快实施国际贸易“单一窗口”模式，推动开展以跨境投融资及其便利化为内容的金融制度创新，营造有利于各类投资者平等准入的市场环境，对标国际规则与通行做法已见雏形。从复制推广成效来看，福建自贸试验区为加快政府职能转变、推动政府管理创新提供可复制、可推广经验，成为未来新一轮行政体制改革的有益探索，对全局性改革的示范与带动作用初步显现。

在系统总结福建自贸试验区工作经验和运行成效的同时，为更好地完成国家有关要求，充分发挥示范带动、服务全国的作用，本报告也从国家部委支持、对台开放、风险防范、法制保障、统计监测及研究等方面提出了需要关注的几个主要问题，并提出了六点建议，分别是：进一步落实总体方案，进一步加强制度创新，进一步加强监管与风险防范，进一步加强法制保障，进一步建立和完善统计监测体系和进一步加强相关问题研究。

二、总体方案实施情况

福建自贸试验区挂牌半年来，各项试验任务全面推进，探索出了一批具有代表性的创新举措。与此同时，高效运转的管理体制构建完善，法治保障紧密跟进，人才等各项保障措施不断加强，福建自贸试验区建设赢得良好开局。

（一）试验任务落实情况

根据福建省政府印发实施的《福建自贸试验区总体方案重点试验任务分解表》，总体方案形成转化的186项重点试验任务，已落地实施131项，实施率达70.43%，其中，73项试验任务配套文件已出台、实施效果好、企业受益面广，22项试验任务配套文件已出台、实施效果较好，36项试验任务相关配套文件已出台，具备实施条件，但暂无试验载体；正在推进的试验任务55项，其中，相关文件已报国家部委但暂未获批的39项，国家部委正在研究制订方案或需等待国家统一部署的14项，国家部委明确暂不开展试验的2项。

为直观体现重点试验任务的落实程度，我们采用5分制打分法进行测算：5分（配套文件已出台、实施效果好、企业受益面广），4分（配套文件已出台、实施效果较好），3分（配套文件已出台、项目可以实施），2分（相关文件已报国家部委、暂未获批），1分（国家部委正在研究制订方案），0分（国家部委明确暂不开展试验或尚未启动）。

根据上述评分规则，对186项重点试验任务落实情况逐项进行打分，得出试验任务总体分类情况（见表1）。

表1　福建自贸试验区186项重点试验任务分类情况汇总表

分　类		任务数
已落地实施（共131项）	配套文件已出台，实施效果好，企业受益面广	73
	配套文件已出台，实施效果较好	22
	配套文件已出台，项目可以实施	36
正在推进（共55项）	相关文件已报国家部委，暂未获批	39
	国家部委正在研究制订方案	14
	国家部委明确暂不开展试验	2
总　计		186

根据总体方案，福建自贸试验区着重实施包括切实转变政府职能、推进投资管理体制改革、推进贸易发展方式转变、率先推进与台湾地区投资贸易自由、推进金融领域开放创新、培育平潭开放开发新优势等六

项主要任务。从这六个领域来看，推进投资管理体制改革、切实转变政府职能、推进贸易发展方式转变方面的重点试验任务得分较高，分别平均得分 4.48 分、4.17 分、4.14 分；率先推进与台湾地区投资贸易自由、培育平潭开放开发新优势、推进金融领域开放创新方面的重点试验任务得分较低，分别平均得分 3.20 分、2.92 分、2.75 分（见表 2）。

表 2 福建自贸试验区 186 项重点试验任务分类实施情况评估结果

序号	重点试验任务	项数	总得分	平均分
1	推进投资管理体制改革	21	94	4.48
2	切实转变政府职能	23	96	4.17
3	推进贸易发展方式转变	36	149	4.14
4	率先推进与台湾地区投资贸易自由	46	147	3.20
5	培育平潭开放开发新优势	12	35	2.92
6	推进金融领域开放创新	48	132	2.75

1. 政府职能：切实转变

福建自贸试验区切实转变政府职能方面的试验任务共 23 项，福建自贸试验区挂牌半年来，已落地实施 18 项，实施率达 78.26%，其中，配套文件已出台、实施效果好、企业受益面广的 14 项，配套文件已出台、实施效果较好的 4 项；正在推进的 5 项，未实施的主要原因在于相关文件已报国家部委，但暂未获批（见表 3）。

表 3 福建自贸试验区转变政府职能试验任务评估结果

分类		任务数	得分
已落地实施（共 18 项）	配套文件已出台，实施效果好，企业受益面广	14	70
	配套文件已出台，实施效果较好	4	16
	配套文件已出台，项目可以实施	0	0
正在推进（共 5 项）	相关文件已报国家部委，暂未获批	5	10
	国家部委正在研究制订方案	0	0
	国家部委明确暂不开展试验	0	0
总计		23	96

福建自贸试验区着力简政放权。自贸试验区努力推进行政体制改革，根据“按照国际化、市场化、法治化要求，加快推进政府管理模式创新，福建省能够下放的经济社会管理权限，全部下放给自贸试验区”的要求，福建赋予自贸试验区最大限度行政审批权限。2015年7月，福建省人民政府出台《中国（福建）自由贸易试验区实施的省级行政许可事项目录》，除需全省统筹规划、跨设区市行政区域、涉及国家安全以及需报省委、省政府研究的审批事项外，80%以上的省级行政许可事项（共253项）已下放给自贸试验区实施。这些行政许可事项包括企业投资项目核准、企业核准登记、广告许可审批、工业产品生产许可证核发等，涉及工商、卫生、医疗、教育、文化、海洋渔业、农业等领域。福州、厦门、平潭三片区积极对接，加快推进设立自贸试验区综合服务大厅，集中办理企业设立、变更备案和投资项目审批事项。

福建自贸试验区加快推进审批流程再造。自贸试验区各片区管委会以企业需求为导向，推进行政审批流程完善，促进审批标准化、规范化建设，建立“一站式”办结的审批机制和实行“一口受理、一表申报、并联审批、统发证照”的服务模式，做到区内事区内办，入区企业办事不出区、审批不出区，切实营造便捷、高效的发展环境。

典型案例一：“多规合一”城市规划管理及治理体系

在自贸试验区内统筹城乡、土地利用、国民经济和社会发展、环境保护规划等基于城乡空间布局的衔接与协调，整合政策边界，实现“一个城乡空间，一个空间规划”，合理布局城乡空间，利用信息化手段和建设体系流程再造，形成统一的“四个一”的工作机制：

一张图纸：在厦门战略规划的基础上，制订厦门自贸试验区规划，划定“一张蓝图”；

一个平台：理顺空间规划体系，建立统一的空间规划信息管理协同平台；

一张表格：深化审批制度改革，对审批流程和管理规则再造，以信息平台为基础，推行“一表式”受理、并联审批；

一套机制：包括建设项目生产机制、规划控制线管控机制和一张图运行机制，真正做到“一张蓝图干到底”。

“多规合一”：促进政府职能转变，转变审批理念，从“1对N”转向“N对1”；再造了流程，从串联审批到并联审批，实现了从部门审批向跨部门综合审批的转变，营造了良好的国际化营商环境。

福建自贸试验区强化事中事后监管。福建自贸试验区在转变政府职能的同时，着力加强事中事后监管。根据评分结果，配套文件已出台、实施效果好、企业受益面广的试验任务包括：建立监管信息共享制度，建立综合执法制度，完善企业信用信息公示系统、实施企业年度报告公示、经营异常名录和严重违法企业名单制度，建立相应的激励、警示、惩戒制度，在自贸试验区及时总结改革创新经验和成果，完善知识产权管理和执法体制以及纠纷调解、援助、仲裁等服务机制；配套文件已出台、实施效果较好的试验任务包括：提高知识产权行政执法与海关保护的协调性与便捷性，建立专利导航产业发展工作机制，建立健全社会信用体系。

综合来看，福建自贸试验区政府职能转变工作加快推进，简政放权的同时，从审批制向备案制转变的事中事后监管是福建自贸试验区行政管理制度的重大创新，政府与市场的关系日渐明晰，逐步实现与国际通行规则的对接。

2. 投资管理：便捷高效

福建自贸试验区投资管理体制改革方面的试点任务共21项，福建自贸试验区挂牌半年来，已落地实施20项，实施率达95.24%，其中配套文件已出台、实施效果好、企业受益面广的16项，配套文件已出台、实施效果较好的1项，配套文件已出台、项目可以实施的3项；正在推进的1项，未实施的主要原因在于国家部委正在研究制订方案（见表4）。

福建自贸试验区投资管理制度改革的法律保障顺利推进。福建省已陆续出台《福建自贸试验区贯彻〈自由贸易试验区外商投资准入特别管理措施（负面清单）〉和〈自由贸易试验区外商投资国家安全审查试

表 4　福建自贸试验区推进投资管理体制改革试验任务评估结果

分　类		任务数	得分
已落地实施（共 20 项）	配套文件已出台，实施效果好，企业受益广	16	80
	配套文件已出台，实施效果较好	1	4
	配套文件已出台，项目可以实施	3	9
正在推进（共 1 项）	相关文件已报国家部委，暂未获批	0	0
	国家部委正在研究制订方案	1	1
	国家部委明确暂不开展试验	0	0
总　计		21	94

行办法〉的实施意见》、《中国（福建）自由贸易试验区外商投资项目备案管理办法》、《中国（福建）自由贸易试验区境外投资项目备案管理办法》、《中国（福建）自由贸易试验区境外投资开办企业备案管理暂行办法》等规范性文件。

福建自贸试验区投资管理创新制度落地实施。挂牌半年来，对外商投资实行准入前国民待遇加负面清单管理模式、外商投资企业备案管理、外商投资项目备案管理以及对外投资合作一站式服务平台、境外投资企业备案管理等投资管理制度创新都已在福建自贸试验区落地实施。在此基础上，福建自贸试验区不断升级投资管理领域的制度改革和创新，实施企业设立“一照一码”登记制度、商事主体名称“自助查重、自主选用”、企业联络地址登记制度、企业注册“全程电子化登记”、投资体制改革“四个一”服务等多项便捷化措施。

综合来看，以负面清单管理制度为基础，福建自贸试验区的投资管理模式正在加快向开放透明、服务高效转变。半年来，福建自贸试验区形成了一些突破性的投资管理制度创新，成为外商投资和对台投资的双向平台，营商环境逐步与国际接轨。

3. 贸易监管：拓展升级

福建自贸试验区在推进贸易发展方式转变方面的试点任务共 36 项。福建自贸试验区挂牌半年来，已落地实施的试验任务 31 项，实施率为

86.11%，其中，配套文件已出台、实施效果好、企业受益面广的20项，配套文件已出台、实施效果较好的7项，配套文件已出台、项目可以实施的4项；正在推进的5项，其中，相关文件已报国家部委但暂未获批的4项，国家部委正在研究制订方案的1项（见表5）。

表5　福建自贸试验区推进贸易发展方式转变试验任务评估结果

分类		任务数	得分
已落地实施（共31项）	配套文件已出台，实施效果好，企业受益广	20	100
	配套文件已出台，实施效果较好	7	28
	配套文件已出台，项目可以实施	4	12
正在推进（共5项）	相关文件已报国家部委，暂未获批	4	8
	国家部委正在研究制订方案	1	1
	国家部委明确暂不开展试验	0	0
总　计		36	149

福建自贸试验区贸易发展方式逐步转变。由于贸易领域改革试验的高效推进，包括对台小额贸易、跨境电子商务、整车平行进口、水产品交易、融资租赁、境内外维修、保税展示交易等新型贸易方式在福建自贸试验区内有序发展，与海上丝绸之路沿线国家的贸易合作也取得有效进展，福建自贸试验区新型贸易多元发展趋势明显。

福建自贸试验区通关机制持续创新。自贸试验区努力营造“一线放开，二线高效管住，区内自由”的贸易流通环境，海关、检验检疫、海事等部门扎实高效推进改革试验，其中关检合作领域的创新走在全国前列，建立了关检常态化合作查验模式，并一定程度上实现了关检查验结果的互认及信息共享，覆盖贸易全流程的制度创新框架基本形成。

（1）海关制度。福州海关支持自贸试验区建设措施共70项，已完成50项，其中主办事项共60项，已完成43项；配套出台25项海关公告，操作规程14个。厦门海关已实施的监管创新举措50项（创新21项、拓展8项、复制17项、配套4项），其中6项措施经过第三方评估为全国首创，8项创新列入福建省改革创新成果在省内推广；出台对外公告25个，制订相关操作规程12个。

典型案例二：国际贸易“单一窗口”

2015年4月，福建省国际贸易“单一窗口”上线运行，实现“一个平台、一个界面、一点接入、一次申报”办理国际贸易各项业务。目前，在平台上正式运行的服务项目48个，在建项目40个，直接服务企业3700多家，间接服务的外贸企业2.5万多家，日单证处理量3万多票；在全国四个自贸试验区中均居首位。

主要做法：

1. 福建省国际贸易“单一窗口”由政府主导，海关、检验检疫、海事、边防共建，30多个相关部门参与。平台提供货物申报、关检“三个一”、运输工具申报、政务服务、金融服务、贸易许可、对台、“一带一路”专区等7大功能服务。

2. 运营模式。根据福建省设有两个关区两个检区，关区与检区相互交叉的实际情况，全省设立一个平台和福州、厦门两个运营体，两个运营体统一界面、统一对外宣传，两个运营体的数据充分共享，由省电子口岸管理中心（省口岸数据中心）通过网络专线直接对接口岸查验单位和两个运营体，负责实时汇总全省通关查验、港口物流等口岸运行数据。企业可自主选择合适的运营体办理业务。

3. 数据整合。为推动口岸查验单位的数据互换，福建省专门对原分散在各口岸单位申报表格中的数据项进行了整合，以货物进出口一单两报和船舶进出境申报为例，经过整合，货物进出口一单两报将分别报关、报检所需的149项数据整合减少为96项，减少录入53项；船舶进出境申报涉及的3张表，共641项数据，整合为384项，减少录入257项。

4. 港口业务与通关业务密切对接。通过检验检疫、海事、港口管理部门3个单位共建，通过流程再造，实现了企业通关申报、物流管理、查验、放行的全程信息化服务，同时实现了船舶代理、车队、堆场、码头等港口物流生产作业在“单一窗口”上无纸化办理，大幅度提高通关效率。

5. 配套措施。由福建省电子口岸管理中心牵头，专门设立了96114、968910用户专线，统一接入福建省范围内“单一窗口”用户呼叫请求，7×24小时响应用户需求；企业通过“单一窗口”报关报检环节的部分经营服务性收费（如：报关单及加工贸易台账预录入费、电子数据传输及处理费和检验检疫申报软件服务费等）由政府通过购买服务的方式给予减免，通过减轻企业负担，引导企业主动应用“单一窗口”。

检验检疫制度。福建检验检疫局积极推进检验检疫创新举措的试验和落地，已实施创新举措22项，其中有11项措施经过第三方评估为全国首创。厦门检验检疫局推出27项试验项目，其中牵头主办18项，配合其他单位9项。主办18项任务中，已完成16项，2项对台试验项目因涉及国家部委事权正积极推动中。

典型案例三：改革和简化检验检疫原产地签证管理

福建自贸试验区突破了现有原产地管理流程，对证书签发流程进行了较大优化，对原产地业务全流程、全方位实施简政放权改革，便利企业备案、申领原产地证书，提高区域性优惠关税政策利用率。

1. 实施凭企业声明直接签证模式。对优秀企业可凭企业声明直接签发原产地证书，免于提交签证相关材料，免于实施实地调查。

2. 实施属地备案多点通签模式，企业可向检区任一检验检疫窗口申请签发原产地证书。

3. 允许生产企业代办原产地证书，不限于出口商办理。

4. 改“注册”为“备案”，符合条件的出口企业只需完成备案手续即可申请办理各类优惠原产地证书。

5. 取消年审，对已备案的申请人，只要其公司正常运行，即可“一次备案终身有效”。

6. 全程无纸化，企业备案和证书申请环节可通过网上提交信息完成办理，不再需要提交纸质材料审核。

综合来看，福建自贸试验区贸易方式多元化发展的空间得到有效释放，有利于形成以技术、品牌、质量、服务为核心的贸易竞争新优势，提升我国在全球贸易价值链中的地位。而福建自贸试验区通关机制的不断创新，又进一步提升了贸易便利化水平，在提高效率和降低成本的基础上，更助力自贸试验区内贸易功能的拓展和升级。

4. 对台合作：先行先试

福建自贸试验区在率先推进与台湾地区投资贸易自由方面的试验任务共46项，已落地实施的33项，实施率为71.74%，其中，配套文件已出台、实施效果好、企业受益面广的11项，配套文件已出台、实施效果较好的4项，配套文件已出台、项目可以实施的18项；正在推进的13项，其中，相关文件已报国家部委但暂未获批的10项，国家部委正在研究制订方案的2项，国家部委明确暂不开展试验的1项（见表6）。

表6　福建自贸试验区推进与台湾地区投资贸易自由试验任务评估结果

分　类		任务数	得分
已落地实施（共33项）	配套文件已出台，实施效果好，企业受益面广	11	55
	配套文件已出台，实施效果较好	4	16
	配套文件已出台，项目可以实施	18	54
正在推进（共13项）	相关文件已报国家部委，暂未获批	10	20
	国家部委正在研究制订方案	2	2
	国家部委明确暂不开展试验	1	0
总　计		46	147

福建自贸试验区扩大对台服务贸易开放陆续推进。台资的部分金融保险机构已经落户福建自贸试验区；已采信和认可台湾建筑、规划、医疗、旅游等机构出具的执业证书；对台商独资或控股开发的建设项目，已借鉴台湾的规划及工程管理体制；已开始探索在自贸试验区内行政企事业单位等机构任职的台湾同胞试行两岸同等学力、任职资历、技能等级对接互认；允许台湾建筑师在自贸试验区内开展业务；允许取得大陆一级注册建筑或注册结构工程师资格的台湾专业人士在自贸试验区内设立建筑工程设计事务所。此外，两岸还加强了在知识产权领域的合作。

福建自贸试验区推动对台货物贸易自由又上台阶。自贸试验区全力培育台湾免税商品市场发展，试验区口岸对台海运快件也已迈入双向运营新阶段。借力自贸试验区的政策优势，福建不断提升对台贸易便利化水平，实施对 ECFA 项下台湾货物简化原产地证书提交手续、放宽 ECFA 项下海运集装箱货物直接运输判定标准，建立对台原产地证书核查机制和开展闽台海运快件进出境业务，对台湾进口食品采取“源头管理、口岸验放”快速检验检疫模式，单方采信台湾检验检测机构出具的认证结果和检测结果，对台湾进口的保健食品、化妆品、中药材、医疗器械等敏感产品实施快速通关模式，有效推动对台货物贸易自由。

典型案例四：实施“源头管理、口岸验放”快速通关模式

质检总局授权驻闽检验检疫机构与台湾有关部门开展合作，建立食品农产品质量安全源头管理机制，在食品、农产品输入自贸试验区时，进一步降低抽检比例。即通过对台湾食品生产企业和进口收货人的质量安全保障体系开展审核评估，符合条件的企业生产的输入大陆食品、农产品进口时随附相关的合格证明，定期提供第三方检验机构的检测报告，检验检疫部门周期抽查验证。进口货物到港后，检验检疫局只需核对所附资料（源头管理结果、产品检测结果、抽查验证结果、进口商落实主体责任结果）是否齐全，即可放行。

此模式属于两岸通关合作的创新。通过食品、农产品质量安全源头管理，降低抽检比例，提高通关效率。

福建自贸试验区推动两岸往来更加便利。为了促进两岸深入融合，福建自贸试验区在提升两岸人员往来方便不断进行制度创新，开展了建设两岸青年创业创新创客基地，实施台湾地区入闽机动车和驾驶人便利政策，还实施了台湾居民入境免签注和台湾居民试点签发电子台胞证政策。通过便捷的通关措施，加快了通关速度，增进两岸联系，构建更加紧密的两岸经贸合作和人员往来。

综合来看，围绕深化两岸经济合作战略定位，福建自贸试验区充分发挥对台优势，不断创新两岸合作机制。虽然存在等待国家支持政策落地的限制以及两岸制度衔接上的障碍，但福建自贸试验区推进与台湾地区投资贸易自由速度加快，在推动两岸货物、服务、资金、人员等各类要素自由流动方面先试先行，取得成效。

5. 金融创新：努力推进

福建自贸试验区推进金融领域开放创新方面的试验任务共48项。福建自贸试验区挂牌半年来，已落地实施23项，实施率为47.92%，其中，配套文件已出台、实施效果好、企业受益广的8项，配套文件已出台、实施效果较好的5项，配套文件已出台、项目可以实施的10项；正在推进的25项，其中，相关文件已报国家部委暂未获批的17项，国家部委正在研究制订方案的8项（见表7）。

表7　福建自贸试验区推进金融领域开放创新试验任务评估结果

分　类		任务数	得分
已落地实施（共23项）	配套文件已出台，实施效果好，企业受益面广	8	40
	配套文件已出台，实施效果较好	5	20
	配套文件已出台，项目可以实施	10	30
正在推进（共25项）	相关文件已报国家部委，暂未获批	17	34
	国家部委正在研究制订方案	8	8
	国家部委明确暂不开展试验	0	0
总　计		48	132

金融创新是自贸试验区核心使命之一，福建自贸试验区正加快金融领域配套政策出台。福建省已出台《福建省金融工作办公室关于金融服务自贸试验区招商引资工作六条措施》、《中国（福建）自由贸易试验区银行业监管有关事项的通知》、《福建自贸区银行业监测统计制度》、《厦门跨境人民币贷款业务试点暂行管理办法》以及《东盟海产品交易所外汇管理试点规定（试行）》等配套规章；草拟了《关于中国（福建）自由贸易试验区金融改革创新指导意见》、《关于支持中国（福建）自由贸易试验区扩大人民币跨境使用的通知》、《中国（福建）自由贸易试验区外汇管理实

施细则》及5项配套业务操作规程，已报人行或外汇总局等待批复。与此同时，福建自贸试验区积极推动储备金融项目，促进金融创新稳步推进，大力发展新兴金融业态，不断拓展金融服务实体经济的功能。

综合来看，在国家相关部委实施细则尚未出台的情况下，半年来，福建自贸试验区仍然积极落实国务院批准的总体方案，推动相关金融体制改革创新，并加快实施部分试验任务，区内金融业务蓄势待发。

6. 平潭建设：后发优势

福建自贸试验区培育平潭开放开发新优势方面的试验任务共12项。福建自贸试验区挂牌半年来，已落地实施6项，实施率为50%，其中，配套文件已出台、实施效果好、企业受益面广的4项，配套文件已出台、实施效果较好的1项，配套文件已出台、项目可以实施的1项，正在推进的6项，其中，相关文件已报国家部委但暂未获批的3项，国家部委正在研究制订方案的2项，国家部委明确暂不开展试验的1项（见表8）。

表8 福建自贸试验区培育平潭开放开发新优势试验任务评估结果

分类		任务数	得分
已落地实施（共6项）	配套文件已出台，实施效果好，企业受益面广	4	20
	配套文件已出台，实施效果较好	1	4
	配套文件已出台，项目可以实施	1	3
正在推进（共6项）	相关文件已报国家部委，暂未获批	3	6
	国家部委正在研究制订方案	2	2
	国家部委明确暂不开展试验	1	0
总计		12	35

除总体方案设定的试验任务外，平潭片区也依据自身的《实施方案》自主推动改革创新。平潭片区2015年81项重点试验任务已实施63项（包括部分实施7项），实施率达77.8%，可实施但暂无试验载体的11项，暂时无法实施的7项，暂时无法实施的试验任务需要相关部门出台实施细则予以支持。

自贸试验区建设半年来，平潭片区创新政府管理模式，实行综合实验区与自贸试验区“三合一”管理体制和“一体化”运作模式；积极转变政府职能，深化商事登记制度改革，在全国率先实现商事主体名称“自助查重、自主选用”，采用企业联络地址登记制度，并推进项目投资体制改革，努力打造与国际贸易投资规则接轨的营商环境；进一步改革和优化通关模式，突出对台重点，从货物贸易到服务贸易以及两岸往来便利等各方面推进对台开放融合；加快推进国际旅游岛建设，已研究制订《平潭国际旅游岛建设方案》，福建省政府已征求有关单位意见，目前正在修改完善；加快培育新型业态多元化，推动包括跨境电子商务、保税业态、金融业态、旅游文创、总部经济、众创空间等领域的发展。

综合来看，平潭片区在创新贸易管理服务、政府管理模式创新、投资管理体制改革等方面成效显著，随着平潭建设环境的不断优化，平潭片区后发优势明显，发展成效值得期待。

基于上述六大任务实施情况的分析，总体而言，福建自贸试验区建设半年以来，各项重点试验任务实施进展顺利，取得了很大成绩。不仅如此，福建自贸试验区还按照总体方案要求，坚持“成熟一项、评估一项、发布一项、推广一项”的原则，已推出实施一系列创新举措，其中，委托毕马威评估 5 批 109 项创新举措，45 项为全国首创，26 项为复制拓展。

（二）保障措施落实情况

1. 加快突破行政分割局限，以统一管理架构给予组织保障

从组织保障来看，福建自贸试验区采取的管理架构设计符合福建自身省情，同时也有利于突破行政分割局限，为自贸试验区发展提供有力的组织支持。

一是省级层面以领导小组替代管委会架构设计。基于福建自贸试验区地跨厦门、平潭及福州，福建自贸试验区改变传统的设立自贸试验区层面管委会的上海架构，设立以省委书记为组长的领导小组，领导小组下设办公室（挂靠省商务厅），跟踪督查、统筹协调各项工作，福州、厦门、平潭三个片区分别成立管委会，这种省级层面协调、市级层面管理

的架构既适应了福建自贸试验区三个片区相对分散的现实情况，又保证了在省级层面各级行政区划的组织协调，从省、市两级层面保障了自贸试验区工作有序、高效运转。

二是按照任务分组替代按职能分组。福建自贸试验区领导小组下设投资、贸易、金融、法治保障、市场监管五个专题组。这种按照主要任务分组的组织结构，在传统的按照职能分组的基础上进一步发展，与上海自贸试验区组织机构相比，将投资与贸易从经济发展中单列出来，由五个专题组指导督促、跟踪分析各自领域重点试验任务和重点试验项目落实情况。这种专题分组设计明确了主要任务的分工，避免了不同部门对同一任务的交叉管理，有效保障了主要任务准时完成，提升了领导小组对主要任务的管理效率。

2. 加快形成政企推进合力，以全面开放理念给予机制保障

从机制保障来看，福建自贸试验区已经建立权责分工明确、条块协同配合、运转有序高效的自贸试验区运行机制，构建了包括试验任务推进、评估、发布及反馈在内的自我纠错、自我发展的良性动态运行机制，保证了试点项目扎实有序推进的同时，保障改革创新成果加快复制推广，自贸试验区试点任务推进工作实现良好开局。

一是项目滚动推进及发布机制。福建自贸试验区构建了“两周一协调、一月一小结、半年一评估”的项目推进机制，采取“成熟一项、评估一项、发布一项、推广一项”的评估推广机制，以及“招商引资情况一月一通报，创新举措和开放措施情况两月一通报，五个专题组工作情况三月一通报”的通报制度，并通过新闻、信息动态、网站和官方微博、微信平台等多样化媒体及时向社会宣传推介改革创新成果，形成了自贸试验区运转高效、公开透明的自我推进发展机制。

二是项目反馈及评估机制。福建自贸试验区立足企业需求，以问题导向，通过搭建创新顾问制度、建设顾问制度等，能够针对企业的经营诉求形成快速反应。这种机制从企业层面强化项目运行，既改变了传统机制建设就是政府唱独角戏的局面，保证了企业更加深度参与自贸试验

区建设，同时也保障试点任务朝向为企业的贸易和投资活动提供便利的方向发展，让企业能从中获得更实在的利益。

3. 加快破解改革阻力，以立法司法制度给予法制保障

从法制保障来看，福建自贸试验区的法制体系建设正在全面推进，自贸试验区正确把握先行先试与依法办事之间的关系，加快完善自贸试验区的法治环境，用法治巩固改革成果，为自贸试验区发展提供法律依据，确保在法治轨道上推进改革。

一是加快破解改革的法律法规阻力。福建自贸试验区针对阻碍改革实践的事项，向相关部门提出需调整的国家层面行政法规规章，同时根据法规调整及方案实施需要，对福建省有关地方性法规作相应调整。除国家层面通过“废、改、立”支持自贸试验区制度创新外，福建自贸试验区制度创新也严格遵循法治先行。

二是加强立法司法工作。福建自贸试验区强化实际工作中的法治引领作用，颁布实施自贸试验区建设的管理办法，并加强司法保障和服务。目前，《中国（福建）自由贸易试验区管理办法》已经出台，《中国（福建）自由贸易试验区条例（草案）》也已提请福建省人大常委会审议，各片区司法服务保障工作也在跟进。福建自贸试验区以法律和条例的方式明确了自贸试验区的法律地位、运行规则及政策等，有效推进自贸试验区的立法工作，保障了自贸试验区建设更趋法制化。

三是政策措施兼具一般政策及特色政策。福建自贸试验区研究出台支持自贸试验区建设的规范性文件 89 项、操作规程 66 项，内容涉及投资便利化、贸易通关便利化、对台交流合作、金融改革创新、事中事后监管等方面，除了具备国际化发展自由贸易园区政策的基本构成要素外，在对台交流合作等地方特色政策方面相比较其他园区而言，提供更加优惠和开放的政策措施。

4. 加快人才队伍建设，以重视引才育才给予人才保障

从人才保障来看，福建围绕自贸试验区发展需要，突出人才队伍建设工作，实行更加积极的人才引进政策，同时加强本地人才资源的开发

力度，为自贸试验区建设提供了良好的人才支撑。

一是创新人才政策。福建省委人才工作领导小组印发了《加强自贸试验区人才工作的14条措施》、《自贸试验区引进高层次人才行动计划（2015—2017年）》、《引进高层次人才评价认定办法》、《加强引才工作行动计划（2015—2018年）》等文件，从税收激励、经费支持、住房保障、医保社保、往来和签证居留等方面，吸引国内外高端人才到福建自贸试验区创业创新。

二是创新人才引进方式。福州片区面向全国招聘5名聘任制公务员，厦门片区招聘4名专业技术岗位聘任制公务员，平潭片区招聘了6名台湾专才到公共管理岗位、区属国有企事业单位任职。片区管理机构部分中层干部也通过公开竞争的方式，选拔优秀人才到自贸试验区工作。平潭片区还推出69个岗位招聘了100名公共事务助理员。与此同时，三个片区还建立了人才服务窗口，积极为各类人才到自贸试验区创业创新提供企业注册、创业辅导、政策培训等服务。

三是加强对本地人才培养。福建自贸试验区以专题培训、专家讲座、大会宣讲等形式，加强人才培训，已累计组织培训1万多人次。

四是开展干部挂职交流。福建省委组织部通过挂职方式，争取到国家部委选派一批优秀干部、从全省抽调一批优秀干部到自贸试验区挂职，为自贸试验区建设提供了有力的智力支持。

三、创新举措实施情况

（一）创新举措总体情况

福建自贸试验区在落实各项重点试验任务过程中，充分把握住自贸试验区体制机制创新这一核心任务，坚持问题导向和企业需求导向，通过对标国际先进投资贸易规则，不断研究推出创新举措，全方位涵盖了总体方案涉及的投资便利化、贸易便利化、对台先行先试、事中事后监管等多个领域（见表9）。其中实施效果较好的109项创新举措经毕马威公司评估，45项为全国首创举措，占总数的41.28%。

表9 福建自贸试验区创新举措数量及分类

领　域	数量（个）	占比
投资便利化	26	23.85%
贸易便利化	45	41.28%
对台先行先试	29	26.61%
事中事后监管	9	8.26%

1. 投资便利化

投资便利化改革方面的创新举措共有26项，占总数的23.85%。福建自贸试验区通过进一步减少和规范行政审批，落实企业的投资自主权，进一步完善了政府投资体制，规范政府投资行为，重点实施了对外商投资实行准入前国民待遇加负面清单的管理模式、企业设立实行“一照一码、一表申报、一口受理、在线审批、当日办结、免收费用”的服务模式，投资项目审批“一表申请、一口受理、并联审查、一章审批”服务模式，“多规合一”城市规划及治理体系等创新举措，树立了政府经济调节、市场监管、社会管理和公共服务的典范，为政府如何把工作重心转到加强经济调控、改善发展环境、维护公共利益、行使公共管理的职能提供了可行做法。同时，福建自贸试验区还重点推行了商事主体名称自助查重、自主申报、企业联络地址登记制度以及电子营业执照、企业注册全程电子化登记等便利企业注册设立的创新举措，推出实施税收预先约定服务、网上自主办税、涉税事宜网上区域通办、涉税备案审批网上办理、税控发票网上申领等提高商事主体涉税事项信息化、便利化、规范化水平的创新举措，有效提高了投资领域依法行政水平，提高了企业投资注册便利化水平，进一步释放了自贸试验区改革发展红利。

2. 贸易便利化

贸易便利化方面的创新举措共有45项，占总数的41.28%。福建自贸试验区以建立国际贸易“单一窗口”作为推进贸易便利化的核心手段，依托政府主导的公共信息平台，实现贸易和船舶运输企业通过单一平台接入、一次性递交满足监管部门要求的格式化单证和电子信息，监管部门共享监管资源，实现“一个窗口受理、一站式审批、一条龙服务”。同时，作为贸易便利化中的关键部门，福建自贸试验区海关和国家检验检疫部门也出台了一系列措施，包括关检“一站式”查验、海运快件进出境业务、跨境电子商务检验检疫高效便捷管理模式、特殊物品卫生检疫改革试点、进口酒检验检疫快速通关模式、集装箱货物卫生检疫前置模式、国际航线船舶检疫监管新模式、状态分类监管、自核单耗管理、分送集报、信任接单等在内的众多创新举措，有效打造了福建自贸试验区大通关体系和便捷通关体系，极大促进了贸易便利化的实现。此外，福建自贸试验区还创新实施保税料件交易、委内加工、改革和简化产地签证管理、创新原产地签证管理模式、发展保税展示业务、拓展东盟海产品交易所功能等多项举措，进一步推动了贸易的便利化，改善了贸易环境。

3. 对台先行先试

对台投资贸易方面的创新举措共有 29 项，占总数的 26.61%。福建自贸试验区坚持服务国家战略，围绕深化两岸经济合作战略定位，充分发挥对台优势，创新两岸合作机制，推动货物、服务、资金、人员等各类要素自由流动，研究制定了单方面采信台湾检验检测机构出具的认证结果和检测结果、“源头管理、结果采信、抽检验证”的两岸商品快速验放模式、“三品一械”的快速通关模式、简化优惠贸易安排项下原产地证书提交等两岸贸易监管服务制度，实施建设两岸青年创业创新创客基地、台车入闽便利化政策、台胞权益保障中心法官工作室、外省籍暂住人员赴金门游延伸至澎湖游等便利闽台交流交往的创新举措，实行了发展融资租赁、商业保理等非银行金融业务和对台离岸业务的对台金融创新举措，有效增强了闽台经济关联度，对台深度开放的成效逐渐显现。

4. 事中事后监管

转变政府职能改革方面的创新举措共有 9 项，占总数的 8.26%。一方面，福建自贸试验区围绕维护市场经济秩序这一重点，通过创新实施建设自贸试验区综合服务平台、整合执法主体设立综合执法局、成立国际商事仲裁院和国际商事调解中心、土地出让在线办理等举措，进一步深化行政管理体制改革，释放改革红利。另一方面，福建自贸试验区高度重视构建符合扩大开放和制度改革需要的风险防控体系，实施了全面高效的事中事后监管改革，加强事中事后监管等管理模式创新，构建了监管信息共享机制，出台了包括企业信用分类管理、国别（地区）涉税风险提示、税收风险管理信息系统、市场竞争秩序监测体系等在内的一系列创新举措，已梳理出监管风险点 55 个，提出 88 条防控措施，着力防范区域性、行业性和系统性风险，做到“宽进严管”，避免出现监管缺失和“灰色地带”，已初步形成全方位的事中事后监管制度。

（二）创新举措亮点

评估组通过自贸试验区对比、创新价值评估、地区普适性判断、实施效果比较、国际规则对标等方法，认为在以下几个方面，福建自贸试验区尤具特色、亮点突出。

1. 树立全国“一照一码”典型范本

按照工商总局等六部门改革部署，全国将从 2015 年 10 月 1 日起，在新设企业和变更企业中，全面推行“一照一码”登记制度改革，而在全国正式全面铺开之前，已经有包括福建、广东等地率先试点推行“一照一码”，这其中福建不仅是全国通用的第一张“一照一码”营业执照的颁发地，也是全国最早探索推进“一照一码”的地区，更是树立了全国“一照一码”的范本。福建自贸试验区从最初的“三证齐发”过渡到 2015 年 2 月 15 日开始施行的“一照三号”，又升级到 3 月 26 日的“一照一号”，再到 5 月 4 日的“一照一码”，在全国率先实现了工商营业执照、组织机构代码证和税务登记证“三证合一”，统一源头赋码，自动生成统一的社会信用代码，并在全国率先制定了代码的结构，为在全国推行“一照一码”打通了技术瓶颈，且这个时间比广东省早 3 个月，是全国最快全面推广“一照一码”的地区。

此项举措将申请材料从35份缩减1份，企业需要填写的信息从220多项减少到60多项，快的仅需1个工作日即可完成。而在实施“一照一码”前，申请人需要分别向工商、质监、地税、国税、公安五个部门提交5套35份材料，至少需要10个工作日，往返10次以上。并且“一照一码”还节省了企业的办事成本，企业后续办事更加便利，深受社会各界好评。

该项创新举措属于重大创新，已在全国范围内复制推广，建议继续加大宣传，加强总结，将福建自贸试验区最为先进的“一照一码”具体落实举措向全国复制推广。

2. 探索全国最为先进的投资审批体制

福建自贸试验区围绕先行先试、综合实验，建立全国领先、国际一流的投资审批体制机制。在审批体制方面，平潭片区在复制拓展上海自贸试验区并联投资体制基础上，大胆创新，推出投资体制改革2.0版本（“四个一”），力图探索出全国审批效率最高、部门协调最畅通、管理机制最完善的投资审批体制。

投资体制改革2.0版本（“四个一”）在投资管理体制改革“并联审批”的基础上，试点实施“综合审批”，将投资建设项目从招商对接到竣工验收涉及的所有行政审批事项整合为规划选址与用地、项目核准或备案、设计审查与施工许可、统一竣工验收等4个阶段，每一个阶段均采取“一表申请、一口受理、并联审查、一章审批”的综合审批，所有审批事项均由行政审批局牵头办理，采取统一的办理流程，简化并集成各类证、照、文办理手续，并实行“超时默认”、“缺席默认”绩效管理倒逼机制，审批效率纳入效能督查范围，实施监督管理。该项举措精减行政审批申请材料，将申请材料由250项减少到19项项左右，精减幅度超过90%。改革前，社会投资建设项目仅前期审批平均须耗时1年左右，长的达2—3年；改革后，社会投资建设项目的审批办理时限压缩到93个工作日以内，整体行政效能提高近3倍。

该项举措实施效果显著，地区普适性强，但协调难度大，需要有完善的部门间协调、沟通、配合机制。因此，该项举措属于重大创新，具有可复制性，建议进一步优化后向全国其他自贸试验区复制推广。

3. 形成国际贸易“单一窗口”最为成熟的模式

福建是继上海、天津之后全国第三个建成国际贸易“单一窗口”并开始上线试运行的省份，但是福建的国际贸易“单一窗口”，后来居上，目前已成为全国参与部门最多、服务功能最多、参与企业最多、运行效果最好的“单一窗口”。在参与部门方面，福建自贸试验区的国际贸易“单一窗口”由地方政府主导，关、检共同建设和运营管理，参与建设单位达到30多个部门，而天津国际贸易单一窗口仅纳入海关、检验检疫、海事、商务等4个口岸部门和9个海港服务模块，上海国际贸易单一平台共同参与建设单位也仅有17家。在服务功能方面，福建自贸试验区的国际贸易“单一窗口”真正实现了“一个平台、一个界面、一次递单、一点接入”，正式运行的服务功能达到48项，在建服务功能40项；而天津仅有线上无水港、线上自贸区、随行订舱、随行金融等9项服务功能，上海也仅具有25项服务功能。在参与企业方面，福建国际贸易“单一窗口”直接服务口岸生产运营、国际贸易、物流企业和中介服务企业多家，间接服务外贸企业2.5万家；而天津仅有205家企业参与使用国际贸易“单一窗口”，上海仅有115家企业参与国际贸易“单一窗口”。在运行成效方面，福建国际贸易“单一窗口”日单证处理量3万多票，使进出口货物申报时间从4小时缩短至5—10分钟，船舶检验检疫申报时间由50分钟缩短为5分钟，每个集装箱节约成本600元、节省查验时间24小时。而天津国际贸易“单一窗口”上线3个月以来，仅处理进出口报关单26万余票，上海国际贸易“单一窗口”上线19个月以来，仅进行货物进出口申报6.7万批，办理船舶离港手续1万艘次（见表10）。

福建自贸试验区国际贸易“单一窗口”运行效果显著，企业受益面极广，符合国际通行惯例，可与国际先进贸易规则对接，具备地区普适性，且随着福建国际贸易“单一窗口”相关成熟模式的形成，各地实施这一制度的难度也逐步降低。因此，该项创新举措属于重大创新，具有可复制性，建议在全国范围内复制推广。

表 10　福建、上海、天津国际贸易“单一窗口”比较

事　项	福建自贸试验区	上海自贸试验区	天津自贸试验区
吸纳部门	36 个	17 个	13 个
服务功能	正式运行 48 项，在建 40 项	25 项	9 项
参与企业	直接服务 3700 家，间接服务 25000 多家	115 家	205 家
业务量	日单证处理量 3 万多票	日单证处理量约 120 票	日单证处理量约 3000 票

4. 形成最具吸引力的平行汽车进口政策保障体系

福建是全国 19 个汽车进口口岸之一，虽然上海自贸试验区已率先实施了汽车平行进口政策，但福建自贸试验区在通关、查验和物流监控等各个环节勇于创新，以汽车进口常态化发展为目标，实施了一系列创新举措，促进整车进口提速增效。一体化通关方面，在全国率先要求尽快整车卸船后即粘贴电子标签，相关信息与海关 H2010 通关系统进行信息交互，实现海关卡扣无人值守一体化快速通关。该项举措提高整车通关时效，在未查验、单证齐全、已缴税的情况下，整车进口实现一个工作日内通关放行。检验检疫方面，在上海自贸试验区对非中规车进口安全监管工作要求基础上，创新实行的“分类管理、验证改装、事后监管”的检验检疫监管模式。新模式的实施，减少了从福建省口岸进口汽车整车企业的时间和运营成本支出，有效提升了福建省汽车整车进口口岸综合竞争力。

该项举措实施成效显著，减少非中规车整车进口的时间和运营成本，有效吸引了汽车进口数量，截至 2015 年 9 月底，进口汽车和货值分别同比增长 1.02 倍和 57.3%。同时，该项举措地区普适性较强，实施难度较低，福建省已积累了成熟的相关经验。因此，该项举措属于重大创新，具有可复制性，建议向全国范围内复制推广。

5. 实行最为优化的产地证签证管理

福建自贸试验区的产地证签证管理，突破了现有的原产地管理流程，

对证书签发流程进行了较大优化，相较于上海、深圳等地基于企业信用管理及风险评估的简化管理流程、电子化原产地签证等办法，福建对原产地业务全流程实施了简政放权改革，包括优秀企业凭企业声明直接签证、企业可向任一窗口申请签发原产地证书、允许生产企业代办原产地证书、改注册为备案、取消年审和全检区通报等。该项举措提高了签证效率，将平均办理周期由原来12小时优化为当场办结，有效降低了企业成本，2015年1—8月累计为企业减免进口方关税1.26亿美元。根据相关满意度调查，93.9%企业对该项政策表示非常满意，5.8%企业表示一般满意。

该项举措实施成效明显，企业受益面广，企业办事效率得到极大改善，具有地区普适性，符合国际经贸新规则，且有利于形成完善的配套措施和部门协调机制以及强大的事中事后监管和风险防控能力。因此，该项政策属于重大创新，具有可复制性，建议向全国复制推广。

6. 建立最高效便捷跨境电子商务检验检疫模式

该项举措属于全国首创，除上海等地已经实施质检总局推行的入境跨境电子商务商品实行集中申报、核查放行的工作模式外，福建率先对自贸试验区有订单信息的零售出口、直邮进口的电商商品，除必要的检疫外，不实施品质检验和验证管理，且对无订单信息的入境商品可以采信具有资质的第三方检验机构出具的检验证书或检验报告，最大限度实现安全卫生基础上的便捷高效，方便跨境电子商务企业和消费者。根据相关满意度调查，93.9%的企业对发展跨境电子商务政策非常满意，5.1%的企业表示一般满意。

该项创新举措的收益面较广，惠及跨境电商企业和广大消费者，具备地区普适性，能在不同经济发展水平和发展优势的地区实施。但是，该项举措实施难度大，尤其是不实施品质检验和验证管理的举措要求有强大的事中事后监管能力和完备的风险防控体系，这一点目前四个自贸试验区也仍在探索之中。因此，该项举措属于重大创新，具有可复制性，建议进一步优化后在全国其他进口跨境电商业务城市复制推广。

7. 首创ECFA项下进口货物原产地简化管理

2015年6月，海关总署批准福建自贸试验区首创的“简化CEPA以及ECFA项下进口货物原产地证书提交需求”和“放宽ECFA项下海运集装箱货物直接运输判定标准”在上海、天津、广东3个自贸试验区复制推广，这是第二批自贸试验区挂牌以来，海关总署首次发文予以推广的创新举措，尤其是在福建自贸试验区挂牌仅三个月的情况下，难能可贵，足以说明这两项创新举措经济社会效益巨大，成效显著。

简化CEPA、ECFA进口货物原产地证书提交要求，是福建自贸试验区向海关总署率先申请实施的，实现了闽台、闽港、闽澳间海关原产地证书联网的无纸化通关，改变了原先申报时必须提交原产地证书原件的做法，简化了企业报关随附单证，节约了证书寄送的成本和在途时间(平均节省1—2天)，提高了通关效率。不仅可惠及省内外600多家企业，还可吸引更多ECFA和CEPA项下货物从福建自贸试验区进口。根据相关满意度调查，92.5%的企业对此项政策表示非常满意，7.5%的企业表示一般满意。放宽ECFA项下海运集装箱货物直接运输判定标准则创造性地突破了ECFA项下进口货物经第三方中转时，需提交货物满足直接运输规则的证明文件的硬性规定，允许当货物经第三方中转无法提交相关证明文件时，海关可采用验核集装箱号及封志号的方式判定经第三方中转货物是否符合直接运输要求，放宽了直接运输判定标准，节省了企业为获取相关证明文件而往返奔波产生的费用和时间，提高了通关效率。

这两项举措企业收益面广、成效显著，且具有地区普适性，在自贸试验区推广后，仅广东拱北一个关区就有近150家企业因此收益，属于重大创新，具有可复制性，建议在全国范围内复制推广。

8. 实施目前最便利的台湾产品通关模式

一是建立食品农产品质量安全源头管理机制，福建自贸试验区是全国唯一获得质检总局授权能够与台湾有关部门开展合作的地区。福建检验检疫机构通过运用风险评估、注册、认证、认可等合格评定技术，对台湾食品生产企业和进口收货人的质量安全保障体系开展审核评估，经审核符合要求的企业产品可以在口岸进口时实施快速验放，即符合条件企业生产的相关产品进入区内仅需核对随附件是否齐全，即可放行。目前已有120种台湾商品加入该计划，该项举措将通常的检验检疫放行时间由5—7天缩短至1—2天，为企业节省了成本，一个货柜降低300—400元人民币的通关成本。根据相关满意度调查，95.4%企业对此项政策表示非常满意，4.3%企业表示一般满意。

二是实施“先放行后报关”，对部分诚信企业进口的易腐、生鲜的台湾农产品、水产品，通过海关信息化辅助平台，海关在舱单审核、查验后直接放行货物，企业再报关、缴税。上海自贸试验区的“先入区、后报关”是货物在报关前先进入海关特殊监管区保税仓库，但无法从仓库中提取，而福建自贸试验区的“先放行后报关”则是将货物视为已通关，相关产品的通关更便捷。根据相关满意度调查，92.6%企业对此项政策表示非常满意，6.4%企业表示一般满意。

三是对台湾进口水果实施“边抽样检验，边上架销售”的检验检疫模式。该项举措属于全国首创，改变了全国其他地区进口水果先抽检合格后才能上架销售的规定，允许对台小额商品交易市场中的进口水果，经检疫合格，按最低比例抽样送检农残等项目的同时可上架销售，极大降低了企业相关成本。

四是采信台湾认证认可结果和检验检疫结果。该举措属于全国首创，采信第三方检验结果为上海自贸试验区可复制改革举措，但福建自贸试验区率先在全国采信境外（台湾地区）认证认可结果和检验检测结果。目前，对台湾财团法人全国认证基金会认可的机构所出具的检验检疫结果予以采信，可节省产品检测费用和检测时间。

该项举措实施效果明显，企业受益广，有效降低抽检比例，提高通关效率，具有地区普适性，且相关管理的理念符合国际通行规则标准，更能加强大陆有关部门与台湾有关部门的协同合作。因此，该项举措属于重大创新，具有可复制性，建议进一步优化后在全国范围复制推广。

9. 创建首个享有自贸试验区政策的两岸青年创业基地

厦门两岸青年创业创新创客基地是全国首个也是唯一一个在自贸试验区和台商投资区内，服务两岸青年的创业基地，享有自贸试验区的改革红利以及海沧台商投资区一流的营商环境。该基地是全国首个允许台湾青年创业者以个体工商户且无需外资备案进驻基地，放宽台湾个体工商户限制，鼓励境内自然人与台湾企业、个人合资合作创业，已成为全国12家两岸青年创业基地中最具有制度创新和政策创新的创业平台。同时，该基地还是全国首个最具台味，最受两岸青年青睐的创业平台，设立了以台湾基金为主的融资平台，建立了以台湾机构为主导的孵化加速平台，成立了以台湾知名创业导师为首的导师团，提供了集聚台湾元素的创业服务平台，形成了符合台湾青年创业需求以及两岸青年合作交流的独特创业环境，探索了两岸青年交流合作的新模式、新机制、新领域，有效促进两岸青年合作发展，促进了两岸深度融合。

该项创新举措扩大两岸青年交流规模，丰富、创新内容和形式，为两岸青年就业、创业创造条件，符合让台湾同胞分享大陆发展机遇的要求，符合为两岸同胞谋福祉的要求，符合两岸关系和平发展的要求，具有地区普适性。因此，该项举措属于重大创新，具有可复制性，建议在全国范围内复制推广。

10. 构建最全面的事中事后监管体系

福建在创新举措上不仅注重扩大开放和制度改革，而且认识到扩大开放带来市场准入门槛的降低，制度创新带来政府管理约束力的弱化，因此也将创新重点聚集在全面高效的事中事后监管改革上，加强事中事后监管等管理模式创新，出台了一系列创新举措，做到“宽进严管”，避免出现监管缺失和“灰色地带”，全方位的事中事后监管制度初步形成。

一是构建了监管信息共享机制，推进信用信息共享平台建设。福建自贸试验区根据已出台的福建自贸试验区监管信息共享管理试行办法，推进信用体系建设，尤其是进一步强化监管信息共享平台建设，避免各部门相同信息库的重复建设，实现自贸试验区工商、质监、海关、检验检疫、海事、金融、税务、环境保护等部门监管信息的互通、交换和共享，加强部门间的协同监管与合力，为优化监管流程、提供高效便捷服务、加强事中事后监管提供信息支撑。目前，省公用信息共享平台已有27个省直部门运行，市场主体信用信息公示平台已链接19个省直部门，正在推动增加15个，基本覆盖了涉及事中事后监管的所有职能部门。

二是注重市场监管风险防控，率先探索建立自贸试验区市场竞争秩序监测体系。在吸收上海自贸试验区完善市场监管体系基础上，进一步立足于现有工商一体化平台获取基本的市场竞争信息数据，创新推出了“市场公平竞争指数”。该项举措通过相关数据的聚合、对比、关联、因果分析，对主体行为及市场竞争秩序作出判断和预测，为政府决策提供有效的参考，促进事中事后监管效能的不断提升。

三是创新市场监管模式，出台促进自贸试验区公平竞争暂行办法，率先建立数据采集点，及时发布不公平竞争预警信息。开展企业信用分类监管试点，实施企业差别化分类监管，完善企业年报公示和经营异常名录制度，对信用等级高的企业将在同等法定条件下给予政策支持或倾斜，在税收管理、工商行政管理、科技管理、项目申报等方面得到优待，对被载入经营异常名录的商事主体，财政资金招投标项目将其排除在外，银行等金融机构不受理其开户、贷款等业务，努力实现“一处违法、处处受限”。

四是在强化事后监管体系的同时注重事中分析预警。福建自贸试验区重点关注自贸试验区放宽行业准入、放开领域以及体制机制创新可能出现的风险，已梳理出监管风险点55个，提出88条防控措施，着力防范区域性、行业性和系统性风险。同时，率先开发应用“税收风险管理信息系统”，以脉络图或列表形式直观掌握企业间关联关系，防范企业虚开发票、转移利润、少缴税款风险，对问题企业有着强大的震慑作用，将“事后纠正打击”转变为“事中分析提示”，既精准防控风险，又促进了税收纳征关系和谐。

该举措进一步强化了部门间的协作配合，建立了跨部门联动响应和失信惩戒机制，提高了发现问题和防范化解区域性、行业性和系统性风险的能力，使“一处违法、处处受限”联合惩戒机制落到实处，有效促进市场竞争秩序规范发展。

四、运行成效分析

（一）改革成效：政府与市场定位更加明晰

1. 加大简政放权与加快健全事中事后监管体系并行，为深化经济体制改革提供新路径

福建自贸试验区按照总体方案提出的国际化、市场化、法治化要求，加快转变政府职能。

一是加大简政放权力度。自贸试验区三个片区均已建立综合服务大厅，80%以上的省级行政许可事项已下放到自贸试验区。从企业设立和项目审批实现一站式服务。截至2015年9月底，全省已发出“一照一码”营业执照50381份，其中自贸试验区5715份，企业设立时间缩短到1天。厦门片区实施的“多规合一”推动审批流程再造，极大缩短申报环节，缩减申报时限，从项目建议书到施工许可证书发放，办理时限从180个工作日缩至49个工作日。平潭片区实施投资项目审批改革“四个一”模式，精减行政审批申请材料，将申请材料由250项减少到19项左右，精减幅度超过90%，社会投资建设项目的审批办理时限压缩到93个工作日以内，整体行政效能提高近3倍。

二是加快健全事中事后监管体系。自贸试验区在推进体制机制创新、放宽准入门槛的情况下，通过加强法制建设，推行事中事后监管。福建省人大常委会审议通过《关于在中国（福建）自由贸易试验区暂时调整实施本省有关地方性法规规定的决定》，省法院、检察院出台了《服务保障自贸试验区建设的意见》。自贸试验区确定了25项市场监管重点试验任务，重点关注自贸试验区放宽行业准入、开放领域及体制机制创新可

能出现的风险，梳理出监管风险点55个，提出88条防控措施，加快探索处理好政府和市场关系的新路子。

2. 加快搭建以企业为主体的国际化营商环境，为市场在资源配置中发挥决定性作用提供平台

福建自贸试验区运行半年以来，更加明确企业在市场的主体地位，加快培育有利于企业经营的营商环境。

一是自贸试验区政策整体吸引力强劲。调查显示，区内企业对自贸试验区绝大多数政策满意度高达九成以上，并且表示对自贸试验区未来发展有信心。

二是贸易便利化政策效应明显。调查显示，企业对通关便利化各方面政策的知晓度达到80%以上，说明自贸试验区对政策宣讲有力。企业对通关便利化各方面政策的好评率均高于90%，其中对实行智能化卡口验放、区内进口原产于台湾的工业品简化检验检疫手续，对台湾地区输入的食品等试行快速检验检疫模式等政策的满意度高，说明自贸试验区现行关检系统确实发挥积极作用。

三是投资管理政策效应显著。调查显示，八成以上对相关政策有所了解。从政策评价来看，企业对投资便利“一照一码、一表申报、一口受理、在线审批、当日办结、免收费用”服务模式、网上自主办税、“一站式”便民服务等创新服务模式的满意度均超过90%，说明自贸试验区现行行政改革措施有助于提高政府办事效率，推动企业享受改革红利方面取得比较明显的进展和成效。

（二）开放成效：开放力度与广度进一步扩大

1. 加快推动服务业领域有序开放，为提高自贸试验区乃至全省整体服务业竞争力提供抓手

福建自贸试验区在融资租赁、保税展示交易、境内外维修、建筑师及药师等专业技术服务方面共出台近20份规范性文件或操作规程，吸引更多外资企业、台资企业投资新开放领域。截至2015年9月底，自贸试

验区新增融资租赁企业50家、商业保理21家、电子商务66家、旅行社10家、台资医院3家、文化企业5家。区内政策有助于倒逼境内服务机构提高服务质量，从整体上提升自贸试验区现代服务业发展水平，也有助于提高自贸试验区乃至福建省整体服务业竞争力。

2. 加快创新两岸货物贸易与服务贸易发展，推动自贸试验区成为对台先行先试的改革高地

福建自贸试验区充分发挥对台优势，不断推进对台先行先试，工作取得初步成效。

一是创新两岸贸易监管服务制度。通过单方面采信台湾检验检测机构出具的认证结果和检测结果、实施“源头管理、结果采信、抽检验证”的两岸商品快速验放模式，对从台湾进口的保健食品等敏感产品实施快速通关模式等创新举措，福建自贸试验区在对台方面先行先试，积极打造对台开放的新优势。

二是推动对台服务贸易领域开放。平潭片区允许台湾建筑、医疗、旅游等服务机构职业人员，持台湾有关机构颁发的证书开展业务，目前已有28家台湾建筑类企业、12家台资医疗机构和医疗生技企业及1家台资合资旅行社落户平潭，22名台湾建筑师、82名台湾导游备案或执业。通过在平潭片区率先采信台湾认可资质，为全国实施新一轮高水平对外开放进行压力测试，加快积累进一步扩大开放的经验。

三是推动闽台交流交往便利化。福建自贸试验区建设两岸青年创业创新创客基地，允许台湾青年创业者以个体工商户或公司形式进驻基地，并给予开办补助、住房补贴、租金补贴、贷款担保补贴等支持，促进两岸青年感情和事业深度融合。目前已注册46家，注册资本2.33亿元，其中台资25家，内资21家。同时，自贸试验区实施台湾居民入境免签注和为台湾居民试点签发电子台胞证政策，实施台湾地区入闽机动车和驾驶人便利政策。目前，台湾地区入闽机动车只需1个工作日即可办好机动车临时号牌、行驶证和临时驾驶许可证。

(三) 转型升级成效：经济转型与提质增效步伐加快

1. 企业通关时间和成本有效降低，努力营造便企利民的发展环境

一是通关效率进一步提升。国际贸易“单一窗口”建成后，企业进出口货物申报时间从 4 小时减至 5—10 分钟；船舶检验检疫申报时间由 50 分钟缩短为 5 分钟；一般货物贸易出口全流程时间从 16 天（世界银行评估中国货物贸易全流程时间）缩短至 8 天；船舶进境时间由 36 小时减少至 2.5 小时，出境时间由 36 小时减少至 1 小时。

二是企业负担有效减轻。实施关检合作“三个一”模式后，每个集装箱可减少费用 600 元；海关申报费用每票下调 5 元，对自主申报企业的数据传输费用全免；在“单一窗口”实现进出口的小微企业信保费用全免；实行无纸化分段担保后，保税展示交易出区税款担保由按月预缴改为按实际批次缴交，极大地减少了企业资金占用。

三是辐射带动作用初显。对自贸试验区实施效果较好的创新举措，及时在全省推广，如将企业注册“三证合一、一照一码”登记制度、电子营业执照等 30 项改革创新成果分批、分期在省内其他区域推广。积极培育“前店后仓”、跨境电子商务、保税展示交易等新型业态，推动区内区外联动发展，发挥自贸试验区政策溢出效应。

2. 持续推动自贸试验区功能性平台建设，强化功能提升产业发展

自贸试验区按照总体方案明确的功能定位，积极推进大宗商品交易和资源配置、跨境电商交易、保税展示交易等方面 76 个功能性平台建设。其中，已建成平台 36 个，正在建设平台 26 个，拟建设平台 14 个。

一是福州片区重点建设 11 个平台。目前已建成平台 2 个，其中，东盟海产品交易所已发展会员 118 家，实现现货交易量约 700 吨，交易总额 1329 万元；中小企业公共服务平台涵盖技术、人才、商务、金融等四类公共服务。正在建设平台 6 个，其中，位于南台岛的自贸试验区保税商品直销中心已有 35 家企业入驻；互联网游戏产业园创业平台已注册企

业118家，注册资本14.88亿元；利嘉保税展示交易平台有42家企业入驻。拟建设平台3个，主要是台湾青年创业营地、海关监管信息平台、万国大宗商品交易和资源配置平台。

二是厦门片区重点建设49个平台。目前已建成平台27个，其中，东南红酒交易中心在海沧港的进口量已达1.03亿升，增长183%；象屿商品展示交易中心投资1.3亿元，占地面积3万平方米，主要开展汽车展示交易；服务外包产业园已注册企业891家，注册资本共114.3亿元。正在建设平台16个，其中，跨境电商综合服务平台拟集通关、物流配送、跨境结算等服务为一体，有效解决正品保障、售后服务等；象屿集团台湾商品B2B跨境直送分销平台通过与各大电商平台以及线下卖场、商超的有效信息交互，实现从台湾厂家到区内卖家的供应链服务。拟建设平台6个，主要有绿金在线电子商务、香港兆龙综合文化保税、特殊监管区货物分类监管等。

三是平潭片区重点建设15个平台。目前已建平台6个，其中，福建跨境通电子商务公司项目已与50多家电商、物流及支付企业完成系统对接；海运快件中心项目总投资额3亿元，规划用地200亩，建设标准化国际物流作业平台；红石创业孵化器项目总投资近2亿元，打造多功能创业基地。正在建设平台4个，其中，利嘉物流园项目选址范围已初步确定；互联网金融支付总部项目投资1亿元，目前正在建设中。拟建设平台5个，主要是台福大宗商品交易中心、绿色谷物展销中心、大学生创业孵化器等5个项目。

3. 推动经营模式及监管模式创新，为促进新型贸易业态发展搭建试验平台

一是支持融资租赁创新。厦门片区支持发展进口设备保税融资租赁，目前，已开展14架飞机进口融资租赁业务，大幅降低融资成本。

二是支持保税展示创新。福建自贸试验区在全国率先实施“电子化分段担保”监管模式，可节约50%的担保金利息支出。

三是加快推动跨境电商发展。福建自贸试验区利用海峡两岸跨境电商试验区和跨境电商保税进口试点等平台，加快跨境电商公共服务平台和跨境电商产业园建设，与国内知名电商平台深度联动取得积极成效，为经济提质增效发挥积极作用。

四是支持平行汽车进口。率先实行“分类管理、验证改装、事后监管”的监管模式，截至 2015 年 9 月底，江阴整车进口口岸到港进口车 3066 辆，超过 2014 年全年进口量。

五是推动海产品交易转型升级。福建自贸试验区设立的中国—东盟海产品交易所以海交所电子交易服务平台为媒介，加快延伸海产品产业链，通过整合全球海洋产业信息大数据库和全球海产资源，构建覆盖中国与“海丝”沿线国家和地区的冷链物流网络和涵盖养殖、捕捞、加工、仓储、贸易等环节的全产业链的食品安全可追溯体系，实现海产品“线上交易、线下交收、跨境结算”的升级转型。

六是推动金融服务创新。福建自贸试验区加快推动新兴金融业态发展，厦门片区对区内纳税信用 A 级的小微企业实施“银税互动”，有效契合银行和小微企业需求。截至 2015 年 9 月底，建设银行福建省分行所辖支行通过“银税互动”共为 670 家小微企业发放贷款 9.98 亿元。福州片区积极推动互联网金融、汽车金融等发展，平安银行牵头设立规模 100 亿元的江阴港整车进口贸易产业基金。

（四）对接国际规则成效：对标国际规则与通行做法已见雏形

1. 已探索实行“准入前国民待遇加负面清单”模式，营造有利于各类投资者平等准入的市场环境

福建自贸试验区对外商投资实行“准入前国民待遇加负面清单”管理模式，负面清单之外领域外资设立或变更实行备案制，探索建立与国际惯例接轨的营商环境。截至 2015 年 9 月底，福建自贸试验区新增内、外资企业 6311 家，其中新增外资企业 478 家，增长 3.02 倍；合同外资

223亿元，增长7倍。负面清单管理提高了法律的透明度和可预见性，营造了各类投资者平等准入的市场环境，有效激发更大的经济活力。

2. 已实施“单一窗口”、“分类监管”模式，加快构建与国际接轨的新型监管框架

福建自贸试验区积极推动关检部门创新通关模式，提高无纸化通关应用水平，加快构建与国际接轨的新型监管框架。

一是实施国际贸易“单一窗口”。目前已实现“一个界面、一次递单、一点接入、统一管理”。进出口货物申报时间从4小时减至5—10分钟，船舶检验检疫申报时间由50分钟缩短为5分钟。据厦门片区统计，目前在线运行3700多家企业，日处理3.5万票。

二是探索货物状态分类监管。福建自贸试验区对海关特殊监管区域内货物实施“状态分类、分账管理，标识区分、实时核注，联网监管、信息共享，安全便利、风险可控”的监管模式。企业可以同时经营保税和非保税业务，允许保税货物和非保税货物直接在区内办理转换手续，有利于区内企业拓展经营范围，促进形成内销、外销双向的良性发展格局。

三是创新原产地证书管理制度。自贸试验区通过简化CEPA及ECFA原产地证书提交需求、放宽海运货物直接运输判定标准等，既节省了企业为获取相关证明文件往返奔波的费用和时间，也节约了企业纸质证书寄送成本和在途时间，有效提高了通关效率。

3. 已开展以跨境投融资及其便利化为内容的金融制度创新，为区内金融机构国际化拓展提供空间

福建自贸试验区积极推进跨境投融资业务及其便利化发展。

一是启动跨境融资业务。福建自贸试验区积极支持企业从境外借入资金，融资渠道多样化成效显著。其中，厦门片区已有19家企业签约对台跨境贷款金额20.05亿元，备案金额3.15亿元，提款金额2.41亿元。中行平潭片区分行通过中行法兰克福分行、首尔分行、中银香港为区内3家企业提供海外直贷3245万美元及1500万元人民币。

二是推动跨境投资便利化。浦发银行积极引入境外投资机构在平潭片区设立基金管理公司，其跨境人民币投资额度50亿元已获批，分批汇入的跨境资金将优先投向于区内项目。

三是开展对台人民币清算。建行、农行、平安银行等三家银行的总行已分别在厦门成立对台人民币清算中心。台湾24家银行已与厦门16家银行签订人民币代理清算协议，并开设41个人民币代理清算账户，累计已清算424亿元人民币。目前，福建自贸试验区推动的各项金融开放创新政策为区内金融机构国际化拓展提供了更为广阔的业务发展空间，在为企业提供海外融资平台的同时，有助于将福建自贸试验区打造成为人民币国际化的重要平台。

（五）复制推广成效：对全局性改革的示范与带动作用初步显现

1. 为加快政府职能转变提供可复制推广经验，成为未来新一轮行政体制改革的有益探索

福建自贸试验区运行半年来，加快推进以“关检合作”为特点的试点内容，探索将关检串联式查验转变为并联式查验，避免企业分头到关检部门办理手续。据测算，为进出口企业缩短40%的通关时间，节省50%的人力成本。这项试点内容除了优化流程、便利企业外，更重要的是在自贸试验区范围内试点打破政府部门自身利益倾向，触及深化行政体制改革的难点，有助于打破一些部门以传统手段管理经济社会的惯性思维，海关与检验检疫的合作是避免权力部门化、部门利益化的有效尝试，也是未来推动新一轮大部制改革的有益探索。

2. 为推动政府管理创新提供可复制推广经验，为推动自贸试验区进入更大范围提供示范和标杆

福建自贸试验区在复制推广上海自贸试验区改革试点经验的基础上，加快推出实施百余项创新举措，其中近一半为全国首创，涉及投资便利化、贸易便利化、对台便利化、政府职能转变等多项内容，形成约40%

的可复制可推广经验，其中，约1/3能够在全国范围内复制推广，约1/3能够在四个自贸试验区内推广，余下的1/3为全国海关特殊监管区、跨境电商试点城市、全国整车进口口岸等地区提供可复制经验。目前，30项已在全省推广，2项被海关总署复制推广到全国四个自贸试验区，1项被国家税务总局拟复制推广到全国四个自贸试验区。福建自贸试验区推出的创新举措有助于试验成效溢出福建，推动自贸试验区进入更大范围的试验操作层面，为更大范围的改革实践提供可复制、可推广的示范和标杆。

五、存在的问题

（一）国家层面的支持工作亟待加强

推进自贸试验区建设是党中央、国务院作出的重大决策，属于国家战略，不是举一省之力、在省级事权范围内能够完成的试验任务，需要举全国之力，需要国家各个部委的支持和配合。从福建省自贸试验区建设推进情况来看，国家层面的支持力度还有待进一步加强，主要存在以下三个方面：

一是国家层面支持自贸试验区建设的指导意见或实施办法出台缓慢。从金融领域开放创新来说，由于缺乏实施办法而难以推动，很多试验措施无法及时实施，直接导致金融领域的试验效果不佳。中央金融监管部门尚未针对总体方案中赋予自贸试验区的金融创新政策出台具体的实施细则，导致如个人直接投资项下跨境人民币业务、设立跨境人民币股权投资基金、区内企业和金融机构赴境外发行人民币债券并回流使用等部分金融政策仍然无法真正落地实施。

二是“自贸试验区大门开、行业许可小门不开”的问题比较突出。例如，外商投资虽实施负面清单管理，保险、旅游等外商投资在负面清单以外，仍无法实际落地。

三是国家对自贸试验区的支持政策不平衡。比如，厦门未取得跨境电商综合试点城市，无法获得“海关监管、检验检疫、进出口税收和结算汇率”方面的政策，制约着部分试点任务的实施。上述差异性的政策措施，会对市场产生扭曲作用，有悖于市场化改革原则，不利于市场在资源配置中发挥决定性作用。

（二）风险防范机制尚需进一步完善

福建自贸试验区在深化改革、扩大开放等领域进行了一系列创新尝试，推进速度走在了全国前列，但由此带来的潜在风险也在增加，应予以充分关注，监管与风险防范机制有待进一步完善。

一是部门协同监管机制不完善。福建自贸试验区一系列改革开放创新举措对政府部门监管提出了更高要求，但有效的综合监管快速反应机制尚未形成，各监管部门之间缺乏有效的沟通协调机制，法律制定、执行、识别、监管、授权等缺乏合力，难以对市场主体生产经营过程实现全过程综合监管，也远未形成包括安全审查、反垄断审查、社会信用、企业年报公示等社会力量参与的较为完善的市场监督制度体系。

二是社会共治机制尚未建立。从监管理念上，尚未从政府监管向社会共治转变，尚未从过多依赖行政手段进行监管向调动市场因素和社会力量转变，对市场因素和社会力量在监管中的作用认识还不够，运用也很不充分，在推动企业自治、行业自律、消费者以及交易对象监管方面从制度设计到工作着力度还有待进一步加强。

（三）法制保障工作有待进一步强化

一是行政法规和规章的修订未到位。对总体方案确定的扩大开放事项，实施过程中还受原有的行政法规和规章的限制，企业仍然按照原有法规、规章办理相关行政许可事项的审批，行政法规和规章未能及时修订到位。

二是三个片区的综合执法工作发展不平衡。有的片区成立了综合监管和执法局，相对集中行政处罚权工作方案已经批复，有的片区研究力量相对薄弱，相对集中行政处罚权工作方案正在报送审批阶段，三个片区情况不同，工作进度有差异，总体工作进展不平衡。

三是司法保障工作仍有待完善。福建自贸试验区在司法保障方面做了大量工作，但国内相关成熟经验较少，自贸试验区法庭审判人员审判工作需要不断探索，审判水平也有待进一步提升，司法物质保障还需进一步加强，协调机制需要进一步完善。与此同时，三个片区检察机关服务保障自贸试验区的运行模式是采取派驻检察室还是设立专门检察院，尚要继续在实践中探索研究。

四是仲裁机构设立需要进一步完善。目前，厦门国际商事仲裁院、福州仲裁院均已在自贸试验区片区所在地设立仲裁院。平潭片区亟须设立仲裁机构，加强多元矛盾纠纷解决机制，规范促进商事调解和商事仲裁行业发展。同时，各仲裁机构的涉外仲裁力量还要进一步加强，能力还需进一步提升。

（四）统计监测与研究工作有待加强

一是统计监测体系尚未建立。当前，福建自贸试验区在跟踪、统计和监测等方面都做了大量工作，但大部分区块缺乏系统的基础性数据，很多统计数据信息特别是增速类数据无法获得，在一定程度上影响了对自贸试验区试验效果的定量评估，尚无法与其他自贸试验区或国际上先进的自由贸易园区进行系统性对标分析，与试验任务有关的统计监测体系亟待加快建立和完善。一方面，福建自贸试验区三大战略定位与发展目标有关的统计体系尚未建立。当前，福建自贸试验区缺乏对 GDP、对外贸易、利用外资等方面的系统性数据，对台及与海上丝绸之路沿线国家和地区的开放合作统计数据也没有，亟须制订与福建自贸试验区三大战略定位和发展目标相关的统计指标体系，建立统计制度，加强统计体系建设工作。另一方面，重要领域的试点任务统计监测分析有待加强。以“准入前国民待遇加负面清单”为例，目前更多的关注由此带来的备案管理等投资管理体制改革方面的试验效果，而对其对外开放的试验效果关注不高，缺乏对相关企业主体数量、投资额度等方面的统计数字，不利于统计和监测该项措施的试验。

二是相关问题研究不够。自贸试验区承载着实践国际经贸合作新规则、全面深化改革等诸多重大试验任务，相关重大问题需要加强研究，以期达到可复制可推广、辐射带动、服务全国的试验效果。因此，需要加强有关的重大理论性和实践性问题研究，主要包括：（1）各片区与所处国家级园区（新区）的协调开放、协调发展问题。平潭片区与平潭综合实验区、福州片区与马尾经济开发区、福州片区与福州新区等相互之间的关系如何，各自如何定位，未来发展方向如何，这些问题都需要加强研究，提前预判，推进其协调开放、协调发展。需要特别强调的是，平潭综合实验区具有很强的特殊性，后发优势强，具有发展成为“另一个深圳”可能性，但目前发展战略和发展思路尚不清晰，需要加强基础性和战略性研究，以进一步明确平潭综合实验区的发展思路和发展路径。（2）自贸试验区与海关特殊监管区统筹协调问题。从国际自由贸易园区的发展实践来看，自贸试验区和海关特殊监管区都属于“自由贸易园区”范畴，但两者之间又有很大不同。自贸试验区与海关特殊监管区未来发展方向如何，两者整合成为国际通行的“自由贸易园区”的可能性有多大，自贸试验区哪些政策措施需要局限于“园区”范围之内，哪些可以在全国范围复制推广等都需要加强研究。（3）不同片区、不同区块之间的协调发展问题。福建自贸试验区三个片区分设三个管委会，两个正司局级，一个副司局级，且各片区又由不同区块组成，厦门片区由 2 大区块组成、平潭片区由 3 大区块组成、福州片区由 7 大区块组成，不同区块情况又各不相同，需要加强不同片区、不同区块之间的统筹协调问题研究。例如，目前，福建自贸试验区三个片区市场监管、综合执法、行政审批等方面都进行了不同程度的创新和尝试，但是相关信息平台建设标准不统一、相关程序不一致，可能会导致相关政策措施的碎片化，既不利于复制推广，也容易导致企业无所适从，这类问题亟待加强研究予以解决，以推动不同片区、不同区块之间协调发展。

福建自贸试验区创新举措复制推广可行性评估报告

【编者按】2015年10月，福建自贸试验区领导小组办公室委托毕马威企业咨询（中国）有限公司对福建自贸试验区创新举措的复制推广可行性进行评估。现将评估报告的主要内容摘编如下。

一、评估概述

（一）项目背景

2015年4月8日，国务院批复了《中国（福建）自由贸易试验区总体方案》。总体方案从切实转变政府职能、推进投资管理体制改革、推进贸易方式转变、率先推进与台湾地区投资贸易自由、推进金融领域开放创新、培育平潭开放开发新优势等方面，赋予福建自贸试验区一系列政策措施。

福建自贸试验区高度重视体制机制创新，各项工作抓得早、抓得紧、抓得实。自贸试验区挂牌运行半年以来，推出实施了一系列创新举措，着力打造国际化、市场化、法治化的营商环境。

尤其值得指出的是，部分创新举措的原创性已经走在全国前列，获得国家层面的认可。例如，企业设立“一照一码”登记制度，已于2015年10月1日起在全国推广实施；简化CEPA及ECFA原产地证书提交需求制度、放宽优惠贸易安排项下海运集装箱货物直接运输判定标准这两项创新成果，海关部署已发文在四个自贸试验区复制推广；“税控发票网上申领服务”已获得国家税务总局的首肯，将在四个自贸试验区实施；国际贸易“单一窗口”和平潭投资体制“四个一”，将作为最佳实践案例，由商务部印发在全国各省市学习借鉴。

在福建自贸试验区成立半年之际，福建自贸试验区领导小组办公室对这些创新举措进行了梳理，筛选出47项符合国家改革和创新方向、首创性突出、实施效果较好的举措，委托毕马威公司就可复制推广性进行评估。

（二）复制推广可行性研究方法论

公共政策的复制推广是指一种公共政策的创新通过一段时间、经由特定渠道，在政府间、组织间传播和采纳的过程。在这个过程中，某一公共政策不断得到完善、复制和推广，在空间上发生转移，当政策被某个成员或主体采纳执行之后，又被其他成员或主体所采纳。

公共政策之所以能够得到复制推广，究其原因，主要源于公共政策的自身具备可复制性和可推广性。

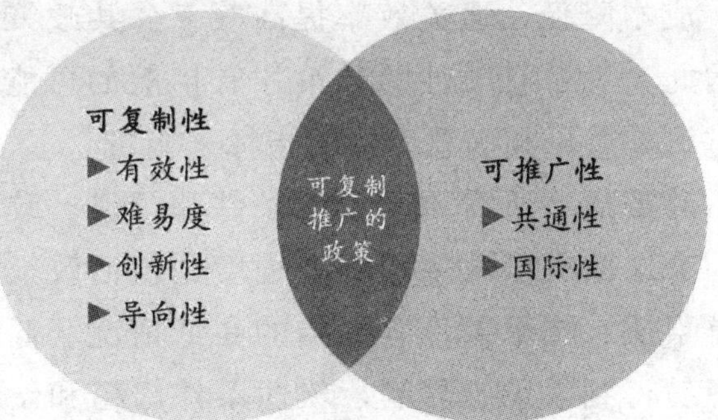

图1　政策复制推广可行性评估维度

可复制性是前提，只有具备复制价值的政策才有进行推广的意义。政策的可复制性可以用政策的有效性、难易度、创新性和导向性来衡量。有效的、具备创新性、符合国家导向的公共政策才值得推广，而难度过大、门槛过高的公共政策也失去了复制的意义。

可推广性是重点，只有经过推广，才能延长政策的活力和生命周期。可推广性反映了政策的渗透能力，可以通过共通性和国际性两方面予以衡量。

毕马威首先对创新举措的可复制性进行评估，可复制性低的举措将被筛选掉。其他可复制性高的举措将进行第二轮可推广性的评估，并根据各个举措可推广性制定出相应的复制推广建议。

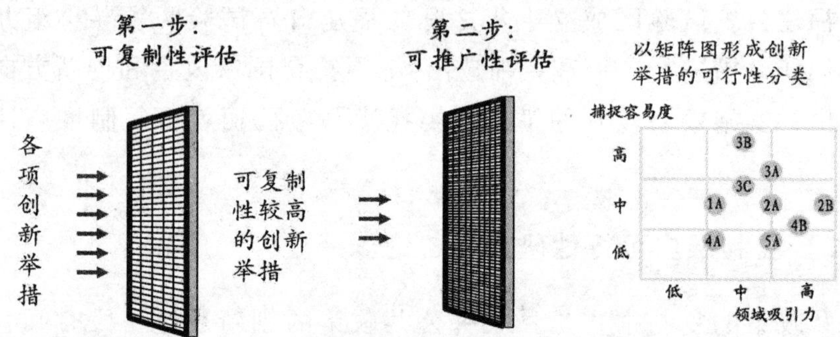

图 2　政策复制推广可行性评估过程

（三）复制推广可行性指标体系

可复制性包括有效性、难易度、创新性、导向性共四个一级指标。

有效性是指政策举措可以带来良好的实施效果，例如企业受益广、办事效率提高、成本降低、通关效率提高等。公共政策的目的是有效达成政策目标，因此，具备有效性的政策才有扩散的可能和价值。对政策有效性可以通过实施效果和满意度两个指标来衡量。

难易度是指政策执行所需要具备的条件和门槛。政策的复制推广是具有学习成本的，这取决于政策的难易程度，包括政策实施所要具备的前提条件、人员素质、技术条件等门槛的高低情况，低难度政策的学习成本较低，更容易得到采纳、复制。软性条件门槛和硬性条件门槛可以用于评价政策的难易度。

创新性是指政策举措的原创程度，具备原创性的举措才存在被复制的意义，如果没有创新性，也就失去了进行复制的基本动力。创新举措的原创度根据其创新程度可以分为拓展和首创两大类。前者是部分新的政策要素与部分旧的政策要素的优化组合，后者则是全部新的政策要素的优化组合。以自贸试验区为例，首创型政策即为福建自贸试验区根据福建省的优势和过往探索经验，在全国首先提出的创新举措。拓展型政策是福建自贸试验区在全国部分地区已有类似的相关探索的基础上进一步深化拓展得到的改革举措。二者均可视为具备创新性。

导向性是指创新举措与上位规划、政策的契合度。自贸试验区承担着国家进行体制改革的重担，在创新举措的制订方面不仅需要符合政策导向，同时还应该具备一定的前瞻性和高度性，以起到“领头羊”的导向作用。

可推广性包括共通性和国际性两个指标。

共通性是指一项公共政策可以不依托地区要素得到扩散传播，从而兼顾地域经济发展程度、地域文化特点、政府运作过程等方面的差异性。共通程度较高的政策更容易在更大范围内得到采纳推广。共通性包括经济发展差异和生产要素差异两个指标。

国际性是衡量自贸试验区政策的一项特殊指标。自贸试验区肩负着对标国际贸易标准的重要责任，因此推行的政策应该符合国际贸易、国际投资的新要求、新规则、新标准。国际贸易包括非歧视、透明度、自由贸易、公平贸易等基本原则，同时涉及货物贸易、服务贸易、投资等多个领域，创新举措应该体现这些原则，并符合国际贸易发展的趋势和方向。

表1　复制推广可行性评价指标体系

指标维度	一级指标	二级指标
可复制性	有效性	实施效果
		满意度
	难易度	硬性条件门槛
		软性条件门槛
	创新性	政策创新程度
	导向性	符合国家导向
可推广性	共通性	经济发展差异
		生产要素差异
	国际性	国际通行标准

作为第三方独立机构，毕马威基于该评估办法，结合采访调研掌握的第一手资料，对委托评估的47项创新举措的实施效果、可复制性、可推广性进行评估，给出复制推广建议，提出进一步的优化提升建议。

(四) 毕马威总体评估意见

总体来看，毕马威认为，福建自贸试验区委托评估的47项创新举措大都具备较高的可复制推广性；一方面，具备良好的实施效果、较低的实施门槛和显著的创新特性；另一方面，兼顾了地区发展差异、符合国际通行标准，复制的价值较高，具备推广的条件和要求，体现出较高的政策制定水平。

经评估，毕马威认为，其中30项创新举措复制推广可行性很高，建议福建自贸试验区争取向全国范围进行推广；有9项创新举措初步具备复制推广的可行性，建议先在省内部分地区进行复制推广，条件成熟后再争取向全国进行复制推广；还有4项创新举措可复制性和可推广性适中，尚待时间进行进一步试验并完善提升；另有4项创新举措为具备地区发展特色的区域性创新举措。

二、福建自贸试验区创新举措可复制性研究

(一) 福建自贸试验区创新举措可复制性评估结果

毕马威基于前述政策复制推广可行性评价指标体系，从有效性、难易度、创新性、导向性四个方面进行可复制性评估。

有效性指标是指该政策如能具备行政效能，提高效率，促进发展，则可视为具有有效性；难易度指标是指如果该政策复制推广的门槛较低、学习成本较小，可视为施行难易度较低；创新性指标是指该政策如在全国范围内首次推行实施或是对原有政策进行优化拓展，则可视为具有创

新性；导向性指标是指该政策如果符合国家大政方针、改革方向、政策导向，则可视为具有导向性。

对47项创新举措的可复制性具体评估结果如表2所示。

表2　福建自贸试验区创新举措可复制性评估结果

序号	举措内容	有效性	难易度	创新性	导向性	可复制性
1	企业设立实行“一表申报”制度	√	√	√	√	
2	企业设立“一照一码”登记制度	√	√	√	√	
3	商事主体名称“自助查重、自主选用”	√	√	√	√	
4	企业联络地址登记制度	√	√	√	√	
5	企业注册“全程电子化登记”	√	√	√	√	
6	投资体制改革“四个一”	√	√	√	√	
7	土地出让在线办理模式	√	√	√	√	
8	税控发票网上申领服务	√	√	√	√	
9	“一掌通”3A移动办税平台	√	√	√	√	
10	“银税互动”助力小微企业融资	√	√		√	◐
11	“多规合一”城市规划管理及治理体系	√	√	√	√	
12	纳税信用分级管理	√	√	√	√	
13	出口退税分类管理	√	√		√	◐
14	税务任务管理与服务回访系统	√	√	√	√	
15	税收服务自助双向电子取件模式	√	√	√	√	
16	国际贸易“单一窗口”	√	√	√	√	
17	海关简化CEPA及ECFA原产地证书提交需求制度	√	√	√	√	
18	海关放宽优惠贸易安排项下海运集装箱货物直接运输判定标准	√	√	√	√	
19	海关特殊监管区域内货物实施按状态分类监管	√	√	√	√	
20	关、检“一站式”查验	√	√	√	√	
21	海关先验放、后报关制度		√	√	√	◐
22	内销货物电子化分段担保		√	√	√	◐

续表

序号	举措内容	有效性	难易度	创新性	导向性	可复制性
23	海关信任接单制度	√	√	√	√	
24	海关多维自主担保制度	√	√	√	√	
25	海关整车进口一体化快速通关制度	√		√	√	◐
26	海关查验作业微信预约制度		√	√	√	◐
27	海关简化加工贸易核销单证提交制度	√	√	√	√	
28	简化电子口岸入网审批制度	√	√	√	√	
29	海关进出境邮件“移动式”通关模式	√	√	√	√	
30	海关移动综合服务平台		√	√	√	◐
31	保税料件交易		√	√	√	◐
32	海关区域外飞机维修一体化监管	√		√	√	◐
33	改革和简化检验检疫原产地签证管理	√	√	√	√	
34	进口酒检验检疫快速通关模式	√		√	√	◐
35	检验检疫进境水产品“统一申报、集中查验、分批核放”管理模式	√		√	√	◐
36	国际航行船舶检疫监管新模式	√	√	√	√	
37	集装箱货物卫生检疫前置模式	√	√	√	√	
38	跨境电子商务检验检疫高效便捷监管模式	√		√	√	◐
39	对整车进口口岸非中规车业务，实行“分类管理、验证改装、事后监管”的检验检疲监管模式	√		√	√	◐
40	实施“源头管理、口岸验放”快速通关模式	√	√	√	√	
41	建立台湾建筑企业纳入信用考核制度	√	√	√	√	
42	对平潭与台湾之间进出口商品原则上不实施检验，检验检疫部门加强事后监管	√		√	√	◐
43	对台湾进口水果实施“边抽样检验，边上架销售”的检验检疫模式	√		√	√	◐
44	对原产于台湾的预包装食品、化妆品实施“快审快核”的标签审核模式	√	√	√	√	

续表

序号	举措内容	有效性	难易度	创新性	导向性	可复制性
45	采信台湾认证认可结果和检验检测结果	√	√	√	√	
46	试点海运快件进出境业务	√		√	√	◐
47	两岸青年创业创新创客基地	√	√	√	√	

备注：

有效性指标：若该政策具有有效性，标注为“√”；

难易度指标：若该政策施行难易度较低，标注为“√”；

创新性指标：若该政策具有创新性，标注为“√”；

导向性指标：若该政策具有导向性，标注为“√”。

（二）福建自贸试验区创新举措可复制性综述分析

毕马威对福建自贸试验区遴选的47项创新举措进行了可复制性研究，具体分析如下。

1. 总体可复制性强

经毕马威评估，共有31项创新举措的可复制性很高，占比高达66%，近2/3；另外16项举措的可复制性较高，占比为34%，主要源于这些举措多具备一定的门槛要求；无可复制性弱或不可复制的举措。

毕马威认为，福建自贸试验区推出实施的创新举措总体上可复制性较强，向全国、其他自贸试验区、省内其他区域进行推广的价值很高，从侧面反映了福建自贸试验区政策创新的整体效果很高，达到并超过了预期。

2. 政策有效度高

毕马威认为，福建自贸试验区创新举措的整体有效度高，表明政策执行效果突出，反馈良好。

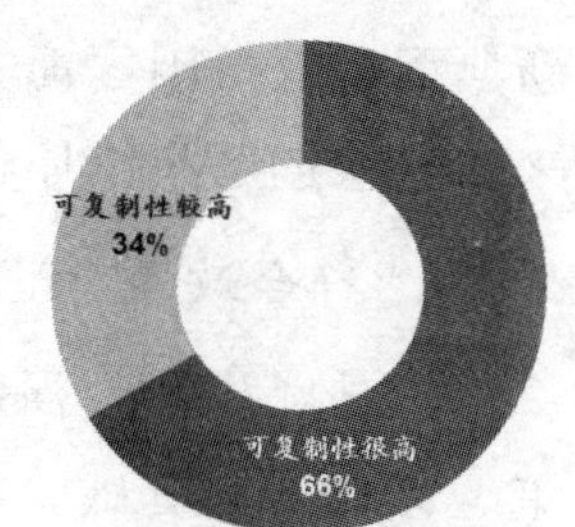

图3　福建自贸试验区创新举措可复制性分布情况

具体从细分指标的分布来看，福建自贸试验区委托评估的47项创新举措中，共有43项都取得了较好的实施效果，占比达到91%，从各个层面提升了政策执行的便利程度；共有45项满意度较高，占比高达96%，获得了企业良好的反馈。这表明，政府在制定推行这些创新举措时注重实效性以及对企业的惠及程度，获得了一致好评。

3. 难易度整体适中

在政策难易度层面，这些创新举措的总体难易度适中，具备向其他地区进行复制的有利条件。

具体来看，共有43项举措在硬性条件方面需求不大，占比达到91%；共有38项举措在软件方面需求不大，占比为81%。需求低意味着实施门槛不高，这表明对于大部分创新举措而言，其推行过程中所需要的软硬件设施要求较低，其适用的环境要求不高，实施难度不大，有利于其未来进一步向各地复制推广。

与硬性条件需求相比，对软性条件方面的要求相对较高。这一方面是因为部分举措在推行过程中更注重业务线上办理、电子化、无纸化等先进技术手段，表明了政府管理方式与时俱进。另一方面是因为部分举措需要一定的政策、资质，这从侧面也反映了自贸试验区所具备的政策优势确实有效地推进了体制改革。

4. 原创特点显著

毕马威认为，福建自贸试验区创新举措的整体创新性比较明显，体现出较强的原创特色。

47项创新举措中，共有45项为全国首创举措或拓展举措，都取得了较好的实施效果，原创度高达96%。部分举措更是在全国范围内属于创新典型，获得国家海关总署、国家税务总局等中央部委的肯定。总体看来，这些创新举措原创特点鲜明，具备进行复制的价值和意义。

5. 符合政策导向

毕马威认为，福建自贸试验区各项创新举措均符合国家大政方针政策，体现出自贸试验区各部门与中央步调保持一致，积极落实国家战略。

具体从细分指标的分布来看，福建自贸试验区委托评估的47项创新举措中，全都具备导向性。这些举措分别从简政放权、促进两岸融合统一等不同方面进行制度设计，部分举措还反映了中央政府工作报告中关于“互联网+”等战略的运用，体现了与时俱进的工作思路。

更难能可贵的是，以“企业设立实行‘一表申报’制度”等为代表的各项创新有利于促进投资便利化、通关一体化，从而建立同国际贸易投资规则相适应的体制机制，总体上也呼应了党中央刚刚出台的《中共中央关于制定国民经济和社会发展第十三个五年规划的建议》，体现出福建自贸试验区在政策制定方面的前瞻性。

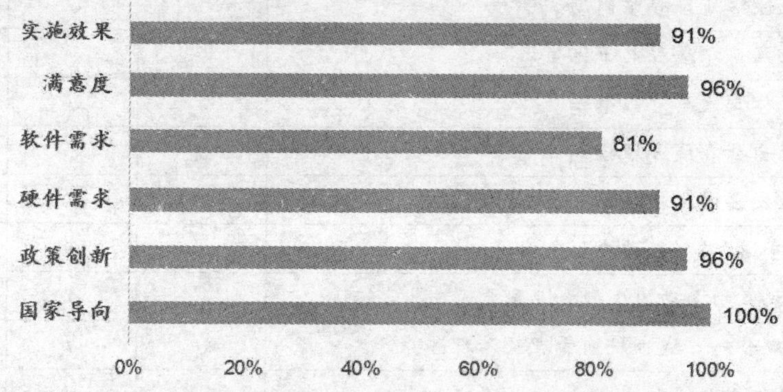

图 4　福建自贸试验区创新举措可复制性指标分布

总体来讲，毕马威认为，福建自贸试验区委托评估的 47 项创新举措均具备较高的可复制性，无可复制性弱或不可复制的举措，均可进入下一轮开展可推广性评估。

三、福建自贸试验区创新举措可推广性研究

（一）福建自贸试验区创新举措可推广性评估结果

毕马威基于前述政策可复制性评价指标体系，从共通性和国际性两个方面对可推广性进行了评估。共通性指标是指该政策如果能相应兼顾地域及经济发展的差异性，则可视为具有共通性；国际性指标是指该政策如果能够满足国际通行惯例的各项要求，可与国际先进贸易规则进行顺畅对接，

并反映国际贸易发展的最新方向和趋势，则可视为具有国际性。

47 项创新举措的可推广性具体评估结果如表 3 所示。

表 3　福建自贸试验区创新举措可推广性评估结果

序号	举措内容	共通性	国际性	可推广性
1	企业设立实行“一表申报”制度	√	√	
2	企业设立“一照一码”登记制度	√	√	
3	商事主体名称“自助查重、自主选用”	√	√	
4	企业联络地址登记制度	√	√	
5	企业注册“全程电子化登记”	√	√	
6	投资体制改革“四个一”	√	√	
7	土地出让在线办理模式	√	√	
8	税控发票网上申领服务	√	√	
9	“一掌通”3A 移动办税平台	√	√	
10	“银税互动”助力小微企业融资	√	√	
11	“多规合一”城市规划管理及治理体系	√	√	
12	纳税信用分级管理	√	√	
13	出口退税分类管理	√	√	
14	税务任务管理与服务回访系统	√	√	
15	税收服务自助双向电子取件模式	√	√	
16	国际贸易“单一窗口”	√	√	
17	海关简化 CEPA 及 ECFA 原产地证书提交需求制度	√	√	
18	海关放宽优惠贸易安排项下海运集装箱货物直接运输判定标准	√	√	
19	海关特殊监管区域内货物实施按状态分类监管	√	√	
20	关、检“一站式”查验	√	√	
21	海关先验放、后报关制度	√	√	
22	内销货物电子化分段担保	√	√	
23	海关信任接单制度	√	√	
24	海关多维自主担保制度	√	√	
25	海关整车进口一体化快速通关制度	√	√	

续表

序号	举措内容	共通性	国际性	可推广性
26	海关查验作业微信预约制度	√		◐
27	海关简化加工贸易核销单证提交制度	√	√	
28	简化电子口岸入网审批制度	√	√	
29	海关进出境邮件“移动式”通关模式	√	√	
30	海关移动综合服务平台	√	√	
31	保税料件交易	√		◐
32	海关区域外飞机维修一体化监管	√	√	
33	改革和简化检验检疫原产地签证管理	√	√	
34	进口酒检验检疫快速通关模式	√	√	
35	检验检疫进境水产品“统一申报、集中查验、分批核放”管理模式			
36	国际航行船舶检疫监管新模式	√	√	
37	集装箱货物卫生检疫前置模式	√	√	
38	跨境电子商务检验检疫高效便捷监管模式	√	√	
39	对整车进口口岸非中规车业务，实行“分类管理、验证改装、事后监管”的检验检疫监管模式	√	√	
40	实施“源头管理、口岸验放”快速通关模式	√	√	
41	建立台湾建筑企业纳入信用考核制度			
42	对平潭与台湾之间进出口商品原则上不实施检验，检验检疫部门加强事后监管			
43	对台湾进口水果实施“边抽样检验，边上架销售”的检验检疫模式			
44	对原产于台湾的预包装食品、化妆品实施“快审快核”的标签审核模式			
45	采信台湾认证认可结果和检验检测结果	√	√	
46	试点海运快件进出境业务			
47	两岸青年创业创新创客基地		√	◐

备注：

共通性指标：若该政策具有共通性，标注为“√”；

国际性指标：若该政策具有国际性，标注为“√”。

(二) 福建自贸试验区创新举措可推广性综述分析

毕马威对福建自贸试验区遴选的47项创新举措进行了可推广性研究，具体分析如下。

1. 总体可推广性好

此次47项创新举措的可推广性评估中，共有38项举措可推广性强，占总体的81%；9项举措可推广性适中，占比为19%，需进一步优化或试验后再进行推广。

毕马威认为，福建自贸试验区推出实施的创新举措整体可推广性良好，政策的渗透能力很强，兼顾了地区差异，符合国际通行惯例，适宜向更大范围进行推广，体现出成熟的政策制定能力。

2. 政策共通性好

毕马威认为，福建自贸试验区创新举措的共通性较高，具备向全国不同地区进行推广的有利条件。

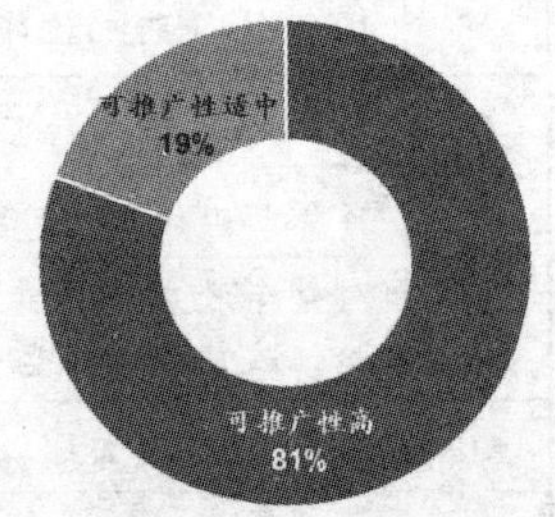

图5　福建自贸试验区创新举措可推广性分布情况

具体来看，虽然福建自贸试验区具备优越的生产要素优势和政策优势，但这47项创新举措中有42项都无特殊生产要素的要求，占89%；还有43项举措对于经济发展差异无特殊要求，占91%，体现出这些创新举措可以适用的范围比较广泛，表明当地政府部门在政策制定过程中已经注意兼顾地区发展差异、不依赖特殊生产要素，这些特点使得福建自贸试验区推出实施的创新举措能够得到更广、更快的推广。

3. 国际特色突出

毕马威认为，47项创新举措中共有39项符合国际通行惯例，占83%，使得这些举措的国际特色鲜明突出，圆满完成了福建自贸试验区对接国际贸易新标准的重要任务。

这些举措在符合中央政府大政方针政策的基础上，借鉴并融合了国际贸易的通行原则和方法，并反映了国际贸易发展的新方向、新趋势，有效地扩大了福建自贸试验区的开放性，使得自贸试验区开放具备高起点、高水平，反映了政策举措的前瞻性、试验性，具有向更大范围进行推广的必要和价值。

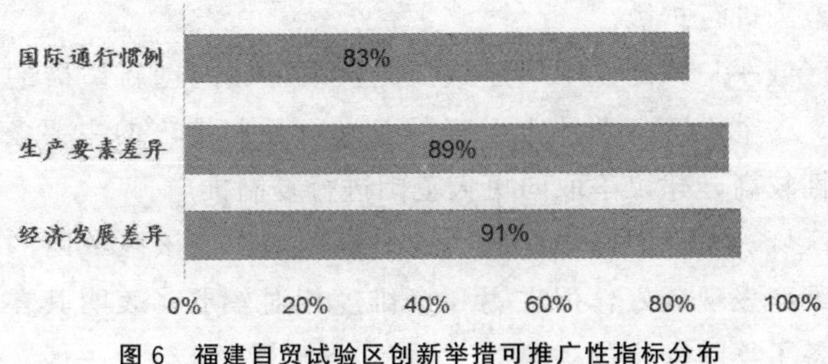

图 6　福建自贸试验区创新举措可推广性指标分布

四、福建自贸试验区创新举措复制推广可行性总体评估

（一）政策复制推广可行性评估矩阵

通过对可复制性、可推广性两个维度进行评估分析，毕马威将 47 项创新举措纳入两个维度组成的二维矩阵。具体结果如图 7 所示。

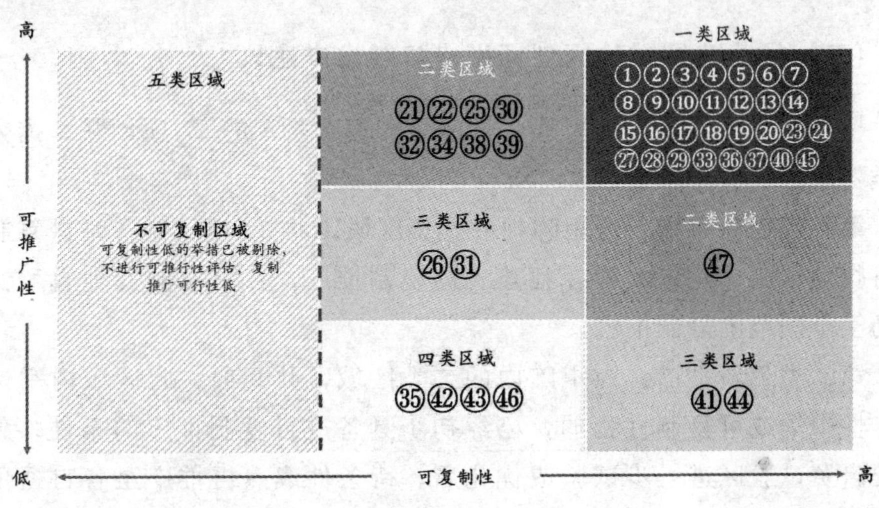

图 7　政策复制推广可行性评估矩阵

该评估矩阵可以分为五个区域：

一类区域——“高－高”区域。此象限区域内的创新举措具备很高的可复制性和可推广性，进行复制推广的成熟度和可行性很好，建议争取向全国范围进行扩散。

二类区域——“高－中”区域。此象限区域内创新举措的两个维度一个很高、一个中等，总体上已经具备进行复制推广的主要条件，复制推广可行性较高，建议争取向更大范围进行复制推广。

三类区域——“中－中”和“低－高”区域。该区域内的创新举措在某一个维度表现良好，但在另一个维度相对较弱，表明其在某一个方面已经具备了复制推广的条件，总体复制推广的可行性一般，建议争取在部分地区进行复制推广。

四类区域——“中－低”区域。这个区域内的创新举措可推广性适中，地域特色明显，向更大范围进行复制推广的条件尚不成熟，建议暂时保持现状，继续开展试点探索。

五类区域——“复制性低”区域。这个区域内的创新举措可复制性低，不具备进行复制的价值，已被筛选掉，不进行可推广性评估，因此复制推广可行性低，不适宜进行复制推广。

（二）福建自贸试验区创新举措复制推广建议

毕马威基于前述评估矩阵，将福建自贸试验区的47项创新举措分为四类：

第一类创新举措：为矩阵内的一类区域，共30项。这些举措复制推广可行性很高，建议立即在福建省内复制推广，并争取向其他自贸试验区乃至全国范围复制推广。

第二类创新举措：为矩阵内的二类区域，共9项。此区域内举措可推广性中等或可复制性稍弱，已经初步具备进行复制推广的条件。建议福建自贸试验区进一步试验或优化后，待条件成熟再推广至各自适用的区域范围。

第三类创新举措：为矩阵内的三类区域，共4项。这些举措可推广性或可复制性存在提升的空间，建议福建自贸试验区先在全省范围或省内部分地区进行先行先试，待政策优化完善、条件成熟后再争取向更大范围进行复制推广。

第四类创新举措：为矩阵内的四类区域，共4项。这些举措具备较明显的地区发展特色，可作为保有地区特色或区域优势的部分进行保留，暂时予以维持现状。

表4　福建自贸试验区47项重点创新举措复制推广建议

第一类举措（可争取全国推广类）	企业设立实行“一表申报”制度	全国
	企业设立“一照一码”登记制度	
	商事主体名称“自助查重、自主选用”	
	企业联络地址登记制度	
	企业注册“全程电子化登记”	
	投资体制改革“四个一”	
	土地出让在线办理模式	
	税控发票网上申领服务	
	“一掌通”3A移动办税平台	
	“银税互动”助力小微企业融资	
	“多规合一”城市规划管理及治理体系	
	纳税信用分级管理	
	出口退税分类管理	
	税务任务管理与服务回访系统	
	税收服务自助双向电子取件模式	
	国际贸易“单一窗口”	
	海关简化CEPA及ECFA原产地证书提交需求制度	
	海关放宽优惠贸易安排项下海运集装箱货物直接运输判定标准	
	海关特殊监管区域内货物实施按状态分类监管	
	关、检“一站式”查验	
	海关信任接单制度	

续表

<table>
<tr><td rowspan="9">第一类举措（可争取全国推广类）</td><td>海关多维自主担保制度</td><td rowspan="9">全国</td></tr>
<tr><td>海关简化加工贸易核销单证提交制度</td></tr>
<tr><td>简化电子口岸入网审批制度</td></tr>
<tr><td>海关进出境邮件“移动式”通关模式</td></tr>
<tr><td>改革和简化检验检疫原产地签证管理</td></tr>
<tr><td>国际航行船舶检疫监管新模式</td></tr>
<tr><td>集装箱货物卫生检疫前置模式</td></tr>
<tr><td>实施“源头管理、口岸验放”快速通关模式</td></tr>
<tr><td>采信台湾认证认可结果和检验检测结果</td></tr>
<tr><td rowspan="9">第二类举措（可争取省外推广类）</td><td>内销货物先验放、后报关制度</td><td rowspan="4">其他自贸区/海关特殊监管区域</td></tr>
<tr><td>内销货物电子化分段担保</td></tr>
<tr><td>进口酒检验检疫快速通关模式</td></tr>
<tr><td>海关移动综合服务平台</td></tr>
<tr><td>海关区域外飞机维修一体化监管</td><td rowspan="4">部分有资质的海关特殊监管区域</td></tr>
<tr><td>海关整车进口一体化快速通关制度</td></tr>
<tr><td>跨境电子商务检验检疫高效便捷监管模式</td></tr>
<tr><td>对整车进口口岸非中规车业务，实行“分类管理、验证改装、事后监管”的检验检疫监管模式</td></tr>
<tr><td>两岸青年创业创新创客基地</td><td>其他经济发达地区</td></tr>
<tr><td rowspan="4">第三类举措（可争取省内推广类）</td><td>海关查验作业微信预约制度</td><td rowspan="4">全省</td></tr>
<tr><td>保税料件交易</td></tr>
<tr><td>建立台湾建筑企业纳入信用考核制度</td></tr>
<tr><td>对原产于台湾的预包装食品、化妆品实施“快审快核”的标签审核模式</td></tr>
<tr><td rowspan="4">第四类举措（保持地区特色类）</td><td>检验检疫进境水产品“统一申报、集中查验、分批核放”管理模式</td><td rowspan="4">暂时维持现状</td></tr>
<tr><td>对平潭与台湾之间进出口商品原则上不实施检验，检验检疫部门加强事后监管</td></tr>
<tr><td>对台湾进口水果实施“边抽样检验，边上架销售”的检验检疫模式</td></tr>
<tr><td>试点海运快件进出境业务</td></tr>
</table>

（三）福建自贸试验区创新举措复制推广建议综述分析

毕马威经过评估分析认为，在福建自贸试验区委托评估的47项创新举措中，一共有30项创新举措属于第一类。这些举措在推行过程中取得了较好的效果和满意度，实施门槛较低，兼顾了地区差异，符合国际通行规则，适合向全国范围进行推广。

以“企业设立‘一照一码’登记制度”为例，该项举措推行以来，申报材料从35份减少至1张表格，办事时限缩短到1个工作日，节省了办事成本，申请人后续办事更加便利，深受社会各界好评，90%企业对此表示非常满意。该举措并无特殊软硬件要求，不同地区均可适用，符合国际商事制度的发展方向。因此，该项举措十分适合向全国进行复制推广。

另有9项创新举措属于第二类，这些举措根据可复制性和可推广性两个维度的差别可以分为两种。

一种举措的可复制性很高，但可推广性中等，因此目前比较适合在全国部分地区进行推广。例如“海关整车进口一体化快速通关制度”的实施效果好、符合国际自由贸易发展趋势，但是有较高的政策门槛，只有具备整车进口资质的部分口岸才具有推行此项举措的可能性，因此可推广性一般，只适合向省外部分地区进行复制推广。

另一种举措的可推广性很高，但是可复制性中等，表明政策仍有待进一步完善，可以在部分地区先行推广，条件成熟后再争取向全国进行复制推广。以“海关多维自主担保制度”为例，该举措在各地口岸海关均可适用，可推广性很好，并且提高企业担保效率，简化企业通关手续，实施效果很高，但是牵涉多个利益相关方，难度较大，因此可复制性一般，只适合向其他自贸试验区或部分经济发达地区的海关口岸进行复制推广。

还有4项创新举措属于第三类，这些举措可复制性和可推广性一般，尚待时间进行进一步完善提升，可以先期在全省范围或省内其他片区进行复制推广。

以“建立台湾建筑企业纳入信用考核制度”为例，该项举措需要建立建筑工程责任主体基本信息库及构建信息管理平台，并对接台湾地区的技术规范和工程质量标准，具备一定的难度，造成可复制性一般。同时该举措主要针对以对台为主的从事建设活动的从业单位和从业人员，这些资源主要集中在福建省内，因此可推广性也受到影响。因此该举措目前只适合向省内其他片区进行复制推广。

此外有 4 项属于第四类，这些创新举措具备鲜明的地区特色，多依托于中央政府的倾斜政策而推出，建议暂时予以维持现状。

以“对平潭与台湾之间进出口商品原则上不实施检验，检验检疫部门加强事后监管”为例，该举措地域特色十分明显，属于国家针对平潭特批的政策，在其他地区暂时难以进行复制推广。

毕马威认为，第四类举措的存在是有一定的必要性的，它们在很大程度上维持了福建自贸试验区的自身特色和发展优势，从而成为自身发展过程中的王牌。从这个意义上考虑，毕马威建议对于这些举措暂时维持现状，不鼓励在目前阶段对这些举措进行大规模的复制推广。

总体来看，毕马威认为，福建自贸试验区推出实施的创新举措具有以下几个特点。

1. 政策梯度合理

四类不同范围均有涉及，既有适合全国范围的举措，也有适合其他自贸区、经济发达地区、省内地区等不同范围的举措，形成了层次比较清晰的政策分布格局，表明当地政府在政策制定上既从大处着眼，也兼顾局部发展，使得政策体系具备了合理的梯度。

2. 复制推广可行性较高

适合向全国进行推广的第一类举措占比接近 2/3，达到 64%，适合向省外进行推广的第二类举措接近 1/5，为 19%，两者合计达 83%，表明了总体创新举措的可复制性、可推广性都较高，具备很强的复制推广可行性，反映出政策制定的质量较高。

3. 兼顾地区特色

第三类、第四类符合地区发展阶段、具备区域发展特色的举措接近1/5，表明福建自贸试验区在进行政策创新的时候也牢牢把握住了自身的优势和定位，在普适性和特殊性之间实现了较好的平衡。

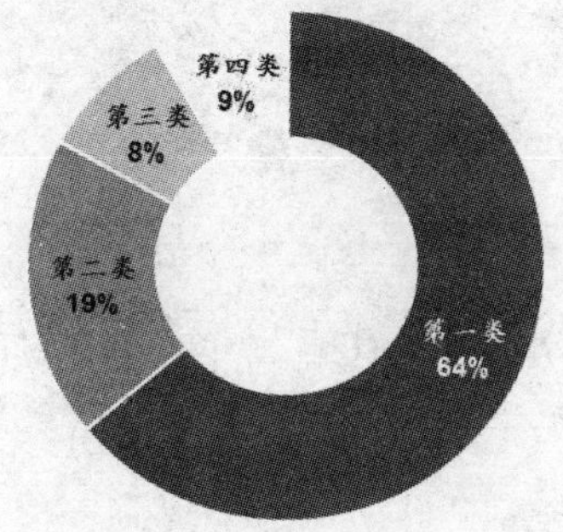

图 8　福建自贸试验区创新举措推广类型分布

福建自贸试验区运行效果评估报告

【编者按】2015 年 10 月，福建自贸试验区领导小组办公室委托福建省华通市场研究有限公司对福建自贸试验区运行效果进行评估。现将评估报告的主要内容摘编如下。

福建自贸试验区正式挂牌半年以来，各项工作有序推进。为多角度了解区内企业及社会各界对福建自贸试验区运行情况的评价及受益情况，全面把握自贸试验区总体运行状况，深入挖掘自贸试验区发展存在的短板及改善空间，为下一阶段工作开展提供数据参考和决策依据，福建自贸试验区领导小组办公室委托福建省华通市场研究有限公司开展运行效果评估工作。通过对评估结果的汇总分析，形成了评估报告。

一、评估概述

（一）评估基本情况

本次评估采用定量评估与定性评估相结合的方式进行，定量评估从区内企业对自贸试验区的总体感知、运行成效、创新政策实施效果等三个方面进行评价，定性评估从区内企业、重点知名企业、行业商协会三个角度对自贸试验区运行的总体评价、政策感知情况、需求及建议等方面进行研究，整个评估过程客观、公正，比较真实、全面地反映自贸试验区的总体运行情况。

1. 评估体系说明

本期评估采用问卷调查、深度访谈、座谈会、现场观察相结合方式。评估时间自 2015 年 10 月，在各片区管委会、区内企业、重点知名企业及行业商协会的配合下，评估执行过程进展顺利。最终共回收区内企业调查问卷 475 份，完成重点知名企业深度访谈 20 家，行业商协会深度访谈 9 家，区内企业座谈会 3 场，3 个片区行政服务大厅服务现场观察及现场办事企业调查问卷 90 份。

2. 评估指标说明

区内企业综合满意率由企业对自贸试验区运行的总体感知满意率、运行成效认同率、创新政策综合满意率三个指标加权平均获得；各二级指标由三级指标简单平均所得。创新政策各领域满意率由政策知晓率、好评率及受益率加权平均获取。具体指标体系及权重详见表 1。

表 1　评估指标体系及权重比例

一级指标	二级指标	三级指标	四级指标
综合满意率	总体情况满意率（10%）	投资开放程度	
		贸易便利程度	
		金融服务实体经济能力	
		服务大厅服务质量	
	运行成效认同率（20%）	政策吸引力	
		营商环境优化	
		政府职能部门服务能力提升	
		企业经营效益改善	
		未来发展潜力	
		注册登记成本降低	
		通关时效提升	
		物流费用降低	

续表

一级指标	二级指标	三级指标	四级指标
综合满意率	创新政策满意率（70%）	投资便利化政策	政策知晓率（20%）
			政策好评率（50%）
			政策受益率（30%）
		贸易便利化政策	同上
		监管模式创新政策	同上
		对台政策	同上

（二）评估主要结论

1. 总体评价

区内企业对目前自贸试验区运行成效总体比较满意。综合满意率为86.0%，其中平潭片区企业满意率相对较高，福州片区企业满意率居中，厦门片区企业满意率相对较低；构成指标中，企业对创新政策满意率最高，其次是运行成效的评价，对金融服务实体经济能力等感知评价相对较低。

2. 运行成效总体较为理想，但物流成本控制有待加强

运行成效认同率为85.2%，处于比较认同水平。其中，自贸试验区未来发展潜力大、政府职能部门服务能力明显提升的认同率分别高达94.4%、87.9%，但物流费用降低认同率较低，如何优化物流服务，降低物流成本是自贸试验区在未来建设中需要重点关注的问题。

3. 创新政策获得好评，但政策知晓面还不够广

政策好评率为90.5%，各领域政策好评率均在90%以上，接近“有口皆碑”水平；受益率为85.7%，企业普遍享受到自贸试验区创新政策的红利；不过政策总体知晓率较低，为77.7%，还有较大提升空间。

4. 行政服务质量令人满意，金融服务实体经济能力还需增强

总体感知满意率为84.2%，其中行政服务质量满意率最高，得到多

数企业的认可，投资开放程度、贸易便利程度满意率居中，金融服务实体经济能力满意率相对较低，各片区内金融服务实体能力有待加强。

5. 窗口服务质量总体较好，服务效率有待提升

服务大厅的设立给企业办理业务带来便利，窗口服务质量满意度处于较高水平。具体来看，业务办理的便捷性及工作人员的服务礼仪、态度得到了广泛好评；工作人员的服务效率及业务能力满意率相对较低，还有一定提升空间。

6. 行业商协会和重点知名企业对自贸试验区的发展前景比较看好

具有较高的期望的同时也提出了自身的诉求，希望在政策宣传上能更为到位、政策落地上能更有效率。

（三）工作建议

针对本次评估结果，提出如下建议：一是加快政策细则落地。加快政策细化速度，提升政策实质成效。二是提升政策知晓度。多开展政策宣传活动，帮助企业深入了解、掌握和运用政策。三是强化市场软硬件支撑。硬件方面，加快基础设施建设，健全物流、仓储设施配备；完善餐饮、住宿、娱乐等生活配套实施，营造良好发展环境。软件方面，鼓励高端人才落户，完善人才引入机制。信息化方面，搭建数据信息共享平台，提高服务效率。

二、自贸试验区运行主要成效及面临挑战

（一）自贸试验区运行取得主要成效

目前，自贸试验区运行半年来取得了一定成效，主要体现在以下四个方面。

1. 政府服务机制改革，办事效率提升

自贸试验区的设立是以开放的形式倒逼政府职能转变，自贸试验区建设的一大难点在于政府的自我革命。福建自贸试验区运行半年来在政府服务机制改革方面取得了明显突破。本次评估中，企业对“政府职能部门服务能力明显提升”的认同率达87.9%。在与自贸服务大厅办理业务的企业经办人访谈过程中发现，88.4%的被访者认为与自贸试验区设立前相比，服务大厅的设立给其业务的办理带来很大便利或一定便利。在座谈会及企业、行业商协会深访过程中，区内外企业也表示政府在政策解读、改善服务态度、主动对接企业上有明显转变，表达出对自贸试验区政府办事效率提升的高度认可。政府在企业登记注册、运行过程中确实做到把方便留给企业。

2. 政策叠加红利不断，企业满意率高

目前，福建自贸试验区已推出实施109项创新举措，全国首创45项，已向全省复制推广两批共30项创新成果，政策叠加效应显著，投资开放度及贸易便利性提升明显。本次评估中，80.6%的企业因自贸试验区利好政策多而到区内注册，政策红利叠加效应对企业吸引力明显。对企业设立实行“一照一码”登记制度政策满意率达96.1%，对商事主体名称“自助查重、自主选用”、企业信用分类管理等政策满意率也高达90%。企业对自贸试验区的创新政策的推广及落地情况总体上处于比较满意水平。

3. 区内“虹吸效应”显现，投资氛围浓厚

自贸试验区福州片区集国家高新科技区、自贸试验区、海上丝绸之路核心区为一体；厦门片区重点建设两岸区域性金融服务中心和两岸贸易中心；平潭片区对台优势凸显，“综合实验区＋自贸试验区”双区政策叠加。运行半年多以来，自贸试验区内营商环境不断优化，改革效应逐渐显现，区内投资氛围浓厚。自4月21日挂牌起至9月30日，福建自贸试验区共新增内、外资企业6311户，注册资本1483亿元人民币，同

比分别增长 1.26 倍、7.92 倍，其中新增外资企业 478 户，注册资本 316.35 亿元人民币，同比分别增长 3.02 倍、26.15 倍。数据表明自贸试验区吸引资本进入极为迅速，注册资本认缴制促进企业注册资本迅猛增长。

4. 未来发展潜力可喜，企业信心十足

除政策利好外，“区内设企未来发展前景大”也是吸引企业入区的较大因素。本次评估中，企业对“自贸试验区未来发展潜力非常大”认同率高达 94.4%。在本次走访的对象中，区内企业、重点知名企业、行业商协会对自贸试验区发展前景均充满信心，通信、燃气、金融等基础配套企业对区内的配套设施建设有较大期盼。企业表现出对自贸试验区未来发展的十足信心，一方面是对目前自贸试验区的运营成效的肯定，另一方面也是对自贸试验区未来建设、运行提出更大挑战。

（二）自贸试验区运行仍面临的挑战

1. 政策宣传效果未达预期

本次评估各领域政策好评率均在 90%以上，接近“有口皆碑”水平，受益率也达 85.7%，但政策总体知晓率仅为 77.7%，贸易便利化政策知晓率为 75.2%，宣传相对不足。尤其是厦门片区企业，政策知晓率仅为 73.0%，接近三成的企业对自贸试验区创新政策处于未知状态。政策的宣传及贯彻是推动自贸试验区政策落地企业的第一步，只有企业深入了解政策内涵及执行细则，才能更好地运用政策为企业的经营发展谋利，福建自贸试验区政策的宣传力度有待进一步加大。

2. 政策可操作性略有欠缺

一是政策执行时效性有待提高。部分政策执行细则出台慢，企业仍缺乏明确的操作指南。走访过程中不少企业反映政府对目前政策的执行仍较保守，不够大胆。目前福建省自贸试验区利好政策多，但与普遍惠企仍有一定距离。二是政策的针对性尚有欠缺。三个片区功能定位不同，发展程度差异也较大，对政策的创新程度也提出不同要求。厦门及福州片区自身发展程度较高，部分企业反映目前政策对企业的实用性相对较低，期待更有针对性政策出台。

3. 软硬件配套仍显不足

随着自贸试验区建设的推进，自贸试验区内软硬件设施得到明显改善，但目前配套设施仍显不足。硬件方面，包括兴建码头、机场、物流仓储、通信设施等均待进一步完善。目前自贸试验区内物流仓储配套在一定程度上限制区内企业发展。此外，餐饮、购物、住宿等生活配套也相对不足。软件方面包括人才提供、教育普及、劳工培训、咨询服务等都有待加强。交通相对不便利成为福建自贸试验区吸纳人才的阻碍因素之一，尤其是平潭片区，仍需要政府的较大支持。

三、区内企业对自贸试验区运行效果评价

（一）综合满意率情况

本次评估，福建自贸试验区内企业对自贸试验区整体运行综合满意率为86.0%，处于比较满意水平。分指标看，企业对政策满意率最高，为86.5%；运行成效满意率次之，为85.2%；总体感知满意率较低，为84.2%。

分片区看，福州片区企业满意率为86.0%，厦门片区为82.5%，平潭片区为90.4%。平潭片区企业满意率相对较高，福州片区企业居中，厦门片区企业评价相对较低。平潭片区发展基础较为薄弱，自贸试验区的建设力度较大，企业受益相对明显，满意率较高；福州、厦门片区自身发展起点高，对自贸试验区带给企业的促进作用提出更高的要求，因此对目前自贸试验区运行的综合满意率不如平潭片区企业高。

与企业最初对自贸试验区的期望相比，目前企业对自贸试验区的整体评价提升明显。本次评估企业中，认为自贸试验区目前发展达到企业

最初预期的比例达 73.0%，相比上期评估高 3.4 个百分点，其中认为“远远超过期望”、“略高于期望”比例分别达 21.0%、28.6%，相比上期评估分别高 7.1 个、7.5 个百分点，认为低于期望的企业比例下降 7.9 个百分点。自贸试验区运行半年来的成绩企业有目共睹，评价明显提升。

（二）总体感知满意率情况

总体感知满意率分为投资开放程度、贸易便利程度、金融服务实体经济能力、行政服务质量满意率四部分，其中行政服务质量包括办事效率、服务态度、专业能力、程序公开、依法行政满意率五个方面。

本次评估企业总体感知满意率为 84.2%，其中投资开放程度、贸易便利程度、金融服务实体经济能力、行政服务质量满意率分别为 83.0%、84.4%、80.0%、89.3%。行政服务质量满意率最高，得到大多数企业的认可，金融服务实体经济能力满意率相对较低，各片区内金融服务实体能力有待加强。与上期评估相比，投资开放程度满意率提升 2.8 个百分点，贸易便利程度满意率提升 1.5 个百分点，随着创新政策的逐步落地，自贸试验区投资开放程度与贸易便利程度将逐步加强。

总体感知各方面满意率得分。分片区看，平潭片区企业总体感知满意率最高，为 88.3%，厦门片区企业满意率相对较低，为 81.3%，福州企业评价居中，满意率为 82.8%。厦门片区企业对金融服务实体经济能力和贸易便利程度评价较低，福州片区企业对金融服务实体经济能力评价也较低，三者满意率均低于 80%。

（三）运行成效认同率情况

运行成效认同率包括政策吸引力大、营商环境优化、政府职能部门服务能力提升、企业经营效益改善、未来发展潜力大、注册成本下降、通关时效提升、物流费用降低认同率八个方面。

本次评估企业对自贸试验区运行成效整体认同率为 85.2%，处于比较认同水平。其中，自贸试验区未来发展潜力大，认同率高达 94.4%，得到了入区企业的一致认同；其次是政策吸引力大，认同率为 88.1%，说明政策利好力度得到企业认可；第三是政府职能部门服务能力明显提升，认同率达 87.9%，这是自贸试验区政府职能部门转变的成果体现。营商环境得到优化、通关时效性明显提升、企业经营效益改善、注册登记成本降低等方面的认同率达 80%以上，自贸试验区运行的初步成效得到了绝大部分企业的认同。企业对物流费用降低的认同率相对较低，为 76.6%，如何优化物流服务，降低物流成本是自贸试验区在未来建设中需要重点关注的问题。

运行成效各方面认同率。分片区看，福州、厦门、平潭片区企业总体认同率分别为 83.9%、80.9%、90.8%（详见表 2）。平潭片区企业对自贸试验区运行成效的认同率远高于其他两个片区。具体来看，福州、厦门片区企业对企业物流费用减低的认同率约为 75%，自贸试验区在这两个片区未体现出物流优势。福州、厦门片区企业对自贸试验区内经营效益明显变好的认同率也相对较低。此外，厦门片区企业对自贸试验区政策非常有吸引力的认同率相对福州、平潭片区也较低，如何针对厦门片区制定有吸引力的政策，突出厦门片区优势是自贸试验区发展过程中需要重点研究的问题。

表 2　运行成效各方面认同率——分片区　　单位:%

运行成效	福州	厦门	平潭	总体
总体认同率	83.9	80.9	90.8	85.2
政策非常有吸引力	86.1	82.1	96.2	88.1
营商环境非常好	83.7	81.0	94.2	86.3
政府职能部门服务能力提升明显	87.6	81.1	95.2	87.9
企业经营效益明显变好	78.0	77.6	90.3	82.0
未来发展潜力非常大	97.0	88.2	98.1	94.4
注册成本下降	81.3	80.6	81.1	81.0
通关时效提高	82.2	82.4	91.1	85.2
物流费用降低	75.1	74.2	80.5	76.6

（四）创新政策满意率情况

1. 创新政策总体评价情况

创新政策满意率评估涵盖投资便利化、贸易便利化、监管模式创新及对台政策四个领域共 62 项创新政策。本次评估企业对自贸试验区内创新政策的总体满意率为 86.5%，为三大测评模块中得分最高的，企业对自贸试验区新出台的创新政策的推广及落地情况总体上处于比较满意水平。分领域来看，四个领域满意度均在 85%以上，其中投资便利化领域政策满意率较高，总体满意率达到 87%以上，其次是监管模式创新政策，满意率也高于 86%，贸易便利化及对台政策满意率相对较低。

分评价维度看，总体政策知晓率为 77.7%，政策好评率为 90.5%，受益率为 85.7%。各领域政策好评率均在 90%以上，接近“有口皆碑”水平。企业普遍享受到自贸试验区创新政策的红利，四个领域政策受益率均在 83%以上。相比之下，除投资便利化领域外，其他领域政策知晓率均在 80%以下，政策知晓率相对较低，其中，贸易便利化政策知晓率最低，这方面的宣传需要有针对性加强。

分片区来看，平潭片区创新政策满意率最高，达 90.6%，福州片区次之，为 87.1%，厦门片区满意率相对较低，为 83.1%，政策知晓率、好评率和受益率都低于其他两个片区，尚存在较大提升空间。具体来看，厦门片区政策知晓率仅为 73.0%，远低于平潭片区的 84.6%，片区内近三成的企业对自贸试验区创新政策处于未知状态。从企业受益情况看，厦门片区企业受益率也相对较低，为 83.0%。厦门片区在推动自贸试验区政策宣传及落地的力度需要加强。

2. 创新政策评价分析

（1）投资便利化领域。投资便利化领域创新政策包括“一照一码”登记制度、推行电子营业执照、外商投资实行“准入前国民待遇加负面清单”管理模式等 13 项，整体满意率达 87.8%，总体表现较好。其中知晓率和受益率分别为80.7%和88.4%，在本次评估的四个领域中均达到最高；好评率为90.3%，也处于较高水平。

福州片区投资领域政策企业总体满意率为89.1%，其中政策总体知晓率为81.9%、好评率为91.9%、受益率为89.4%。分具体政策来看，“一照一码”登记制度企业知晓率高达98.1%，推广成效显著，好评率虽较上期下降了1.3个百分点，但仍高达96.0%，受益率同样表现抢眼，达96.7%；“一掌通”3A移动办税平台知晓度较低，为70.0%，但是好评率及受益率均在90%以上，宣传推广成为推进政策整体落地情况的关键；清理、减少项目前置审批政策的好评率为91.1%，较上期下降0.4个百分点（详见表3）。

表3 投资领域政策评价情况——福州片区

单位：%

序号	创新政策	知晓率	好评率	受益率	总体满意率
	投资领域政策总体	81.9	91.9	89.4	89.1
1	企业设立实行“一照一码”登记制度	98.1	96.0	96.7	96.6
2	企业联络地址登记制度	88.4	93.3	93.4	92.4
3	推行电子营业执照，加盖登记机关电子印章，赋予企业“电子身份”	86.6	93.8	91.9	91.8
4	“一掌通”3A移动办税平台	70.0	91.6	91.2	87.2
5	外商投资实行“准入前国民待遇加负面清单”管理模式	81.4	85.2	91.0	86.2
6	外商投资项目、企业实行备案管理	78.9	88.1	79.6	83.7
7	清理、减少项目前置审批	80.0	95.2	91.7	91.1

厦门片区投资领域政策企业总体满意率为83.8%，低于其他片区，其中政策总体知晓率为74.6%、好评率为87.0%、受益率为84.5%。分具体政策来看，企业对“一照一码”登记制度的知晓率和好评率均达到90%以上，受益率也达到88.5%，整体表现突出；“一掌通”3A移动办税平台的知晓率较低，为63.5%，但其好评率和受益率均在85%以上（详见表4）。

表 4　投资领域政策评价情况——厦门片区　　单位:%

序号	创新政策	知晓率	好评率	受益率	总体满意率
投资领域政策总体		74.6	87.0	84.5	83.8
1	企业设立实行“一照一码”登记制度	93.5	94.9	88.5	92.7
2	企业联络地址登记制度	72.7	87.4	85.0	83.7
3	推行电子营业执照，加盖登记机关电子印章，赋予企业“电子身份”	77.0	90.3	83.0	85.5
4	全面推行企业注册“全程电子化登记”	75.8	91.8	87.9	87.4
5	税控发票网上申领服务	83.2	91.9	91.2	89.9
6	“一掌通”3A 移动办税平台	63.5	85.9	85.3	81.2
7	“银税互动”助力小微企业融资	70.1	81.8	83.2	79.9
8	外商投资实行“准入前国民待遇加负面清单”管理模式	78.9	87.0	93.6	88.3
9	外商投资项目、企业实行备案管理	70.7	82.6	79.0	79.1
10	清理、减少项目前置审批	74.1	87.4	85.1	84.1
11	“多规合一”城市规划管理及治理体系	71.5	84.4	81.5	81.0

平潭片区投资领域政策企业总体满意率为 92.1%，领先于其他两个片区，各项政策的总体满意率均高于 84%，其中政策总体知晓率为 88.3%、好评率为 93.8%、受益率为 91.8%。分具体政策来看，“一照一码”登记制度和商事主体名称“自助查重、自主选用”两项政策的总体满意率较高，好评率均超过 95%，知晓率和受益率也都达到 96%以上（详见表 5）。

表 5　投资领域政策评价情况——平潭片区　　单位:%

序号	创新政策	知晓率	好评率	受益率	总体满意率
投资领域政策总体		88.3	93.8	91.8	92.1
1	企业设立实行“一照一码”登记制度	98.0	100.0	97.9	99.0
2	商事主体名称“自助查重、自主选用”	96.1	95.0	98.9	96.4
3	企业联络地址登记制度	97.0	93.0	92.2	93.6
4	推行电子营业执照，加盖登记机关电子印章，赋予企业“电子身份”	95.1	94.0	94.0	94.2

续表

序号	创新政策	知晓率	好评率	受益率	总体满意率
5	“一掌通”3A移动办税平台	77.9	92.6	92.9	89.7
6	外商投资实行“准入前国民待遇加负面清单”管理模式	83.7	87.0	93.6	88.3
7	外商投资项目、企业实行备案管理	84.0	91.8	83.0	87.6
8	清理、减少项目前置审批	85.1	96.9	93.9	93.6
9	投资项目审批“四个一”模式	82.9	93.8	90.2	90.6

(2) 贸易便利化领域。贸易便利化领域创新政策包括国际贸易“单一窗口”、信任接单制度、多维自主担保制度、整车进口一体化快速通关制度等27项，整体满意率达85.6%。其中总体知晓率为75.2%，低于其他三个领域，还需进一步加强宣传推广；好评率为91.0%，在评估的四个领域中好评率最高；受益率为83.5%，相对较低。

在各项政策中，动植物及其产品检疫审批实行负面清单管理政策好评率较上期提升2.0个百分点，国际贸易“单一窗口”政策、简化CEPA及ECFA原产地证书提交需求制度、改革和简化检验检疫原产地签证管理三项政策好评率则分别下降0.2、1.5和2.2个百分点。

福州片区贸易领域政策企业总体满意率为86.6%，其中政策总体知晓率为74.8%、好评率为91.7%、受益率为86.0%。分具体政策来看，关检“一站式”查验政策企业知晓率为78.9%，好评率高达94.6%，受益率也接近90%，在贸易领域均表现抢眼，总体满意率较高；改革和简化检验检疫原产地签证管理政策知晓率最高达84.7%，好评率较比上期下降了5.7个百分点，仍高达91.6%，表现依然突出；简化电子口岸入网审批制度知晓率较高，为78.9%，但是好评率相对较低，审批流程还可进一步优化；动植物及其产品检疫审批实行负面清单管理好评率较高，达94.8%，但较上期有所下降，且受益率较低，为79.4%；跨关区保税供油制度总体满意率相对其他政策来说较低，企业知晓率及受益率仅为64.3%及81.0%；简化CEPA及ECFA原产地证书提交需求制度好评率达91.4%，但相比上期下降了5.8个百分点（详见表6）。

表6 贸易领域政策评价情况——福州片区　　单位:%

序号	创新政策	知晓率	好评率	受益率	总体满意率
	贸易领域政策总体	74.8	91.7	86.0	86.6
1	国际贸易“单一窗口”	73.1	93.0	84.8	86.6
2	简化CEPA及ECFA原产地证书提交需求制度	73.4	91.4	86.4	86.3
3	放宽优惠贸易安排项下海运集装箱货物直接运输判定标准	67.8	91.7	89.6	86.3
4	关检“一站式”查验	78.9	94.6	88.1	89.5
5	信任接单制度	73.1	91.2	89.7	87.12
6	多维自主担保制度	70.2	91.6	86.9	85.9
7	整车进口一体化快速通关制度	76.9	90.5	83.3	85.6
8	查验作业微信预约制度	73.7	90.6	89.8	87.0
9	简化加工贸易核销单证提交制度	78.3	89.9	84.3	85.9
10	跨关区保税供油制度	64.3	90.1	81.0	82.2
11	简化电子口岸入网审批制度	78.9	89.5	88.5	87.1
12	改革和简化检验检疫原产地签证管理	84.7	91.6	89.2	89.5
13	进境水产品“统一申报、集中查验、分批核放”管理模式	76.0	89.9	81.2	84.5
14	跨境电子商务检验检疫高效便捷监管模式	75.1	93.7	89.1	88.6
15	实行智能化卡口验放	75.0	92.4	86.8	87.2
16	在海关特殊监管区内企业可在自贸试验区内开展保税展示交易业务	76.1	92.4	86.9	87.5
17	动植物及其产品检疫审批实行负面清单管理	78.9	94.8	79.4	87.0
18	海关特殊监管区域内企业利用超过监管年限的生产设备开展委托加工业务，试点利用委托加工方式对非保税货物入区加工进行监管	72.8	91.5	82.4	85.0

厦门片区贸易领域政策企业总体满意率为83.2%，其中政策总体知晓率为71.8%、好评率为89.5%、受益率为80.3%。分具体政策来看，跨关区保税供油制度企业好评率高达88.0%，受益率也接近80%，但知

晓率仅为61.0%，总体满意度相对较低；海关移动综合服务平台政策总体满意率最高，知晓率、好评率均有较好表现；在海关特殊监管区内企业可在自贸试验区内开展保税展示交易业务的政策知晓率为74.9%，受益率为70.3%，但好评率高达95.1%，有待进一步推进政策推广及落地；改革和简化检验检疫原产地签证管理政策的知晓率最高，好评率较上期提升了0.6个百分点；区域外飞机维修一体化监管政策是厦门片区的特殊政策，其推广及落地也还需加强，企业知晓率和好评率仅为67.9%和84.1%，总体满意率在贸易领域相对较低（详见表7）。

表7　贸易领域政策评价情况——厦门片区　　单位：%

序号	创新政策	知晓率	好评率	受益率	总体满意率
	贸易领域政策总体	71.8	89.5	80.3	83.2
1	国际贸易“单一窗口”	71.7	90.6	77.8	83.0
2	简化CEPA及ECFA原产地证书提交需求制度	72.5	87.7	85.3	83.9
3	放宽优惠贸易安排项下海运集装箱货物直接运输判定标准	68.9	89.9	85.0	84.2
4	海关特殊监管区域内货物实施按状态分类监管	68.0	88.8	82.2	82.6
5	关检“一站式”查验	72.9	91.2	79.3	84.0
6	电子化分段担保	72.1	83.6	79.7	80.1
7	跨关区保税供油制度	61.0	88.0	78.5	79.7
8	进出境邮件“移动式”通关模式	70.2	86.4	80.7	81.4
9	海关移动综合服务平台	78.6	91.3	81.0	85.6
10	保税料件交易	71.9	87.9	80.3	82.4
11	区域外飞机维修一体化监管	67.9	84.1	81.7	80.1
12	改革和简化检验检疫原产地签证管理	76.8	90.5	80.3	84.7
13	进口酒检验检疫快速通关模式	76.5	89.2	82.3	84.6
14	国际航行船舶检疫监管新模式	71.4	90.6	79.6	83.5
15	集装箱货物卫生检疫前置模式	72.7	91.2	80.4	84.2
16	跨境电子商务检验检疫高效便捷监管模式	74.3	91.9	82.1	85.4

续表

序号	创新政策	知晓率	好评率	受益率	总体满意率
17	在海关特殊监管区内企业可在自贸试验区内开展保税展示交易业务	74.9	95.1	70.3	83.6
18	动植物及其产品检疫审批实行负面清单管理	71.7	90.4	78.2	83.0
19	海关特殊监管区域内企业利用超过监管年限的生产设备开展委托加工业务，试点利用委托加工方式对非保税货物入区加工进行监管	70.3	92.4	80.8	84.5

平潭片区贸易领域政策企业总体满意率为89.8%，其中政策总体知晓率为82.3%、好评率为95.0%、受益率为86.1%。分具体政策来看，在海关特殊监管区内企业可在自贸试验区内开展保税展示交易业务和国际贸易“单一窗口”两项政策的企业总体满意率较高，跨关区保税供油制度的企业总体满意率较低，主要是知晓率处于较低水平，为72.2%。在政策知晓率方面，国际贸易“单一窗口”知晓率最高，为87.9%；在政策好评率方面，所有政策好评率均在90%以上；在政策收益率方面，10项政策受益率在85%以上，智能化卡口验放政策受益率最高，达90.7%（详见表8）。

表8　贸易领域政策评价情况——平潭片区　　单位：%

序号	创新政策	知晓率	好评率	受益率	总体满意率
	贸易领域政策总体	82.3	95.0	86.1	89.8
1	国际贸易“单一窗口”	87.9	98.9	82.4	91.7
2	简化CEPA及ECFA原产地证书提交需求制度	78.5	94.0	87.7	89.0
3	放宽优惠贸易安排项下海运集装箱货物直接运输判定标准	80.6	95.0	87.5	89.9
4	关检“一站式”查验	82.9	95.9	89.2	91.3
5	信任接单制度	80.0	93.4	87.5	89.0
6	多维自主担保制度	78.7	94.3	85.5	88.5
7	简化加工贸易核销单证提交制度	83.7	98.6	84.1	91.3

续表

序号	创新政策	知晓率	好评率	受益率	总体满意率
8	跨关区保税供油制度	72.2	93.5	83.3	86.2
9	简化电子口岸入网审批制度	82.9	91.9	87.1	88.7
10	改革和简化检验检疫原产地签证管理	87.2	93.0	86.8	90.0
11	跨境电子商务检验检疫高效便捷监管模式	87.1	95.0	85.9	90.7
12	实行智能化卡口验放	82.9	93.9	90.7	90.7
13	在海关特殊监管区内企业可在自贸试验区内开展保税展示交易业务	83.0	97.5	88.6	91.9
14	动植物及其产品检疫审批实行负面清单管理	83.7	96.8	83.8	90.3
15	海关特殊监管区域内企业利用超过监管年限的生产设备开展委托加工业务，试点利用委托加工方式对非保税货物入区加工进行监管	83.2	93.4	81.3	87.7

（3）监管模式领域。监管模式领域创新政策包括企业信用分类管理、企业年度报告公示和经营异常名录制度、市场竞争秩序监测体系等10项，总体知晓率为76.3%，好评率为90.8%，受益率为87.6%，整体满意率为86.9%，表现较好。

福州片区监管模式领域政策企业总体满意率为87.0%，其中政策总体知晓率较低，仅为76.0%，好评率与受益率分别为91.5%和87.1%。分具体政策来看，企业信用分类管理政策知晓率最高为80.4%，是唯一知晓率高于80%的，好评率与受益率均在92%以上，表现惹眼；建立分国别（地区）的涉税风险提示机制知晓率较低，为72.1%，但好评率较高，为92.1%；成立片区国际商事仲裁院、国际商事调解中心政策的总体满意率相对较低，是唯一好评率低于90%的政策（详见表9）。

表9 监管模式领域政策评价情况——福州片区 单位：%

序号	创新政策	知晓率	好评率	受益率	总体满意率
	监管模式领域政策总体	76.0	91.5	87.1	87.0

续表

序号	创新政策	知晓率	好评率	受益率	总体满意率
1	企业信用分类管理	80.4	93.7	92.9	90.8
2	企业年度报告公示和经营异常名录制度	77.8	90.6	90.8	88.1
3	市场竞争秩序监测体系	79.4	91.5	90.6	88.8
4	一支队伍管执法	79.0	90.8	81.1	85.5
5	设立台胞权益保障中心法官工作室	73.9	91.3	82.6	85.2
6	成立片区国际商事仲裁院、国际商事调解中心	73.3	89.1	83.2	84.1
7	税务任务管理与服务回访系统	73.4	92.9	88.5	87.6
8	建立税收风险管理信息系统，应用大数据功能，防范企业虚开发票、转移利润、少缴税款风险	75.3	91.6	88.4	87.4
9	建立分国别（地区）的涉税风险提示机制	72.1	92.1	87.0	86.6
10	对出入境特殊物品实施风险分级与分类管理	75.5	91.2	85.6	86.4

厦门片区监管模式领域政策企业总体满意率为84.2%，其中政策总体知晓率为72.8%、好评率为87.1%、受益率为86.9%。分具体政策来看，企业信用分类管理政策总体满意率相对其他政策较高，其中知晓率71.4%、好评率92.0%、受益率88.1%，都处于较高水平；企业年度报告公示受益率最高，好评率有待加强；成立片区国际商事仲裁院、国际商事调解中心总体满意率较低，受益率为该领域最低（详见表10）。

表10　监管模式领域政策评价情况——厦门片区　　单位：%

序号	创新政策	知晓率	好评率	受益率	总体满意率
	监管模式领域政策总体	72.8	87.1	86.9	84.2
1	企业信用分类管理	71.4	92.0	88.1	86.7
2	企业年度报告公示和经营异常名录制度	76.8	85.3	89.2	84.8
3	市场竞争秩序监测体系	77.9	85.5	87.1	84.5
4	成立片区国际商事仲裁院、国际商事调解中心	70.0	85.9	81.8	81.5

续表

序号	创新政策	知晓率	好评率	受益率	总体满意率
5	税务任务管理与服务回访系统	68.3	86.7	86.1	82.9
6	建立税收风险管理信息系统，应用大数据功能，防范企业虚开发票、转移利润、少缴税款风险	72.4	87.1	89.2	84.8

平潭片区监管模式领域政策企业总体满意率为90.9%，在本次评估的三个片区中最高，其中政策总体知晓率为83.0%、好评率为93.1%、受益率为92.7%。分具体政策来看，企业信用分类管理政策好评率95.0%，知晓率与受益率也高于其他政策，受到企业肯定；企业年度报告公示和经营异常名录制度总体满意率较低，为89.2%，主要是受政策知晓率较低影响；建立税收风险管理信息系统，应用大数据功能，防范企业虚开发票、转移利润、少缴税款风险好评率和受益率超过93%，但知晓率不高，进一步宣传将有助于提高总体满意率（详见表11）。

表11　监管模式领域政策评价情况——平潭片区　　单位：%

序号	创新政策	知晓率	好评率	受益率	总体满意率
	监管模式领域政策总体	83.0	93.1	92.7	90.9
1	企业信用分类管理	89.0	95.0	93.6	93.4
2	企业年度报告公示和经营异常名录制度	79.0	91.9	91.3	89.2
3	市场竞争秩序监测体系	83.8	93.0	92.2	90.9
4	一支队伍管执法	82.6	91.5	93.0	90.2
5	税务任务管理与服务回访系统	83.9	93.9	92.6	91.5
6	建立税收风险管理信息系统，应用大数据功能，防范企业虚开发票、转移利润、少缴税款风险	79.7	93.0	93.5	90.5

（4）对台政策领域。对台领域创新政策包括与台湾联合主办培训、发放领骑证、建设两岸青年创业创新创客基地、对台湾输入区内的农产品、食品等试行快速检验检疫模式等12项，总体知晓率为78.6%；好评率为90.1%，其中对台湾输入区内的农产品、食品等试行快速检验检疫模式政策的好评率

较上期下降2.8个百分点；受益率为83.1%，整体满意率为85.7%。

福州片区对台领域政策企业总体满意率为85.5%，其中所有政策的知晓率均低于80%，政策总体知晓率为76.0%，好评率为91.8%、受益率为81.3%。分具体政策来看，对台湾地输入区内的农产品、食品等试行快速检验检疫模式政策在知晓率、好评率和受益率方面均有出色表现，总体满意率最高；对台小额贸易监管货物简化归类管理模式的好评率和受益率均低于平均水平，表现一般；对台湾地区输往自贸试验区食品、农产品、化妆品实施"源头管理、口岸验放"快速通关政策的知晓率虽然最低，但好评率和受益率仍有较高水平（详见表12）。

表12　对台领域政策评价情况——福州片区　　单位:%

序号	创新政策	知晓率	好评率	受益率	总体满意率
	对台领域政策总体	76.0	91.8	81.3	85.5
1	对台湾输入区内的农产品、食品等试行快速检验检疫模式	78.3	94.9	85.2	88.7
2	创新台湾输大陆商品快速验放机制	74.2	92.5	79.1	84.8
3	对台小额贸易监管货物简化归类管理模式	75.7	90.1	78.6	83.8
4	采信台湾认证认可结果和检验检测结果	77.7	90.6	80.3	84.9
5	建立对台原产地证书核查机制	75.7	91.0	79.6	84.5
6	对台湾地区输往自贸试验区食品、农产品、化妆品实施"源头管理、口岸验放"快速通关模式	71.2	91.6	81.4	84.5
7	先验放、后报关制度。对部分诚信企业，海关在舱单审核、查验后直接放行货物，企业再报关、缴税	79.1	91.9	84.4	87.1

厦门片区对台领域政策企业总体满意率为81.4%，其中政策总体知晓率为73.0%、好评率为85.4%、受益率为80.3%。分具体政策来看，对台湾输入区内的农产品、食品等试行快速检验检疫模式知晓率和受益率均最高，总体满意率也最高；先验放、后报关制度好评率最高，知晓率也较高，总体表现较为出色；采信台湾认证认可结果和检验检测结果政策好评率和受益率不尽如人意，分别为83.3%和76.2%，总体满意率较低（详见表13）。

表 13 对台领域政策评价情况——厦门片区 单位：%

序号	创新政策	知晓率	好评率	受益率	总体满意率
	对台领域政策总体	73.0	85.4	80.3	81.4
1	建设两岸青年创业创新创客基地	74.5	84.0	80.3	80.9
2	对台湾输入区内的农产品、食品等试行快速检验检疫模式	77.9	87.1	83.6	84.2
3	创新台湾输大陆商品快速验放机制	73.1	86.3	78.3	81.2
4	对台湾进口水果实施“边抽样检验，边上架销售”的检验检疫模式	70.0	86.8	83.0	82.3
5	对台小额贸易监管货物简化归类管理模式	71.9	83.6	78.1	79.6
6	采信台湾认证认可结果和检验检测结果	72.4	83.3	76.2	79.0
7	台车入闽一体化快速通关模式	70.3	84.2	81.1	80.5
8	对台湾地区输往自贸试验区食品、农产品、化妆品实施“源头管理、口岸验放”快速通关模式	70.3	85.1	79.0	80.3
9	先验放、后报关制度。对部分诚信企业，海关在舱单审核、查验后直接放行货物，企业再报关、缴税	76.3	88.1	82.7	84.1

平潭片区对台领域政策企业总体满意率为89.4%，其中政策总体知晓率为84.8%、好评率为92.9%、受益率为86.6%。分具体政策来看，对台湾输入区内的农产品、食品等试行快速检验检疫模式受到认可，好评率尤为可圈可点，达到95.8%；建立台湾建筑企业信用考核制度知晓率仅为78.5%，与政策仅指向建筑行业相关；台车入闽一体化快速通关模式政策知晓率、好评率、受益率均较低，总体满意率为最低（详见表14）。

表 14 对台领域政策评价情况——平潭片区 单位：%

序号	创新政策	知晓率	好评率	受益率	总体满意率
	对台领域政策总体	84.8	92.9	86.6	89.4
1	与台湾联合主办培训、发放领骑证	84.5	93.8	82.4	88.5
2	对台湾输入区内的农产品、食品等试行快速检验检疫模式	83.0	95.8	87.3	90.7
3	创新台湾输大陆商品快速验放机制	81.8	93.6	88.4	89.7

续表

序号	创新政策	知晓率	好评率	受益率	总体满意率
4	对台湾进口水果实施“边抽样检验，边上架销售”的检验检疫模式	82.1	90.7	90.0	88.8
5	对台小额贸易监管货物简化归类管理模式	87.0	92.9	90.0	90.8
6	采信台湾认证认可结果和检验检测结果	91.8	91.6	84.3	89.5
7	台车入闽一体化快速通关模式	82.0	90.7	83.3	86.8
8	建立对台原产地证书核查机制	83.8	92.5	84.6	88.4
9	建立台湾建筑企业信用考核制度	78.5	93.6	86.2	88.4
10	对台湾地区输往自贸试验区食品、农产品、化妆品实施“源头管理、口岸验放”快速通关模式	89.0	93.7	84.7	90.1
11	先验放、后报关制度。对部分诚信企业，海关在舱单审核、查验后直接放行货物，企业再报关、缴税	89.1	92.7	91.8	91.7

四、行政服务大厅服务质量评价

本次评估通过到服务大厅观察服务人员工作情况及对办理业务的企业经办人进行访问，真实客观了解福建省自贸试验区各行政服务大厅服务质量。

本次被访的企业经办人对自贸试验区服务大厅的整体服务满意率较高，达97.1%，认为一般的比例仅为2.9%，未存在不满意的企业办事人。88.4%的被访者认为与自贸试验区设立前相比，服务大厅的设立给其业务的办理带来很大便利或一定便利。

具体来看，被访者对行政大厅位置的合理性的满意率为79.7%，尚有21.3%对大厅的合理性表示不认可。可供办理业务方面，办事人对服务大厅提供业务的全面性及便捷性满意率均为85.5%，认可度相对较高。工作人员服务方面，服务礼仪的规范性、态度友好性满意率分别为88.4%及84.1%，被访者较为满意；服务效率及业务能力满意率则相对较低，为81.2%、78.3%，尚有一定提升空间。

分片区来看，福州片区企业经办人对服务大厅可供办理业务的全面性、工作人员的服务礼仪、服务态度表示高度认可，对大厅位置的合理性及办理业务的便捷性满意率则在80%以下；厦门片区企业经办人整体评价低于福州片区被访者，对厦门片区行政服务大厅人员服务态度、业务能力均表现出相对较大程度的不认可，满意率较低，分别为73.3%、66.7%；平潭片区企业经办人则对业务办理便捷性的满意率高达94.4%，对服务大厅位置的合理性满意率为72.2%。不同片区服务存在不同问题，应有针对性进行改善（详见表15）。

表15　行政服务大厅服务质量评价　　单位：%

	总体	福州片区	厦门片区	平潭片区
位置的合理性	79.7	76.2	86.7	72.2
可供办理业务的全面性	85.5	90.5	80.0	88.9
业务办理便捷性	85.5	76.2	86.7	94.4
工作人员服务礼仪	88.4	95.2	83.3	88.9
工作人员服务态度	84.1	95.2	73.3	88.9
工作人员服务效率	81.2	81.0	76.7	88.9
工作人员业务能力	78.3	90.5	66.7	83.3

从企业事务经办人的角度来看，部分被访者认为服务大厅存在位置相对偏远、交通不便等问题；服务方面，不少被访者认为窗口工作人员的业务熟练度尚有欠缺，希望加强培训；建议大厅设立引导员，对业务办理进行引导。

从第三方公司调查人员角度看，目前服务大厅工作人员在岗率总体较高，未出现态度差、办事拖沓等明显不合理现象。但个别窗口仍出现不在岗、服务方面规范性较差、随意走动、玩手机、吃零食等现象。行政服务窗口是福建自贸试验区对外形象窗口，工作人员服务质量较大程度上代表福建自贸试验区服务质量，因此提升基层服务人员服务质量对于转变政府服务职能、提升政府服务形象起着关键性作用，福建自贸试验区应加强这方面的重视。

>>研究篇

2014年以来，福建自贸试验区领导小组办公室自行组织或委托有关高校及研究机构，对推进福建自贸试验区建设开展了一系列专题研究，取得了较好的效果。现将部分课题节选或全文登载，以飨读者。

推动福建自贸试验区建设的研究

【编者按】本课题为2014年福建省委省政府重点调研课题，由福建省商务厅课题组撰写，获得福建省委省政府重点调研课题一等奖。

近期，国务院明确福建作为第二批自由贸易园区的试点省份，并批准平潭、厦门、福州三个片区作为政策实施范围。这是中央在新时期支持福建加快发展的重大举措，是福建一个重大历史机遇。如何在思想和实践上把握正确方向，加快福建自贸试验区建设，是福建继续保持全国改革开放前列，抢占新时期发展制高点的紧迫任务。

一、深刻理解自贸试验区的含义

自贸试验区是党的十八大以来我国改革开放的重大措施，必将对我国市场经济体制改革和开放型经济发展产生重要影响。建设自贸试验区，首先要在思想和认识上准确把握，搞清楚自贸试验区是什么？要试什么？

目前，社会上对自贸试验区普遍存在认识误区：一是把自贸试验区当成争取政策优惠、税收减免的“新帽子”，希望争取到一个新的政策洼地；二是把自贸试验区当成新的开发区、园区，意在“跑马圈地”，变成一般性的产业培育、招商引资聚集区；三是把自贸试验区当成“法外特区”，希望在区内开展其他地区不能开展的特种行业、娱乐行业，以此带动经济繁荣。其实，中央在批复上海自贸试验区方案时就已经明确：自贸试验区肩负我国在新时期加快政府职能转变、积极探索管理模式创新、促进贸易和投资便利化，为全面深化改革和扩大开放探索新途径、积累新经验的重要使命，是国家战略需要。由此看来，自贸试验区可以看作是我国在新形势下设立的改革特区、开放特区。其特征是，通过海关特殊监管区的监管模式创新，大幅提升货物贸易便利化；通过进一步扩大服务业开放，探索外商投资、跨境投资自由化；通过建立国际化、法制化的营商环境，为我国扩大开放和深化改革探索新思路和新途径，建成改革开放的试验田和制度创新高地。可以说，我国自贸试验区建设是一次突破性的政府管理制度创新。

从上海实践看，自贸试验区积极推进制度创新，探索新时期管理体制改革的路径和模式，发挥了示范带动、服务全国的积极作用。主要体现在四个方面：一是在投资领域，探索建立了以“准入前国民待遇＋负面清单”为主的投资管理基本制度框架，外商投资领域不断拓展，投资热情极大迸发。二是在贸易领域，建立了以贸易便利化为重点的贸易监管制度，引进了多种贸易业态，创新了海关监管模式。三是在金融领域，实现了以资本项目可兑换和金融服务开放为目标的制度创新，加大了对跨境投资、贸易的金融支持。四是在监管领域，以政府职能转变为导向的事中事后监管制度等方面取得了阶段性的成果，形成了安全审查、反垄断审查、信用体系建设等为主体的事中事后监管框架。

根据中央部署，广东、天津、福建第二批试点省市原则上以上海自贸试验区试点内容为主体，形成对比试验，以利于验证制度措施复制推广的可行性。同时，结合地方特点和战略需要，研究新的试点内容，形成互补试验，进一步拓展改革开放的深度和广度。推进自贸试验区试点，对福建省加快建设与国际规则接轨的营商环境，促进经济社会发展是一个重要机遇，同时也是重大的责任。

二、探索福建自贸试验区建设路径

在深刻理解、充分领会中央战略决策的基础上，首先必须明确福建自贸试验区要试什么，围绕推进对比试验和互补试验，探索福建自贸试验区建设路径。

(一) 坚持制度创新

坚持把制度创新作为自贸试验区的生命力所在，作为检验自贸试验区建设成败的关键所在。摒弃争政策、争优惠的错误思想和投机思路，脚踏实地地推进制度创新，建设制度创新高地。抓住转变政府职能、简政放权这个关键，加快推进政府管理模式创新，积极探索建立与国际高标准投资和贸易规则体系相适应的行政管理体系。通过改革释放制度红利，增强社会活力。

(二) 坚持扩大开放

坚持扩大开放与体制改革相结合，培育功能与制度创新相结合，按照国家战略需要开展先行先试，推进涉外管理体制改革，扩大服务业对外开放，构建开放型经济新体制。发挥对台优势，深化对台经济合作，创新两岸合作机制，打造两岸共同参与国际合作竞争的新平台。发挥“海丝”起点有利条件，拓展与“海丝”沿线国家和地区的交流合作，促进“海丝”核心区建设。

(三) 坚持功能拓展

自贸试验区试验的措施相当部分是可复制可推广的，给予自贸试验区试验的时间是有限的，关键要抓住改革的时间差，形成发展的功能。要针对一些龙头企业、优势企业的需求，提出改革政策，提高政策的精准性，精准发力，以企业、项目为依托培育新的发展功能。要学习借鉴上海自贸试验区经验，通过前店后库、森兰模式等多种形式使政策外溢、辐射区外。

（四）坚持有效监管

加强对市场主体“宽进”以后的过程监管和后续管理，建立事中事后监管的基础性制度，完善专业监管体系，促使以审批制为主的政府管理方式发生根本性转变，提高开放环境下的政府监管水平。

（五）坚持可复制、可推广

着眼于在全国可复制、可推广来谋划和推进自贸试验区的制度创新和改革开放，为打造中国经济升级版发挥示范作用，继续当好全国改革开放的排头兵和科学发展的先行者。

三、把握福建自贸试验区建设重点

加快福建自贸试验区建设，关键是要结合福建省实际，真正搞清楚要在哪里试、试点任务是什么、怎么试的问题，并尽快付诸实践。

（一）福建自贸试验区要在哪里试

中央对扩大自贸试验区试点范围提出明确要求：一是开放型经济较为发达、监管体制较为完善、营商环境较为规范；二是依托现有新区、园区；三是面积100平方公里左右。根据上述要求，批准福建自贸试验区政策实施范围包括平潭、厦门、福州三个片区，共118.04平方公里。

我省自贸试验区的三个片区，包含了保税区、保税港区、出口加工区、经济技术开发区、综合试验区，既有海关特殊监管区域，也有非海关特殊监管区域，具有开展多样化试验的天然优势。海关特殊监管区域重点探索以贸易便利化为主要内容的制度创新，开展国际贸易、保税加工和保税物流等业务；非海关特殊监管区域重点探索投资制度改革、金融创新、完善事中事后监管，积极发展现代服务业和高端制造业。三个片区也应根据区位条件和资源禀赋，各有侧重：平潭片区重点建设自由港和国际旅游岛；厦门片区重点发展两岸新兴产业和现代服务业合作示范区、东南国际航运中心、两岸区域性金融服务中心和两岸贸易中心；福州片区重点建设先进制造业基地、"海丝"建设重要平台、两岸服务贸易与金融创新合作示范区。

通过多样化的试点，探索基础条件和开放程度不同的地区依靠改革创新加快发展的路径和模式，形成良好的示范和带动效应。

（二）福建自贸试验区试点任务是什么

对上海自贸试验区已推行或正在试行的做法，抓紧学习、复制和推广，争取取得更大成效。在此基础上，结合福建特点和优势，体现"全方位开放、对台更开放、平潭最开放"的设计要求。

1. 扎实推进全方位开放

一是切实转变政府职能。依法公开管理权限和流程，建立各部门权责清单制度。加快审批制度改革，促进行政审批标准化、规范化。建立健全行政审批目录制度，进一步完善"一口受理"服务模式。健全社会服务体系，将资产评估、鉴定、咨询、认证等职能逐步交由法律、会计、信用等专业服务机构承担。二是推进投资管理体制改革。对外商投资实行"准入前国民待遇加负面清单"的管理模式。对有利于促进福建产业转型的外商投资项目，减少或取消对境外投资者资质要求、股权比例、业务范围等准入限制。改革境外投资管理方式，对境外投资项目和开办企业实行备案制。建立对外投资合作"一站式"服务平台。三是推进贸易发展方式转变。积极培育贸易新型业态和功能，形成以技术、品牌、质量、服务为核心的外贸竞争新优势。重点发展跨境贸易电子商务，完善与之相适应的支撑系统；创新加工贸易方式，发展高技术含量、高附加值产品境内外维修业务；创新海关监管机制，促进贸易便利化。四是推进金融领域开放创新。重点建立与自贸试验区相适应的账户管理体系；完善人民币涉外账户管理模式，简化人民币涉外账户分类，促进跨境贸易、投融资结算便利化；鼓励银行跨境人民币金融产品创新；推进自贸试验区企业和个人跨境贸易与投资人民币结算业务。五是加强与“海丝”沿线国家和地区的经贸合作。完善和拓展中国—东盟海产品交易所功能。支持自贸园区与东盟国家开展海关、检验检疫、认证认可、标准计量等方面的合作与政策交流，探索实施与东盟国家开展安全智能贸易航线试点。

2. 率先推进与台湾投资贸易自由

一是探索闽台产业合作新模式。减少、消除台商投资限制和障碍，推动台湾先进制造业、战略性新兴产业、现代服务业等优势产业在区内集聚发展。促进闽台产业链深度融合，实现闽台合作研发创新，合作打造品牌，合作参与制定标准。二是探索服务贸易对台更深度地开放。对符合一定条件的台资投资区内服务行业，其资质、门槛要求比照内资企业，进一步扩大商业、运输、通信、旅游、教育、专业服务等行业的对台开放。三是推动对台货物贸易自由。区内进口原产于台湾的商品简化手续、取消限制性规定。放宽对台小额贸易监管标准。建立闽台通关合作机制，实现两地关检查验认证结果互认。四是促进两岸往来更加便利。实施更加便利的对台签注手续。简化区内台资企业外籍员工就业许可审批手续，放宽签证、居留许可有效期限。推动两岸机动车辆互通和驾驶证互认。五是推动两岸金融合作先行先试。降低台资金融机构准入和业务门槛，适度提高参股陆资金融机构持股比例，并实行参照陆资金融机构监管的国民待遇。

3. 探索平潭自由港运行模式

一是推进投资贸易自由。凡是符合平潭综合实验区产业目录发展要求的，全面向外资开放，由实验区自主实施备案管理。二是推进服务贸易自由。对台资独资或控股开发的建设项目，试点实行台湾的规划及工程管理体制。在土地开发、城市规划、工程设计、工程建设、物业管理及维修等方面，为台湾机构参与提供便利。三是建设平潭国际旅游岛。推行国际通行的旅游服务标准，加快旅游要素转型升级，开发特色旅游产品，建设休闲度假旅游目的地。赋予离岛旅客购物免税、境外旅客购物离境退税政策。

（三）福建自贸试验区要怎么试

把试验任务落实到具体项目上，以项目为抓手，扎扎实实推进各项工作。

1. 完善总体方案和片区实施方案

进一步明确省内各区域功能定位和试验重点，研究出更有针对性的具体创新举措。福州、厦门和平潭综合实验区要立足自身产业基础和发展方向，把握试验重点，细化政策需求。制定清晰的路线图和行动计划，抓好重点任务清单分解，省直和地市有关部门要抓好与国家部委的沟通协调，确保试点任务的落实。针对每一个试验项目制定具体的政策文件，每一项政策都要有相应的监管措施，并保证公开透明、具有可操作性。编制自贸试验区产业发展规划，充分运用改革政策拓展功能。

2. 抓紧调整行政法规和部门规章

根据福建省试点任务的需要，提出需国务院和有关部委修改的行政法规和部门规章条款清单，提请国务院批准在福建自贸试验区内暂时调整实施相关规定。对可能不支撑改革试点的省内地方性法规和规章，也要抓紧梳理，按法定程序作出调整。省市主管部门要根据试点任务需要，制定出台配套的规范性文件和实施细则，建立与试点任务相适应的试验区管理制度，确保在法治框架下依法推进制度创新。

3. 完善自贸试验区管理体制

福建自贸试验区三个片区分别隶属平潭、厦门和福州三个行政区，管理的层级和难度比上海复杂很多，需要有一个大综合、扁平化、高效率的管理体制及运作机制。进一步健全省级层面组织架构，完善省自贸试验区工作领导小组办公室日常工作机制，加强对全局的指导和统筹协调。三个片区要成立相应的实体管理机构，负责各自片区的建设、管理和运行。理顺省级层面与各片区管委会的职能关系，明确工作分工。通过健全组织架构，将每项任务都要落实到位，具体到人到事。

4. 加快人才培养和引进

抓紧组织相关人员，通过到上海、香港等地学习培训，尽快熟悉自贸试验区和自由港的管理和运作，确保自贸试验区落下来，人员管理水平提上去。加紧在省内高校开设自贸试验区相关课程，并引进台湾、港澳院校，通过独立办学或合作办学的方式，为自贸试验区发展培养大批后续人才。省里的人才专项工作经费要优先用于支持自贸试验区人才队伍建设，研究制定相关优惠政策，大力引进高层次人才来自贸试验区就业，打造人才高地。

5. 加大宣传推广力度

省直和地市各部门要组织力量对试点政策、试点措施按行业、按开放度分门别类进行梳理，汇编成册，提供丰富多样的宣传素材和亮点。要以自贸试验区获批为契机，组织相关部门到境外，特别是台湾、香港等地举办专项推介活动，扩大影响。省内各级宣传部门要制定自贸试验区专项宣传计划，通过制作宣传片、专题、专刊等形式，扩大对外宣传。通过综合手段，加大政策解释和宣传力度，使自贸试验区成为投资的新热点。

课题指导：陈　桦　郑晓松
课题负责人：黄新銮　钟木达
课题执笔：陈　靖　杨志华

加快福建自贸试验区建设的研究报告

【编者按】本课题为 2015 年省委省政府重点调研课题，由福建省商务厅课题组撰写。

福建自贸试验区正式挂牌运作以来，重点试验任务逐步推开，产业开放度不断扩大，行政效率明显提升，制度创新溢出效应初显。但自贸试验区建设也存在重点试验任务尚未完全落地、对台特色未能充分显现、重大平台功能尚未形成等问题。必须采取有效措施，加快推动重点试验任务落地、加快对台先行先试，加快重大平台培育，为我国深化改革、扩大开放探索新路径，为深化两岸经济合作探索新模式。

一、福建自贸试验区建设基本情况

挂牌以来，自贸试验区各项工作有序推进，探索推出一批具有代表性的创新举措，改革效应和制度创新价值逐步显现，制度创新的高地逐步形成。

（一）政策体系更加完善

福建自贸试验区 186 项重点试验任务已实施 132 项，正在推进 54 项，通过先行先试建立了比区外更加完善的政策体系。一是出台系列配套政策。除国家部委已研究出台 9 项支持政策外，省级层面已研究出台支持自贸试验区建设的规范性文件95项、操作规程68项。二是进一步简政放权。80%以上的省级行政审批权限（共253项）都下放到自贸片区，三个片区都设立了自贸试验区综合服务大厅，集中办理审批备案事项，实现“企业审批不出区、办事不出区”。三是完善投资促进政策。实施外商投资负面清单管理模式。率先编制出台自贸试验区产业发展规划，进一步明确产业发展定位、发展布局和发展重点。省有关部门制定出台融资租赁、商业保理、整车进口、海产品交易、保税展示交易、跨境电商、转口贸易等重点业态招商扶持政策，三个片区出台相关配套政策和招商指引。四是完善人才政策。出台了自贸试验区人才工作14条措施和引进高层次人才行动计划等文件，省有关部门已制定出台10项配套政策。试行台湾专业人士到行政企事业单位任职。试行公务员聘任制，面向全国公开招聘聘任制公务员。从全省选派优秀年轻干部到自贸试验区挂职锻炼，并协调国家部委选派干部到福建自贸试验区挂职。

（二）制度创新更加深入

坚持问题导向和企业需求导向，把破解自贸试验区发展中的主要矛盾作为重点和突破口，充分借鉴上海、天津、广东自贸试验区的经验，主动对标国际规则和惯例，推出一系列自主创新举措。目前已落地实施创新举措109项，其中投资便利化24项、贸易便利化69项、金融创新5项、转变政府职能3项、事中事后监管8项。经国际著名评估咨询机构评估，45项属全国首创，30项已复制推广至福建全省，部分创新举措推广到全国或国内其他自贸试验区。一是商事制度改革不断深化。全面实行“一表申报、一口受理、一照一码、一章审批、一日办结”服务模式，企业设立办理时间由29天缩短到最快1天。二是投资项目审批程序大幅精简。平潭片区实施投资体制改革2.0版，申请材料从250项减少到19项左右，项目选址到竣工验收时限从原来平均1年压缩到93个工作日以内。厦门片区实行“多规合一”和项目审批“一张表”，项目立项到施工许可由原来的180个工作日缩短到49个工作日。三是通关效率明显提升。国际贸易“单一窗口”建成投入使用，在线运行3700多家企业，间接服务企业达2.5万多家，日单证处理量超过3.5万票，各项指标均居四个自贸试验区首位。企业货物申报时间从4个小时减至5—10分钟。大部分企业对自贸试验区反映是好的，对办事效率评价较高，有人归结为“自贸试验区效率”或“自贸试验区速度”。截至2015年11月底，自贸试验区共新增企业9990户，增长4.17倍；注册资本2052.67亿元，增长11.16倍。其中新增外资企业713户，增长5.2倍；注册资本364.72亿元，增长20.47倍。

（三）对台合作更加深化

围绕深化两岸经济合作战略定位，福建自贸试验区充分发挥对台优势，创新两岸合作机制，率先推进与台湾地区投资贸易自由，两岸货物、服务、资金、人员要素流动更加便利。一是对台货物贸易更加便利。在全国率先实施ECFA项下进口货物在收到原产地证书电子数据后免于提交纸质证书，对120种台湾商品实施“源头管理、结果采信、抽检验证”的两岸商品快速验放模式，放行时间由原来5—7天缩短至1—2天，平均节省5—6天。二是对台服务贸易更加开放。福建自贸试验区对台开放措施共60项，占总体方案扩大开放措施总数的61.2%。目前，已有旅游、建筑、会计等398个项目落户自贸试验区，合同金融9.1亿美元，分别比增201.5%和655.6%。三是闽台交流交往更加顺畅。实施免签注和为台湾居民试点签发电子台胞证政策，台湾地区入闽机动车只需1个工作日，即可办好机动车临时号牌、行驶证和临时驾驶许可证。允许台湾居民以个体工商户或公司形式进驻，并免予外资备案，经营范围扩大至129个行业。四是平潭对台合作持续深化。率先单方面采信台湾检验检测机构出具的认证结果和检测结果，对平潭片区与台湾之间进出口商品原则上不实施检验，在平潭对台商品交易市场销售的台湾商品，实行先放行后报关、先上架后抽检的通关模式。台湾水果上午在台湾采摘，下午即可在平潭对台小额商品交易市场销售。平潭对台海运快件已超过

10 万件。有 22 名台湾建筑师、82 名台湾技师和 10 名台湾导游在平潭备案或执业、6 名台湾专才到平潭公共管理岗位或区属国有企事业单位任职。

（四）法制保障更加健全

福建自贸试验区正确把握先行先试与依法办事之间的关系，加快完善法律环境，用法制巩固改革成果，确保在法治轨道上推进改革。一是调整实施地方性法规。省人大常委会审议通过了暂时停止实施与福建自贸试验区总体方案不一致的有关地方性法规的决定。二是加强立法工作。以省政府令颁布实施《中国（福建）自由贸易试验区管理办法》等规章。《中国（福建）自由贸易试验区条例》已按程序提交省人大常委会审议。三是加强司法服务和保障。福州、厦门自贸试验区法庭已挂牌成立。平潭法院、厦门海事法院也将设立自贸法庭。福州、厦门片区先后成立国际商事仲裁院、国际商事调解中心。三个片区还将成立自贸试验区检察室。四是加强事中事后监管。全省公用信息共享平台上线运行，拥有 27 个省直部门数据信息、59 万户企业基本信息；福建省工商系统市场主体信用信息公示平台已链接省直单位 28 个，实现监管信息互联、共享。率先梳理出监管风险点 55 个，提出 88 条防控措施，着力防范区域性、行业性和系统性风险。

二、存在的主要问题

福建自贸试验区取得的成果还是初步的，在改革探索实践中也存在着一些问题。

（一）国家层面需要加大支持力度

自贸试验区建设，包括总体方案中对台开放措施、金融开放创新、相关法律法规调整等涉及中央事权，需要国家相关部委甚至国务院同意才可以落地实施。在自贸试验区建设中，上下协调推进仍有待于加强。一是在“政策突破”把握上还不一致。对自贸试验区建设，是打造“制度高地”，而不能建成“政策洼地”。有些国家部门出台具体改革开放举措时，思想上还存在顾虑，认为改革创新必须在现有政策框架下推进，常以“不能突破规定”、“存在较大风险”、“造成政策洼地”等为由不赞同地方提出的创新举措。二是金融创新开放明显滞后。国家刚出台福建、广东、天津三个自贸试验区金融改革的指导性意见，部分操作细则尚未出台，部分金融政策也刚启动实施。三是需要调整的相关法律法规尚未出台。拟调整的国务院行政法规、文件及经国务院批准的部门规章，至今未出台，影响了重点试验任务的实施。

（二）政策创新仍有一定的局限性

自贸试验区挂牌半年多来，虽推出了不少改革创新举措，取得了一定成效，但政策创新研究还不够深入、配套措施不足，改革效果并未完全释放。一是创新呈现“部门化”、“碎片化”现象。大部分创新举措都是单个部门推出的，多部门协同创新少。如“单一窗口”平台跨部门的信息联网、整合还不够，一些改革措施不配套、不协调，不仅影响到企业的办事，也难于真正发挥政策创新的综合效应。二是部分创新举措可操作性较差。一些政策措施“闻得楼梯响，不见人下来”，部分政策名义上放开了，但在实际运作中无法操作。三是对标国际投资贸易先进规则仍存较大差距。目前，对 TPP、TTIP 及 TISA 等协议的研究还不多，将国际投资贸易先进规则大胆引入区内开展试验或压力测试很少。

（三）事中事后监管有待加强

随着自贸试验区建设和商事制度改革的深入推进，对市场主体“宽进”以后的过程监管和后续管理，面临着一系列新的问题。一是监管理念需进一步强化。从“重审批、轻监管”向“宽进严管”的转变还需要一个过程。二是协同监管机制需进一步完善。在审批、监管的衔接以及监管配合方面，尚未形成监管合力，部门协同监管和联合惩戒机制还需要进一步健全，特别是联合惩戒工作牵涉部门多，协调难度大，靠单个部门很难协调推进。此外，自贸试验区内行业商协会的作用并未得到充分有效发挥，尚无法与政府职能部门形成有效互补，实现协调监管。三是监管工作创新需进一步加强。目前，多数监管措施属于复制推广上海做法和基于单位职能的日常监管，自主创新的措施较少。如自贸试验区内注册企业大幅增长的同时，出现一批并未正常生产经营的企业，这些企业尚无促进发展和规范监管的有效措施。

（四）对台特色未能充分体现

探索两岸合作新模式是国家赋予福建自贸试验区的重大使命，但对台先行先试仍然面临着重重困难，短时间内难以取得大的突破。一是对台单边开放局面难以改变。闽台合作无法像粤港澳那样通过一个又一个的“补充协议”来“固化”合作的成果，福建自贸试验区对台经济合作，因台湾当局的不合作只能是单边对台开放。二是对台先行先试政策尚未完全落实。由于两岸都是WTO成员，在两岸没有相应协议规定的情况下，在福建自贸试验区单边扩大对台开放，国家相关部委顾虑重重，导致部分开放措施无法落地实施。三是对台胞吸引力不如预期。由于台湾岛内政治因素影响，对台合作呈现“一头热”，没有好的突破口。同时部分台胞认为自贸试验区的主旨还是关税优惠，不是“政策洼地”的自贸试验区对其吸引力不够。

（五）自贸试验区保持优势面临挑战

形成可复制可推广的改革经验，发挥示范带动、服务全国的积极作用是自贸试验区建设的重要任务。挂牌以来，自贸试验区政策效应初显，但总体溢出规模仍比较小，发展功能仍比较弱，自贸试验区综合优势仍未充分发挥。一是保持创新上的领先性难度会越来越大。随着创新举措向区外复制推广力度和范围的扩大，区内与区外的政策差异将逐步缩小，自贸试验区制度创新、改革领先的优势也会不断减弱。且越往后，创新的阻力和难度会越来越大，自贸试验区如何继续保持创新上的领先性，始终当好改革开放排头兵、创新发展先行者，难度会越来越大。二是重大平台功能尚未形成。随着创新成果的复制推广，自贸试验区的优势可能会逐步递减。如何将自贸试验区制度创新的先发优势迅速转化为某些重点业态发展的强大驱动力，尽快建成一批有一定影响力、竞争力的平台或载体，聚集一大批有活力和创造力的公司，始终保持自贸试验区的竞争优势，是自贸试验区建设面临的重大课题。三是缺乏各类专业人才。由于福建省经济总量偏小，产业基础相对薄弱，对人才的吸引力不够，人才等要素资源相对比较紧缺，尤其缺乏熟悉国际商务谈判、国际法律、国际金融、国际航运业务等方面的高层次人才，缺乏熟悉贸易新模式、新业态、新产品的专业技术和管理的人才，亟须尽快破解人才瓶颈。

三、加快自贸试验区建设的对策建议

（一）加快落实总体方案

自贸试验区试验是一项硬任务，一年后国家将对四个自贸试验区进行评估验收。要交什么样的成绩单，是福建自贸试验区下一步工作的紧迫任务。一是推动试验任务落实。一方面加强部门的协调配合，跟踪督促，抓紧落实正在推进的重点试验任务；另一方面做深、做细现有试验项目，“挖地三尺”，把试验项目的效益“吃干榨尽”，最大限度地发挥效应。二是储备推出新的试验项目。围绕对台、“海丝”核心区等需要突破的重点问题，在扩大服务业对外开放、放宽投资准入、方便贸易和人员往来等方面，研究推出一批新的试验项目，保持自贸试验区在试验与探索等方面的领头羊地位。三是积极对上争取。对涉及中央事权的难点事项，充分发挥部际联席会议办公室的统筹协调作用，进一步加大向上争取力度，争取国家尽快出台具体实施方案和政策。推动尽快公布实施需要调整的国务院行政法规、文件及经国务院批准的部门规章，确保重点试验任务顺利实施。

（二）加大制度创新力度

始终把制度创新放在首位，以“大胆试、大胆尝、主动改”的理念，聚焦制度创新的重点领域和关键环节，不断推出一批有影响力、有实际效果的创新举措，才能始终保持自贸试验区制度创新的领先性，不断巩固“改革创新高地”的地位，有效避免向区外复制推广所带来的“政策均等化”和制度红利的流失。一是对标先进。以香港、新加坡、欧美等国际贸易投资先进规则为标杆，尤其是 TPP、TTIP、TISA、BIT 等一系列多边或双边谈判新规则，主动审视可下放、可简化、可提升的事项，继续简政放权，继续争取扩大开放，缩短外商投资负面清单。二是坚持问题导向和企业需求导向。发挥企业创新顾问制度、建设顾问制度及各种联络员的作用，组织召开各类企业座谈会并开展问卷调查，了解存在问题和企业需求，倒逼改革创新。三是互补试验。学习借鉴上海、广东、天津自贸试验区经验做法，对实施效果较好、企业受益面较广的创新举措，及时转化形成符合福建省省情特点的可操作性举措。四是加强创新的协同性、配套性。加强中央与地方、部门与部门之间的协同配合，进行跨部门、跨系统的协同创新，同时，注意各创新举措之间的配合与衔接，避免政策碎片化，提高创新的综合性。对改革创新中出现的失误，只要是为工作，不为私利，只予以纠正，不应追究责任。

（三）强化对台先行先试

福建自贸试验区因台而设，最大特色是深化对台合作。应充分发挥对台“桥头堡”作用，率先推出与台湾地区投资贸易便利化、资本和人员往来便利化。一是瞄准高端。探索实施台商投资准入负面清单，进一步取消或放宽对台湾投资者资质要求、股比限制、经营范围等准入限制。积极引进集成电路产业、金融业、现代服务业等，推动产业链深度融合，发展壮大产业集群，促进产业转型升级。加强闽台合作研发创新、合作打造品牌、合作参与标准制定，拓展产业价值链多环节合作。二是瞄准贸易。推动建立闽台通关合作机制，创新闽台口岸查验模式，探索合作查验、一次放行和监管互认。试行与台湾检验检疫证书联网核查，逐步扩大采信台湾第三方检测检验结果的商品、政策适用范围，促进贸易便利化，扩大对台贸易规模。三是瞄准旅游。充分发挥“直接三通”、“小三通”政策优势，实施更加自由便利的政策措施，推动人员往来和交流，做大人流，激活人气。四是瞄准青年。探索“台资建设、台企运营、台人收益”的新模式，在自贸试验区规划一定面积的园区，采取定向招投标方式提供给台湾企业开发经营。加强两岸青年创业创新创客基地、台湾创业园等载体平台建设，吸引医疗、旅游、建筑、会计、文化创意等领域的台湾专业人士和青年到自贸试验区创业，促进两岸青年感情和事业深度融合。

（四）积极培育重大平台功能

国家设立自贸试验区的目的是“为国家试制度，为地方谋发展”，一方面是形成一批可复制可推广的经验，发挥示范带动作用，另一方面是推动自贸试验区自身加快发展，打造成为新的经济增长极。一是打造高端产业板块。发挥自贸试验区的政策优势和集聚效应，围绕新产业、新业态、新平台、“互联网+”等，组织专业团队精心运作，针对欧美等重点区域加强宣传推介，加强对世界500强、台湾百大企业招商，引荐更多的大项目、好项目向自贸试验区集聚，加快培育行业龙头企业，聚集一批有影响力、竞争力的企业，形成行业核心竞争力。二是做大流量。抓住供应侧改革契机，加快发展跨境电商、保税展示交易、融资租赁、商业保理等新业态，加强利嘉保税展示交易平台、平潭台湾商品免税市场等建设，积极引进奢侈品直销店。大力推进江阴整车进口口岸、中国一东盟海产品交易所等重大平台建设，推动国内知名企业海外采购总部落户自贸试验区，不断激活人流、物流、资金流、信息流。三是激活“僵尸”企业。针对相当一部分已注册企业仍处于观望状态、尚未进入实质性生产经营的情况，加强跟踪服务，推动企业加快启动运营，尽快发挥效应。四是加快复制推广。发挥自贸试验区的溢出效应，加快创新成果的复制推广，推动尽快落地生根、产生效益，促进区内与区外互动联动发展，最大限度地分享自贸试验区的“制度红利”。

（五）提高人才和智力支撑水平

建设自贸试验区，需要大量通晓国际规则和通行惯例的管理人才，也需要大批具有国际水准的金融、高科技、专业服务等领域专业人才。一是完善人才促进政策。实施更加积极的创新人才引进和激励政策，建设人才管理改革试验区。对高层次人才在出境、入境、签证居留、项目申请、创新创业、评价激励、服务保障等方面给予优惠政策。探索对台湾专业人士资格认可专业清单，允许取得台湾执业资格的专业人士经自贸试验区认可或经相关主管部门备案后，直接为自贸试验区企业和居民提供专业服务。制定支持台湾专业人才便利化执业的专项措施，为台湾法律、会计、建筑、房地产、金融证券、信用服务、医疗、旅游等专业领域的专业服务机构参与自贸试验区开发建设提供便利。二是多渠道引进人才。成立相关智力研究机构，搭建人才创业交流平台，完善人才信息共享服务平台，探索适应企业国际化发展需要的人才服务创新体系，加强柔性引才引智工作，吸引更多金融服务、国际贸易、现代物流、旅游文创、港口经贸等领域具有国际视野的高端人才。三是加强人才培养。结合推进“海纳百川”高端人才聚集计划，实施省特技人才“百人计划”、省优秀人才“百人”计划等重大人才工程，培养学科带头人、科技领军人才和一线创新人才。探索校企联合招生、联合培养模式，着力培养本土化人才队伍。通过举办培训班、研讨会、专题讲座等多种形式，多渠道、多层次培训熟悉自贸试验区工作的人才。

（六）提升事中事后监管能力

自贸试验区在放宽市场准入的同时，进一步加强事中事后监管，引导全社会共同参与监管，努力排除一切可能和潜在的风险，防止出现系统性、区域性的风险。一是健全协同监管体系。进一步明确各部门的监管责任，发挥行业商协会、社会公益组织、媒体、社会舆论的监督作用，切实构建权责明确、透明高效的事中事后监管体系，推动实现让失信企业“一处违法、处处受限”的监管格局。二是突出运用信息化实施动态、科学监管。加强社会信用体系建设，进一步完善信用信息共享公示平台，实现各管理部门监管信息的归集应用和全面共享。三是强化风险防控。加强风险研判，梳理监管风险点和防控措施，研究提出风险防控底线清单。四是完善安全审查制度。积极探索在外商投资准入阶段协助国家有关部门进行安全审查的工作机制。五是强化法制保障。加快《中国（福建）自由贸易试验区条例》立法工作，加强司法服务和保障，为自贸试验区建设营造良好的法治环境。

课 题 指 导：梁建勇
课题负责人：黄新銮　钟木达　陈　靖
课题组成员：张奕堂　杨智星　曾金栋
刘林思　杨志华　陈德提
吴婷芳　林　伟　黄继炜

台商对福建自贸试验区的需求及其愿景

【编者按】2015年，福建自贸试验区领导小组办公室委托福建社会科学院开展课题研究，形成了《台商对福建自贸试验区的需求及其愿景》。

对“台”特色、“海丝”特色是福建自贸试验区的最大优势。为了进一步了解福建自贸试验区的改革开放进程及其发展情况，更好地满足台商投资需求，福建社科院课题组在借鉴相关研究成果的基础上，深入福州、厦门、平潭三个片区开展调研，旨在摸清台商对福建自贸试验区的需求与愿景，并提出政策建议。

一、主要结论

1. 在全省上下的共同努力下，福建自贸试验区经过半年多运作，总体情况良好，台商期望值比较高，认为福建自贸试验区对台商投资有较大吸引力，基本能够满足台商投资需求和发展愿景。

2. 由于设立时间短，福建自贸试验区对“台”特色不够鲜明，台商认知程度不够高，市场空间有待拓展、基础（配套）设施亟待完善，体制机制改革有待深入，尤其在政策创新、贸易便利化、简政放权、金融开放、投资准入、人员往来等方面仍有差距。

3. 台商对福建自贸试验区的需求重点

（1）从市场进入看：主要是降低市场准入，提高行政管理效率，加强创业辅导和政策辅导等；（2）从营商环境看：主要是加快基础设施及物流配套建设，提升人力资源环境，资金往来更加便利，营商环境法治化等；（3）从市场目标看：主要是进一步拓展市场空间。

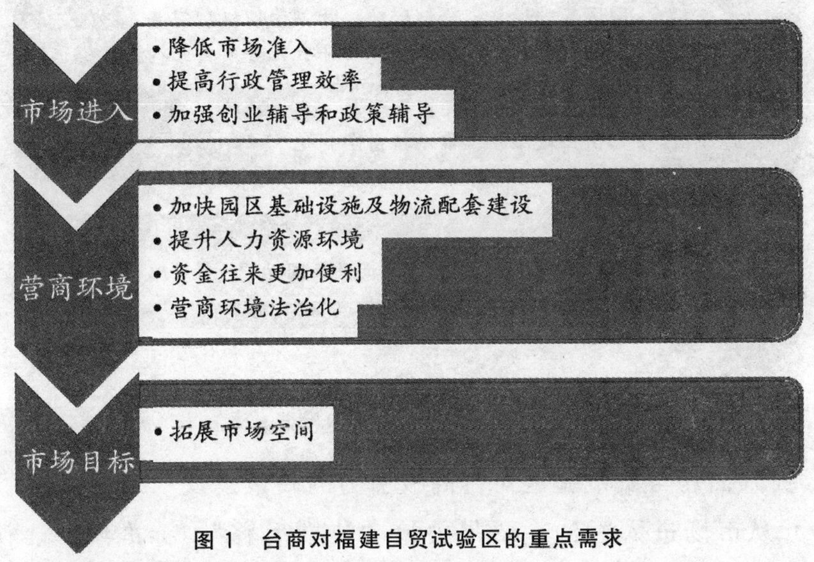

图1　台商对福建自贸试验区的重点需求

4. 台商对福建自贸试验区的愿景

（1）从市场进入看：包括标准统一、认证互认、服贸先试，政策细化、理顺管理权责关系、提高行政执行力，畅通政策信息渠道、创业辅导服务到位等；（2）从营商环境看：包括完善园区基础设施、仓储配套、物流管理机制，完善台湾青年就业、创业、生活环境，台企人员跨境往来便利，验资便捷、跨境人民币贷款，知识产权保护、市场推出法制化等；（3）从市场目标看：主要是拓展大陆市场、“一带一路”市场。

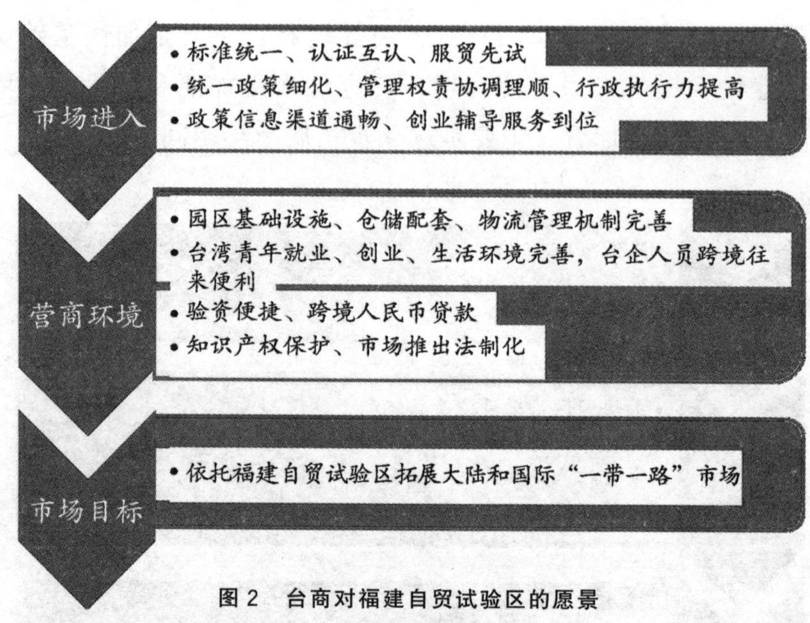

图 2　台商对福建自贸试验区的愿景

5. 提升福建自贸试验区对台商吸引力的政策建议

(1) 从市场进入看：主要是关检“前推后移”、标准统一、认证互认、服贸先试；改革地方政府管理模式，整合公共服务平台，狠抓政策细化和落实；深耕对台先行先试的优势环节，精心辅导、服务入驻台商，鼓励台商返台宣导引资等。(2) 从营商环境看：主要是加快园区、物流配套设施建设，推进海运快件中转集拼业务、物流虚拟仓管理；放松服务领域自然人限制，开放台资企业外籍人员就业许可便利，落实生活保障；推进两岸金融合作，扩大对台金融创新试点，便利台资企业验资、资金进出；打造国际化、市场化、法治化的营商环境等。(3) 从市场需求看：主要是发挥自贸试验区要素平台功能，打造“海丝”核心区重要载体。

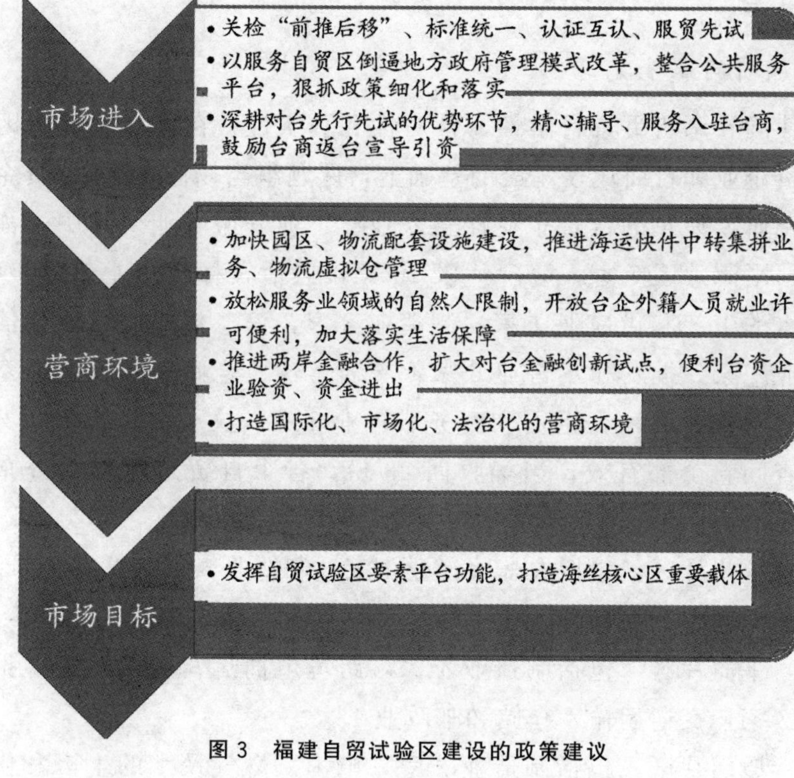

图3　福建自贸试验区建设的政策建议

二、调研概况及总体评价

（一）调研概况

1. 分析对象

（1）福建自贸试验区内已入驻台商。2015年11月23—26日，课题组分赴平潭、厦门、福州三个自贸片区召开区内台资企业代表座谈会，采用直接发放问卷填写方式，回收有效问卷26份。

（2）未入驻福建自贸试验区的台商和台湾岛内青年创业者。一是请访谈对象介绍情况、了解相关信息；二是参考相关课题研究成果；三是媒体信息资料。

2. 调研问卷情况

为使问卷调研更具科学性、针对性和真实性，在与自贸试验区管委会、台资企业和台商代表座谈的基础上，课题组当场向 26 家台资企业发放问卷调研，涉及的台资企业涵盖农业、工业和服务业。其中，福州片区 9 家，平潭片区 7 家，厦门片区 10 家，包括农林牧渔业 1 家，电力、燃气及水的生产和供应业 1 家，制造业 8 家，信息传输、软件和信息技术服务业 4 家，批发和零售业 6 家，交通运输、仓储和邮政业 2 家，跨境电商运营企业 2 家，租赁和商务服务业 1 家，文化、体育和娱乐业 1 家。调查问卷全部有效，当场收回 26 份，各个自贸片区行业分布情况如下：

(1) 福州片区，包括农林牧渔业 1 家，制造业 5 家，批发和零售业 2 家，交通运输、仓储和邮政业 1 家。

(2) 平潭片区，包括制造业 1 家，跨境电商运营企业 2 家，批发和零售业 3 家，交通运输、仓储和邮政业 1 家。

(3) 厦门片区，包括制造业 2 家，电力、燃气及水的生产和供应业 1 家，批发和零售业 1 家，信息传输、软件和信息技术服务业 4 家，租赁和商务服务业 1 家，文化、体育和娱乐业 1 家。

(二) 对福建自贸试验区基本情况的认知程度

如图 4 所示，台资企业对福建自贸试验区的认知程度比较低，其中：非常了解与比较了解的台资企业占 27%，一般了解与不了解的台资企业占 73%。主要原因：一是对宣传渠道了解不足。虽然各有关部门通过多个渠道（如微信）宣传福建自贸试验区，并发布各片区的体制机制创新动态以及鼓励支持政策，但台资企业对宣传渠道并不了解，普遍认为整体宣导不足，特别是赴台宣传力度不够。二是认知存在偏差。大多数台资企业把关注点聚焦在优惠政策，较少关心福建自贸试验区的体制机制创新。部分台资企业认为体制机制创新就是政策优惠，与自贸试验区设立目的差距较大。

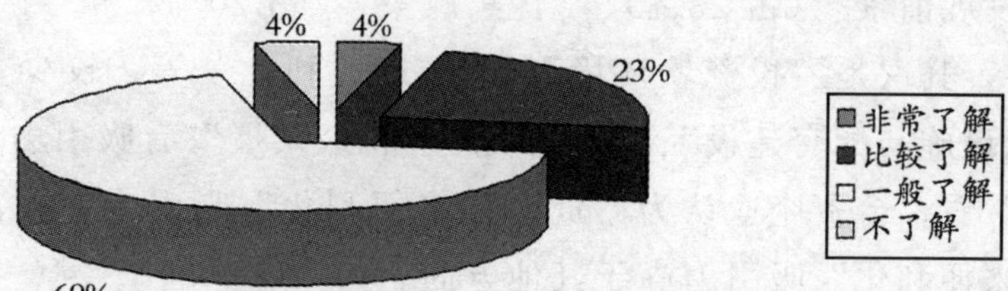

图 4　您是否了解福建自贸试验区基本情况

（三）对福建自贸试验区发展的总体印象

如图 5 所示，对福建自贸试验区发展总体印象，认为“非常好”和“比较好”的台资企业占 70.37%，认为“一般”的台资企业占 22.22%，仅有 2 家台资企业（占 7.41%，均为厦门片区企业）认为“不好”。

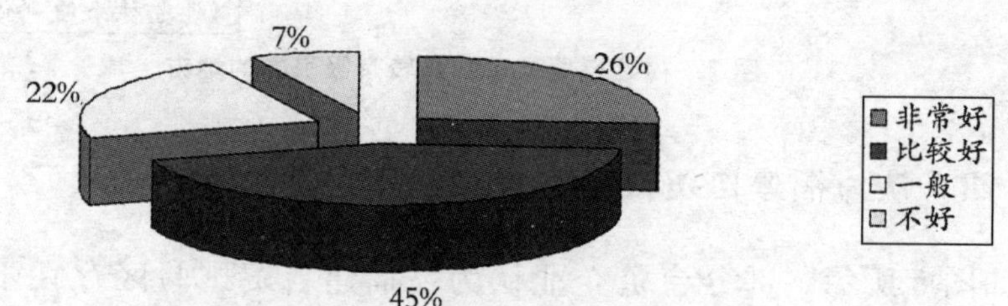

图 5　您对福建自贸试验区的整体印象

如图 6 所示，关于福建自贸试验区的吸引力问题，认为“非常有吸引力”的台资企业占 36%；认为“比较有吸引力”的台资企业占 60%。只有 1 家台资企业认为“没有吸引力”。

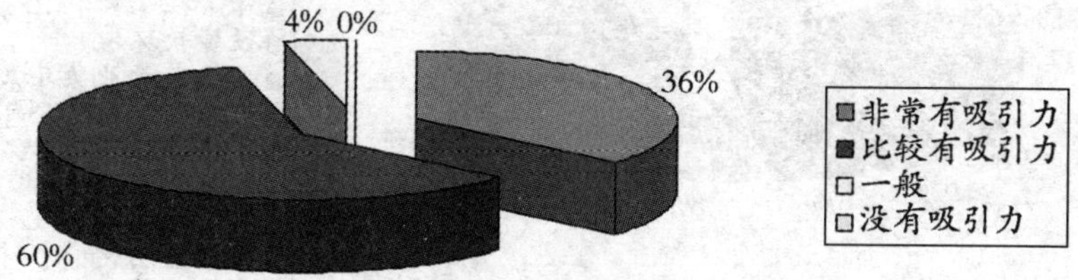

图 6　您认为福建自贸试验区的吸引力如何？

如图 7 所示，对福建自贸试验区比较有吸引力的地方，台资企业首选“发展前景”（占 23%）、“优惠政策”（占 20%）和“区域布局”（占 15%），其次是“投资软环境”、“航运便利化”等。较少台资企业认为“基础设施与配套建设”、“企业或产业积极发展”有吸引力。从“投资软环境”看，台资企业认为“资金往来便利化”吸引力明显滞后，而“人员往来便利化”吸引力高于其他方面。

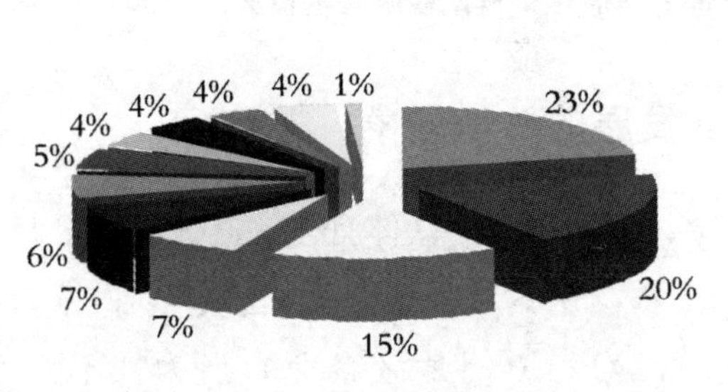

图 7　福建自贸试验区比较有吸引力的地方

（四）认为福建自贸试验区存在的不足之处

如图 8 所示，部分台资企业认为：福建自贸试验区存在不足，有些与发展阶段有关，如较多的台资企业认为“市场空间还未打开”（占

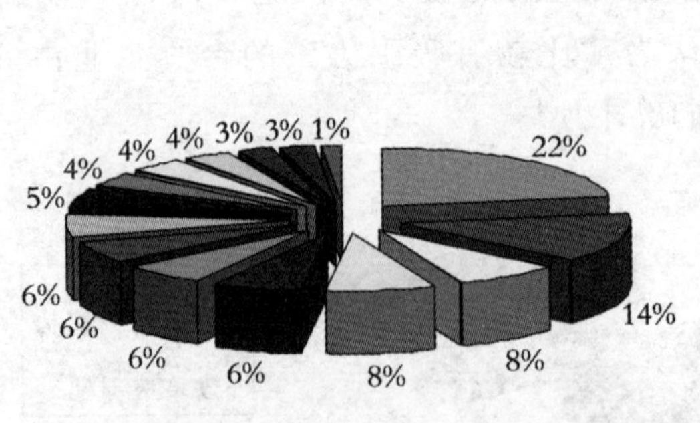

图 8　福建自贸试验区欠缺之处

22%)、“基础设施或配套建设不足”（占14%）。有些与福建自贸试验区需加大改革创新力度有关，包括“行政管理体制改革”“对‘台’特色不够鲜明”等。

三、台商对福建自贸试验区的需求与愿景

（一）台商对福建自贸试验区的总体需求与愿景

1. 依托福建自贸试验区进入大陆市场和国际市场

由于台湾岛内市场狭小，企业发展空间有限，台商布局福建自贸试验区，旨在由大陆市场进入东南亚市场。福建自贸试验区具有对台、21世纪海上丝绸之路核心区的双重政策叠加优势，有利于台商实现市场布局目标。在“一带一路”加持下，福建与亚欧非大市场融成一体，台商经营不仅可以跨出福建省，甚至超出整个大陆，走向“跨国”和“跨洲”发展。台商在福建投资设厂，可以方便取得台湾地区或东南亚国家原材料，并将产品快捷地销往欧洲市场。福建拥有21世纪海上丝绸之路的大通道，即便不走海路，也可辗转经由陆上丝绸之路经济带，运往欧洲。

台湾自由经济示范区迟迟未能开展，无法与大陆自贸试验区对接。台商为了生存和发展，将抢先攫取自贸试验区机遇，掀起新一波“大陆投资热”，并以大陆为平台走向全球市场。台湾位于海上丝绸之路的关键点，大陆沿海自贸试验区（特别是福建自贸试验区）将会形成强大的磁吸作用，促使台商进行更深度和更大范围的经贸合作。在21世纪海上丝绸之路战略规划中，福建完全有条件成为对台经贸合作、对沿线国家和地区互联互通的重要枢纽。

2. 福建自贸试验区服务业开放政策对台商、台湾青年创业者具有吸引力

台湾大学经济学系教授林建甫表示，台湾年轻人最感兴趣的是服务

业，并且有无限创意，如果福建自贸试验区能注重这一方面的发展，将抓住台湾年轻人的心，不仅为他们提供了创业平台，也将促进福建服务产业发展，这对两岸发展都大有裨益。

台湾医疗产业发达，由于医疗资源过剩，外迁大陆意愿强烈。台湾海峡两岸医事交流协会理事长黄松雄认为：自贸试验区允许设立外商独资医疗机构，能否突破境外医师从事临床诊断和治疗业务不能超过一年期限的规定，则是台湾医疗资源能否落地的关键。

3. 希望福建自贸试验区的营商环境更加法治化

(1) 完善知识产权保护。台商认为：超过90%的台湾优质文创人员尚未进军大陆，核心问题是大陆知识产权保护不完善。台湾文化创意产业联盟协会荣誉理事长李永萍认为：福建自贸试验区若能在知识产权保护、简化审批流程等方面先行一步，必将抢得发展先机。

(2) 建构两岸法制化市场退出机制。台湾政策研究基金会谭瑾瑜认为，台湾应尽速透过两岸经贸平台争取台商权益，并建构两岸台商法制化退场机制，协助台商顺利进驻投资或退场。

(二) 潜在台商及台湾青年创业者对福建自贸试验区的需求

1. 有更多的合适渠道了解自贸试验区的政策及其相关便利

目前，台湾岛内台商并不了解自贸试验区的政策和发展情况，也缺乏必要的了解渠道，甚至会了解到一些负面信息，包括已入驻台商反馈的信息，应加快建设便捷、通畅的联络通道。

2. 自贸试验区需要有个不错的创业和生活环境

包括有机构或平台帮助联络上下游企业，提供台湾创业者商品销售管道，如协助台商与当地企业结合，透过双方企业家的交流、整合共创商机；优先加强自贸试验区的居住环境，至少与台湾生活水平相同，才能吸引更多台商投资福建自贸试验区。

3. 有个专门服务机构或中介公司

因对福建自贸试验区政策及实施细则、市场机会等缺乏了解，需要有个专门机构，辅导服务台商投资的适配政策以及操作流程，提高办事效率。

4. 审批更加简化

特别是医疗、保健品、食品、化妆品部分，台湾方面已经有认证的，希望在福建自贸试验区能予以承认。

（三）区内台商对自贸试验区的主要需求与愿景

1. 区内台商基于总体方案的主要需求

参照总体方案，基于区内台商的问卷调查，按企业选择占比达15%以上统计，台资企业对福建自贸试验区的主要需求有24项（见表1）。如果选取占比19%以上的选项作为重点需求有11项，包括“提升改进政策创新”，“更加深化贸易便利化”，“实行‘一口受理’服务模式”，“健全服务体系”，“允许符合条件的境外投资者自由转移其合法投资收益”，“建立对外投资合作‘一站式’服务平台”，“支持台湾地区的银行向自贸试验区内企业或项目发放跨境人民币贷款”，“推动实施两岸机动车辆互通和驾驶证互认，简化临时入境车辆牌照手续”，“给予在自贸试验区内投资、就业的台湾企业高级管理人员、专家和技术人员，在项目申报、入出境等方面便利”，“允许自贸试验区试点海运快件国际和台港澳中转集拼业务”，“在自贸试验区内对台试行监管互认”等。

表1 基于总体方案的主要需求（问卷结果）

项目	需求	企业选择占比
总体需求	政策创新继续提升改进	23%
	更加深化贸易便利化	21%
	加大政府简政放权力度	18%
	加大金融领域开放创新力度	18%
	建立闽台通关合作机制，推动对台货物贸易自由	15%

续表

项目	需　求	企业选择占比
管理体制的需求	实行“一口受理”服务模式	21%
	健全服务体系	19%
	简化办事环节，提高办事效率	17%
	海关、国检“一站式”查验平台	17%
	加大信息公开化、透明度	16%
贸易自由化的需求	支持自贸区发展两岸电子商务	17%
	优化从台湾进口部分保健食品、化妆品、医疗器械、中药材等的审评审批程序	16%
投资自由化的需求	允许符合条件的境外投资者自由转移其合法投资收益	20%
	建立对外投资合作“一站式”服务平台	19%
	实施外商投资负面清单制度	16%
	降低外商投资性公司准入条件	16%
资金往来便利化的需求	支持台湾地区的银行向自贸试验区内企业或项目发放跨境人民币贷款	19%
	允许自贸区银行业金融机构与台湾同业开展跨境人民币贷款等业务	17%
人员往来便利化的需求	推动实施两岸机动车辆互通和驾驶证互认，简化临时入境车辆牌照手续	25%
	给予在自贸试验区内投资、就业的台湾企业高级管理人员、专家和技术人员，在项目申报、入出境等方面便利	20%
航运便利化的需求	允许自贸试验区试点海运快件国际和台港澳中转集拼业务	30%
	在自贸试验区内对台试行监管互认	27%
	简化船舶进出港口手续	18%
	研究实施启动港退税试点政策	16%

2. 区内台商基于总体方案的总体需求

根据总体方案，台资企业对福建自贸试验区的总体需求是：选择“建立闽台通关合作机制，推动对台货物贸易自由”的企业占15%，其他依次为：“扩大对台服务贸易开放，促进闽台服务要素自由流动”、“探索闽台产业合作新模式，拓展产业价值链多环节合作”、“促进两岸往来更加便利”、“转变政府职能，健全服务体制”、“推进金融领域开放创新、推动两岸金融合作先行先试”、“完善税收环境，落实好现有相关税收政策”、“成为企业‘走出去’的窗口和综合服务平台”、“实施外商投资负面清单制度”等。由此可见，台商最看重的还是福建自贸试验区对闽台合作前景的正面影响。

基于上述需求，台商认为福建自贸试验区的不足主要是“政策创新方面，还有提升改进空间”（占 23%），其他依次为：“贸易便利化方面，仍有更加深化的可能”（占 21%）；“政府职能方面，简政放权力度不够”（占 18%）；“金融领域方面，开放创新力度不够”（占 18%）；“投资准入方面，仍存在较大限制”；“人员往来方面，便利化程度还可提高”。此外，一些企业提到，福建自贸试验区推行的体制机制创新、政策支持已经很多，但真正落地、有执行力度的较少，包括办事窗口相对模糊状态，导致企业咨询无门等（见图 9）。

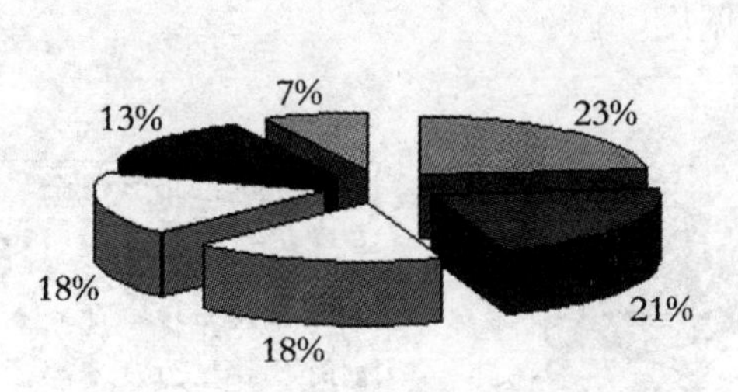

图 9　根据总体方案，台商认为福建自贸试验区的不足之处

3. 对福建自贸试验区管理体制的需求

在行政管理体制改革方面，台湾企业需求首先是“实行‘一口受理’服务模式”（占 21%），其次是“海关、国检‘一站式’查验平台”（占 17%），而对“完善知识产权管理和执法体制以及纠纷调解、援助、仲裁等服务机制”需求度较低。由此可见，台资企业需求主要是政府行政管理方面（见图 10）。

基于上述需求，台资企业认为：在行政管理体制改革方面，福建自

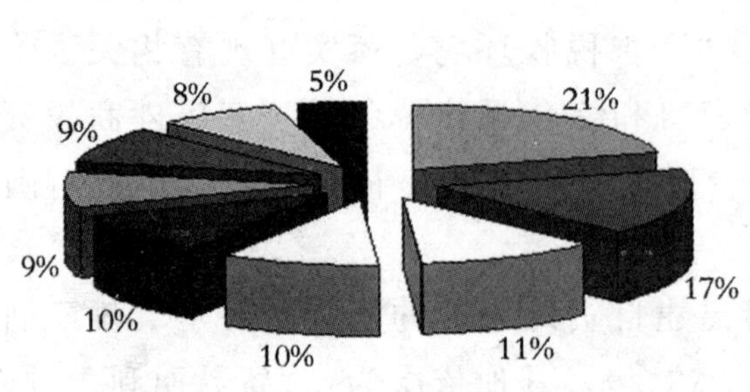

图 10　在行政管理体制改革方面，台湾企业对福建自贸试验区的需求

贸试验区的主要不足是“服务体系仍需健全”（占 19%），“办事环节还不够简化”（占 17%），“办事效率有待提高”（占 17%）。其他依次为“信息公开化、透明度不够”（占 16%），“简政放权力度不够”，“管理流程不够顺畅”，“法律环境规范化仍需提升”。有些企业表示，行政人员的服务水平、专业技能等有待提升（见图 11）。

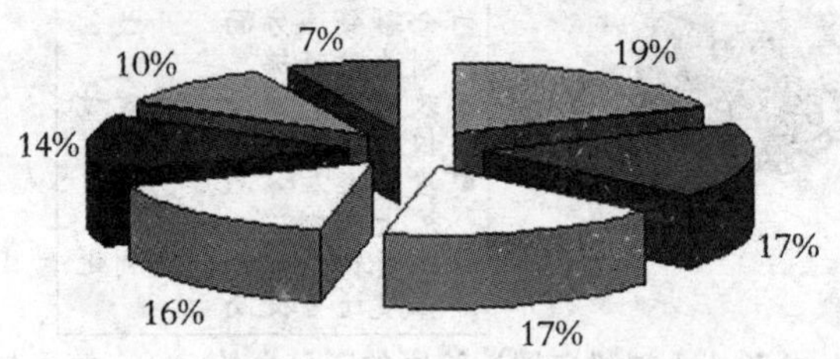

图 11　在行政管理体制改革方面，台商认为福建自贸试验区的不足之处

在座谈会上，台商对福建自贸试验区管理体制反映了比较多的问题。

一是政策执行力不足。虽然政策叠加优势有较强的吸引力，但一些政策细则出台慢，许可证、审批程序等没有完全理顺和落实，部门缺乏协调、执行标准不一、政策难落地，台资企业感觉实惠较少。主要是自贸试验区政策落地涉及的部门多，但接受咨询的相关部门大都回答并不清楚，往往使台商需要咨询的问题得不到有效率的解答。平潭台湾青年创业基金包括天使计划、雏鹰计划、平潭自有基金，管理部门包括台工部、青创、台创园、党群部、人才办，没法形成合力；住房补助在不同部门有 500—2500 元的差距，政策没有统一。

二是需要理顺与海关、商检关系。自贸试验区相关方案政策，需要海关总署、商检总局等机关批准。主要问题是：海关、商检和管委会没有协调好，政策落实难，如平潭管委会的一些优惠补助在海关通不过。象屿保税区的台资物流企业反映，台湾检验检疫认证在厦门得不到承认，但厦门的检验检疫机构又不够检验资格，导致办理认证程序长。

三是政府部门管理权责不明确，服务效率较低。主要是一些政策法规出台后，具体办事人员并不清楚，影响了办事效率。有的台商指出：在海沧办理证照，申请和领证的不在一个地方，需要来回跑。工商窗口经常换人，工作人员对办事流程了解不到位，也影响了办事效率。厦门嘉格食品有限公司反映，该公司选址在海沧区，虽然已经完成了土地“招、拍、挂”，但项目是厦门自贸试验区管委会招商引进的，一些流程由海沧区政府批还是由自贸试验区管委会批，曾发生过扯皮。在立项备案方面，也存在权责划分不明问题。比如，平潭台创园未形成权责明确、有效制衡的行政管理机构，使得优惠政策难以落实，导致有意愿入驻台创园的企业无所适从、负担陡增。主管部门未确定，工作职责划分不清，部门职能重合，机构设置重叠，业务分割，资格认定繁复，形成政出多门、法度不一；行政部门和营运公司职责不明，权限冲突，政策解读和执行兑现不到位，不利于吸引台资企业入驻台创园。

台商在座谈会上反映的需求，一是要建立和完善创业园区管理运行机制，重视研究园区管理部门的职能和机构设置，按照可行的管理流程，理顺各方关系。二是政府职能部门要加强整合，提高行政效率。台商建议：平潭的国检、海关等垂直管理部门，可整合组建综合审批局。政策执行要打破壁垒，加强部门协调，整合出台统一的执行细则，实行单一窗口受理。在政策执行上，各职能部门要多互动创新，寻找更多的创新体制、改进机制。三是加强政策培训，提高窗口工作人员的业务素质和政策水平。四是实施专门咨询窗口，负责自贸试验区的政策解读、咨询。要提高工作人员政策素质，及时了解新的政策措施及其执行情况。

4. 对福建自贸试验区贸易自由化的需求

在贸易自由化方面，企业需求度依次为："支持自贸试验区发展两岸电子商务"（占17%）；"优化从台湾进口部分保健食品、化妆品、医疗器械、中药材等的审评审批程序"（占16%）；"除国家禁止、限制进口的商品等外，简化自贸试验区内进口原产于台湾商品有关手续"（占14%）。这三大需求与台湾的优势产业有关，也是台湾其他类似企业的主要需求。企业对"检验检疫部门对跨境电商的便利措施"、"完善自贸试验区对台小额贸易管理方式"也有较强烈的需求。但受被调查企业行业限制，台资企业对"对台湾地区输往自贸试验区的农产品、水产品等试行快速检验检疫模式"、"改革和加强原产地证签证管理、便利证书申领等"、"建立闽台通关合作机制"的需求并不紧迫（见图12）。

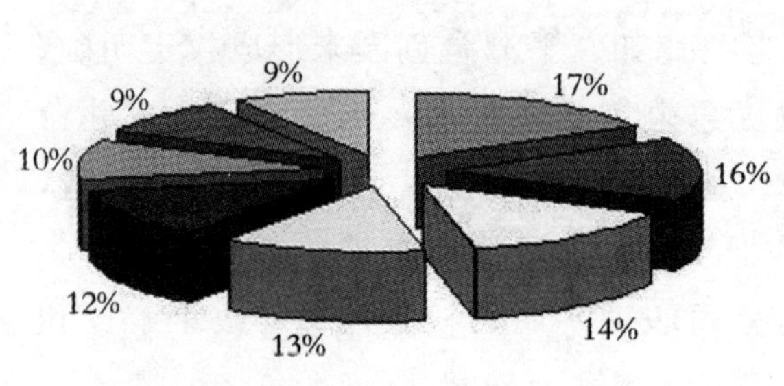

图12　在提高贸易便利化水平方面，台湾企业对福建自贸试验区的需求

基于上述需求，台资企业认为：主要不足是"有些方案已有制定，但具体措施尚未完全落实，实际运作中还是遇到相关问题的阻挡"，"政策与执行未有效链接，需要领导督导了解"，"不同片区的行政审批程序不一样，有的简化很多，有的比区外还要严格"。为此，建议"保健品、化妆品、医疗器械的审批程序希望可以下放自贸试验区”、“对台商品负面清单外，实施快验快放”。

在座谈会上，台商反映的不足：一是准入门槛标准不一。如生物保健品，台湾归类为食品，但大陆是保健品；台湾认定酵素是食品，大陆被列为保健品。二是台货进口受食品药品监督局制约较大。台湾有竞争力的产品，如生物科技食品、化妆品等，受到大陆食品药品监督局的制约，不但审批手续要完备，而且程序漫长复杂。三是仓储配套不足。仓储配套用地取得困难，大宗货物进入平潭尚无仓储配套。平潭台商反映：电商没有仓储难以分拣，现在暂借平潭的海关作业仓里进行分拣。自建仓储难度大，因为仓储用地取得需要重新规划和进行“招、拍、挂”。

台商反映的主要需求：一是协商统一两岸的商品认定和检测标准，如食品、保健品的检测标准。二是证照、检测证书实现互认或承认第三方认证。三是给予仓储配套，鼓励建立公用仓或鼓励大型电商自建。四是增加平潭小额贸易市场商品类别，取消前置审批或下放到最基层部门，建议将台湾有竞争力的生物科技产品审批权限下放到大片区食品药品监督局。五是实行平潭旅游购免征免退关税，旅客在码头购物的免征免退。

5. 对福建自贸试验区投资自由化的需求

在投资自由化方面，企业需求首选为“允许符合条件的境外投资者自由转移其合法投资收益”（占20%）、“建立对外投资合作‘一站式’服务平台”（占19%），其次依次为“实施外商投资负面清单制度”（占16%）、“降低外商投资性公司准入条件”（占16%），而对“完善境外资产和人员安全风险预警和应急保障体系”、“稳步推进外商投资商业保理、典当行试点”等需求度相对较低（见图13）。

基于上述需求，台商认为主要不足是：“窗口不同，回复状态不同，无法一次性回应所遇到的问题及解决方式”、“申请许可证，审批项目太多，手续烦琐”，建议“可配置唯一窗口对应相应企业”。

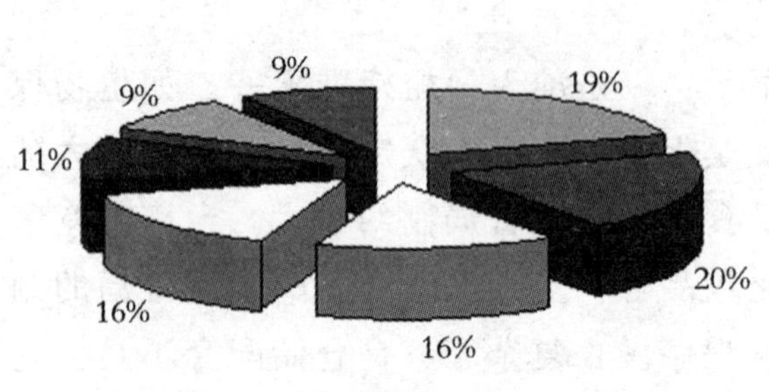

图 13　在投资自由方面，台湾企业对福建自贸试验区的需求

6. 对福建自贸试验区资金往来便利化的需求

在资金往来便利化方面，台湾企业需求度最高的是“支持台湾地区的银行向自贸试验区内企业或项目发放跨境人民币贷款”（占 19%），其次依次为：“允许自贸试验区银行业金融机构与台湾同业开展跨境人民币贷款等业务”（占 17%）、“在对台小额贸易市场设立外币兑换机构”（占 14%）、“支持在自贸试验区设立台资银行或两岸合资银行、证券公司等金融机构”（占 14%）。可见，台商对资金往来便利化需求与企业经营有

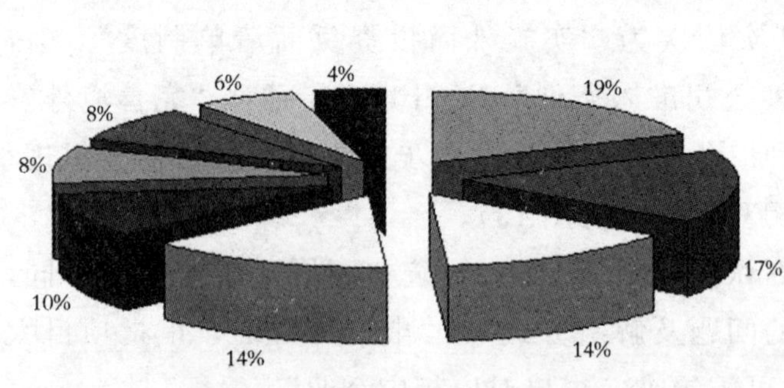

图 14　两岸资金往来便利方面，台湾企业对福建自贸试验区的需求

关，部分台资企业提出“台资验资部分，程序繁杂”，希望“外资、台资可以直接汇出人民币，不用经过第三地”（见图 14）。

座谈会上台商反映的需求，包括：实行金融机制创新，对台资企业的验资方式更加便捷。如公司设立后的资本账户进出，探索直接通过大陆人民币账户，而不是用台币或美元；实行一定范围的企业境外贷款可转增资，取消企业外债上限；对两岸合资的基金管理公司、证券公司等，适当提高台资控股份额；缩短台资银行在自贸试验区范围内，同省异地设立第二家分行的间隔周期等。

7. 对福建自贸试验区人员往来便利化的需求

在人员往来便利化方面，台湾企业需求首先是“推动实施两岸机动车辆互通和驾驶证互认，简化临时入境车辆牌照手续”（占 25%），其次“给予在自贸试验区内投资、就业的台湾企业高级管理人员、专家和技术人员，在项目申报、入出境等方面便利”（占 20%），其他依次为：“为自贸试验区内台资企业外籍员工办理就业许可手续提供便利等”、“对自贸试验区内符合条件的外籍员工，提供入境、过境、停居留便利”、“推动厦门—金门和马尾—马祖游艇、帆船出入境简化手续”。此外，有些台商提出“小三通‘金厦’通航时间可以延长到晚上一点”（见图 15）。

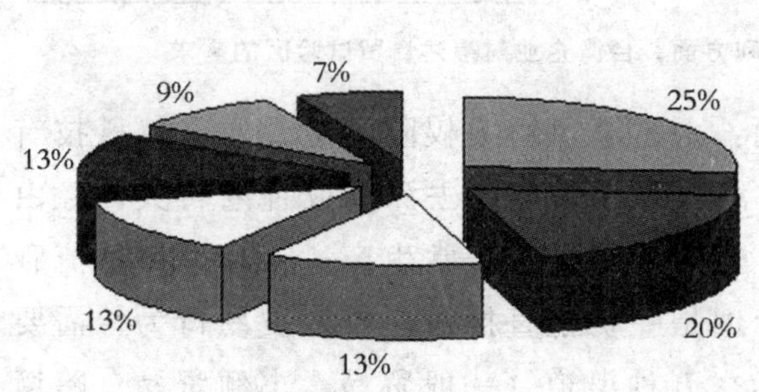

图 15　在推动两岸人员往来便利方面，台湾企业对福建自贸试验区的需求

基于上述需求，有的台资企业提出，“虽然已给予自贸试验区内台籍人员往来便利，但对自贸试验区内企业聘请的中方人员，需到台湾做些课程培训时，人员签证手续相当烦琐，希望能有所简化，促进人员方便提升的管道。”

8. 对福建自贸试验区航运便利化的需求

在推动航运便利化方面，台湾企业需求度最高的是“允许自贸试验区试点海运快件国际和台港澳中转集拼业务”（占30%）、“在自贸试验区内对台试行监管互认”（占27%），接下依次为“简化船舶进出港口手续”（占18%）、“研究实施启动港退税试点政策”（占16%）。此外，部分台湾企业提出“港口设施、公共仓储用地取得不易”，特别是平潭“目前没有成熟的配套仓储系统”。

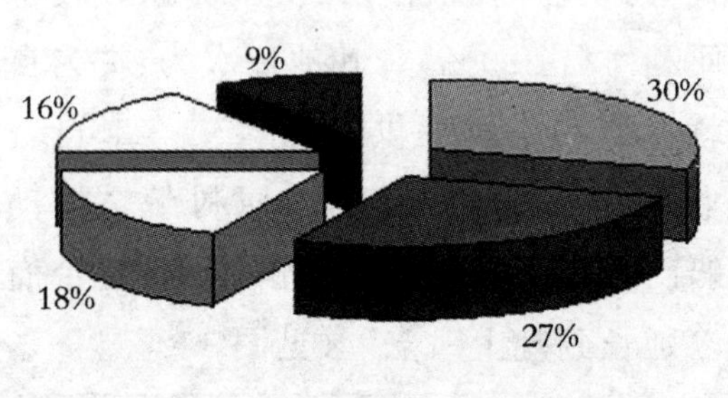

图16 在推动两岸航运便利方面，台湾企业对福建自贸试验区的需求

座谈会上台商反映的问题：一是港口通关权限不足。如宸鸿科技有些进口光阻（化学材料）在平潭报不了关，要去深圳或香港转关，经由厦门再到平潭，即耗时费力，也影响了企业正常生产；二是进口物流管理不合理。目前，进口物流管理是一货柜直接对应单个贸易行为，需要以不同货柜对应三个贸易行为、五种渠道（一般贸易、小额贸易、跨境电商、“小三通”、海运快件），效率低、成本高。

座谈会上台商反映的需求：一是争取给予平潭金井湾港口报关进口

化学材料的权限。二是设立物流总仓（虚拟仓）管理机制。整合线上、线下物流，改进对应多种贸易行为和渠道物流，可一个货柜进来后先在总仓（虚拟仓）内分拣，再按各种贸易渠道分拨。三是希望入闽货车能够申请一年有效（海关、交通部门）车牌证件。四是开通台北客货滚装航线。实行轻车上岸、平行进口，挂靠平潭港口，转到江阴报关政策。

9. *其他方面的需求*

座谈会中，台商反映了片区配套设施及服务方面不足问题。

一是人才引进的生活环境配套不足。如在平潭买房要交1年社保，只能从中行贷款。台湾青年创业优惠尚未落实，如住房、薪资补助，并不清楚要找哪些部门。海沧片区生活配套不足，交通不便，尤其缺乏高端人才，即使薪资超过台湾，还是招不到人才。为此，台商希望提升公共交通、住房、饮食、医疗、文化生活等配套设施和服务，创新共同家园理念，给予更多便利。不少台商认为，自贸试验区的居住环境至少应与台湾生活水平相同，要比之前台商在大陆生活的环境好，才能吸引更多台商投资。

二是台湾青年的创业、就业环境不够完善。平潭缺乏台湾青年创业平台，就业环境相对薄弱，引进人才认定流程长，台商企业招台干难度大，招来了也留不住人才。台湾青年创业辅导尚未解决，资金怎么过来，人工怎么招，产业指导未细化。此外，没有专门针对台湾大学生的政策、台湾青年创业培训补助。希望能够通盘考虑，确实改善台湾青年人才的就业、创业、生活等配套环境。

三是片区配套和基础设施不完善。目前，许多自贸片区属于新开发地区，生活配套和基础设施难以到位，市政公用设施不完善。如有的自贸片区用水用电管网要企业自己花钱来做。污水排放，不知道找谁签订协议接收排放。码头、仓储等配套严重不足，项目用地取得困难。为此，希望政府实行特殊行业对台招商用地储备政策。对大型平台公司自建仓储用地、服务型企业靠近消费人群的建设用地，在取得方面予以便利。此外，应加强自贸片区水、电、路、码头等基础设施建设。

四、加快推进福建自贸试验区建设的对策建议

(一) 提升福建自贸试验区对台商吸引力的建议

1. 推进自贸试验区建设与“海丝”核心区建设融合发展

福建自贸试验区对台商的吸引力，主要源于自身的市场机会，必须提升自贸试验区、21海上丝绸之路核心区的政策叠加优势，通过融合发展，提升要素资源配置能力，拓展国内外市场空间，并给予台商借道出海便利，解决台商担心福建市场空间有限或产业环境不够完善等问题。继续完善21世纪海上丝绸之路核心区功能，加快构建“海丝”沿线国家的货物通关、商品检验检疫、质量标准、电子商务等领域合作机制，提高贸易自由化、便利化水平，为自贸试验区发展提供市场空间和要素流动平台服务；以开放倒逼改革，发挥自贸试验区集聚功能、服务功能和辐射功能，为开放型经济提供重要支撑，使之成为21世纪海上丝绸之路核心区重要载体。

2. 坚持改革开放理念，完善地方政府管理模式

加快转变政府职能，要明确政府与市场之间界限，实施市场准入负面清单制度，提升市场配置资源效率，积极营造国际化、市场化、法治化的营商环境。一是简化审批手续。树立底线思维，对不涉及公共安全和生产安全事项，审批期限应限时尽快办结。二是优化审批流程。实施简化审批材料、压缩审批时限、网上办理等方式，减少审批流程，增强企业对审批过程、结果的可预期性。三是开展透明审批。进一步对标高标准的国际贸易规则和通行惯例，推进网上政务大厅、“单一窗口”和集中审批，让市场主体能够感受到政府职能转变带来的便利。

3. 按照便捷高效原则，抓好政策细化和落实

一是实施“一口受理”管理模式。按照便捷、高效原则，整合提升

政府职能，实施“一口受理”管理模式，建议平潭海关、国检等垂直部门组建审批业务合署机构，简化办理流程，提高办事效率。二是抓好政策落实。按照科学、公平原则，细化政策目标，推进政策配套，做好政策衔接。进一步提高贸易便利化程度，丰富和完善国际贸易单一窗口；推动深化人民币跨境使用、资本市场的双向开放在内的重大创新项目先行先试。三是设立宣导机构和咨询窗口，开展多渠道宣传、辅导，积极开展工作培训，提升“窗口”办事人员素质。

4. 深耕对台先行先试的优势环节

抓住对台先行先试的核心优势，先行开放台湾服务业，促进与台湾自由经济示范区对接（简称自经区）。一是对接台湾自经区，重点开放两岸金融合作、医疗产业、智慧物流、留学教育领域。二是精心服务入驻台商。不断优化投资环境，使入驻台商真身感受到自贸试验区的便利和优惠，形成有口皆碑局面。借鉴国际通用做法，根据企业诚信记录，实行“差异化风险管理”，加快信誉良好企业的通关速度。三是加强台商政策辅导。强化信息平台建设，借鉴厦门“台企快车”、平潭“两岸金桥”等经验做法，支持设立台商背景的两岸商务中介机构，鼓励台商返台宣导，发挥“以台引台、以台引外”作用，不断提高自贸试验区招商引资水平。

5. 加快完善市场法制环境

积极打造国际化、市场化、法治化的营商环境。一是营造公平竞争的环境。进一步扩大对外开放，开展保护投资者权益的相关工作，平衡好投资者、债权人、债务人和劳动者的合法权益关系。二是强化知识产权保护。学习天津经验，在自贸试验区设立知识产权运营中心、知识产权保护服务中心、知识产权国际仲裁中心，完善知识产权从申请确权、运营保护到维权过程，构建行政调处、法院判决、仲裁、人民调解“四位一体”的知识产权保护体系。三是完善事中事后监管制度。探索建立与国际高标准投资和贸易规则体系相适应的市场主体监管方式，营造统一开放、公平诚信、竞争有序的市场环境。强化信用信息公示，完善信用约束机制，推动社会诚信体系建设，逐步完善企业自律、政府监管、社会监督“三位一体”的事中事后监管体系。

6. 加强自贸试验区的软硬环境配套建设

一是提升“窗口”部门执行力。按照能放尽放、放管结合、分类实施、权责一致的原则，进一步下放自贸试验区审批、管理权限。二是加快完善配套设施（如生活性、生产性配套设施），为入驻台商提供商业活动平台服务。平潭自贸片区起步晚、底子薄，与其他自贸片区相比存在差距，亟待加快铁路、公路、机场、港口、码头、仓储等重大基础设施配套以及各类专业园区建设。三是推动线上、线下（OTO）保税交易，提升自贸试验区“窗口”形象。整合、打通关检、市场监管、综合执法、行政审批等公共服务平台。

（二）推进福建自贸试验区建设的相关政策建议

1. 管理体制方面

一是升级“窗口”服务功能。“单一窗口”服务实现由企业主体资格的注册登记向进出口经营资质的备案登记延伸，缩短办事时限。二是监管部门信息共享。打破信息壁垒和部门利益，改变“蜂窝煤”监管格局，实施便捷的政策执行流程，整合出台相关细则，实行“单一窗口”受理。三是创新管理服务机制。采取“网上政务大厅＋单一窗口＋集中审批”方式，提高审批效率，确保审批质量。四是完善管理运行机制。重视研究创业园区管理部门的机构设置和职能分工，设计明确可行的管理流程，理顺各方关系。

2. 贸易自由化方面

一是创新检验检疫“前推后移”通关办法。“前推”指检验在大陆认可的台湾第三方完成，“后移”指产品进入自贸试验区后进行抽样检验，提高产品通关速度，逐步构建大保税区。二是统一两岸商品认定和检测标准。如统一食品、保健品的认定与检测标准，促进两岸贸易发展。三是扩大平潭小额贸易商品种类。建议将食品（保健品）、化妆品、中成药、药品等审批权限下放到自贸试验区食药监局。四是储备仓储配套用地。保障仓储配套用地需要，鼓励大型电商自建仓储公司。五是实现平潭旅游购物免征免退关税，旅客在码头购物的免征免退关税。

3. 投资自由化方面

一是保障投资合法权益。建立对外投资合作“一站式”服务平台，允许符合条件的境外投资者自由转移合法投资收益。二是扩大对台服务业开放。除开放采信台湾建筑、规划、医疗、旅游四大行业外，争取尽快开放台湾教育、法律、会计、文化影视等行业进入自贸试验区。三是提请国家卫计委尽快出台允许台湾服务提供者在福建自贸试验区设立台资独立医院的管理办法，鼓励台资医疗服务机构入驻。

4. 资金往来便利化方面

一是借鉴实施相关金融政策。复制推广上海自贸试验区已出台的金融政策，积极推进人民币跨境使用、资本项目可兑换、利率市场化和外汇管理等金融业务先行先试。二是推进两岸金融合作。加快推进“支持台湾地区的银行向自贸试验区内企业或项目发放跨境人民币贷款”，允许自贸试验区银行业金融机构与台湾同业开展跨境人民币贷款等业务，在对台小额贸易市场设立外币兑换机构，支持在自贸试验区设立台资银行或两岸合作银行、证券公司金融机构等政策落地。三是推进金融创新。扩大人民币对台跨境使用、资本项目可兑换、跨境投融资等金融创新试点范围。支持台资金融机构在平潭自贸试验区设立分支机构，允许区内金融机构试点人民币与新台币直接清算。实施便捷高效的台资企业验资方式，探索公司设立后的资本账户币种使用、资金进出方式。提高两岸合资的基金管理公司、证券公司等台资控股份额，鼓励台资银行在自贸试验区范围内设立分行。

5. 人员往来便利化方面

一是简化临时入境车辆牌照手续。推动实施两岸机动车辆互通和驾驶证互认。二是简化办证手续。包括简化自贸试验区内台资企业外籍员工办理就业许可手续，以及自贸试验区内台资企业聘请大陆人员赴台湾签证手续。三是放松服务业进入限制。给予金融、建筑、规划、医疗、旅游、教育、法律、会计、文化影视等领域重点人员准入便利，探索建立福建自贸试验区与台湾地区的专业技术资格证书的互认机制，减少重复认证麻烦。

6. 航运便利化方面

允许自贸试验区试点海运快件国际和台港澳中转集拼业务，在自贸试验区内对台试行监管互认，简化船舶进出港口手续，研究实施启动港退税试点政策等落地。设立物流总仓（虚拟仓）管理机制，实行整合货柜进仓后分拨。允许入闽货车能够申请一年有效的（海关、交通部门）车牌证件。

课 题 指 导：张　帆　陈祥健
课 题 组 长：李鸿阶
课题组成员：林心淦　王春丽　黄继炜
黄启才　张元钊

福建自贸试验区对标国际投资贸易新规则的研究

【编者按】2015 年，福建自贸试验区领导小组办公室委托复旦大学开展课题研究，形成了《福建自贸试验区对标国际投资贸易新规则的研究》。节选研究报告的主要内容如下。

在福建自贸试验区建设中，除了复制和推广上海的经验之外，更需要以国际化的视野，以对接高标准的国际投资贸易准则为目标，全面推进政府职能、投资管理、金融体制、财税制度等方面先行先试的压力测试，为深度参与国际投资贸易新规则，全面构建开放型经济新体制积累经验、服务全国。

一、一体两翼，扩大福建自贸试验区的战略空间

自贸试验区建设中应充分发挥协同效应，结合各地发展特点，厘清先行先试的重点领域，强化区内和区外联动，为中国经济增长提供新引擎。

（一）先行先试高标准自由贸易协定相关核心内容的重要载体

福建在自贸试验区中，可以将高标准 FTA 中的相关核心内容作为先行先试的试验内容，也可通过构建更为开放的机构设立运营机制和要素交互平台，为 FTA 所涉及的机构、要素和制度融合提供载体，将中国的

开放红利和发展动力向外传输，与周边、特别是21世纪海上丝绸之路沿线国家和地区实现互利共赢。可通过在局部地区进行先行先试、压力测试，积累防控和化解风险的经验，探索最佳开放模式，为对外谈判提供实践依据。

（二）尽快释放改革红利，为“海丝”核心区建设打造优质营商环境

要捉住时机，做到尽快复制推广，最大程度释放制度红利，实现边复制、边推广、边创新。自贸试验区改革重点是构建政府职能转变和国际化、法制化营商环境，为“海丝”核心区建设营造优质的营商环境。

（三）探索贸易便利化和金融领域开放，为“海丝”核心区提供重要支持

在国际贸易方面，重点建设大宗商品交易、保税展示交易平台，发展离岸贸易、文化贸易，培育总部经济、结算中心，拓展跨境电子商务、全球维修、服务外包等服务贸易功能，深化与海上丝绸之路沿线国家贸易平台合作。在金融领域方面，进一步增强金融创新政策、服务投资和贸易便利化的能力。深化金融领域改革，促进资金在全球范围内更为便利的流通和聚合，为“海上丝绸之路”国家战略提供支持。在航运建设方面，自贸试验区要探索国际中转和国际中转集拼业务发展，对海丝国家的航运合作将起到积极作用。

二、对标CEPA，扩大对台及“海丝”沿线国家开放

FTA和FTZ是我国构建新型全面对外开放体制同时推进的两大战略，FTA战略对我国积极参与国际经贸规则制定和构建全球经济治理新制度具有先行先试的功能，在FTZ中可将高标准FTA中的相关核心内

容作为先行先试的试验内容；也可以通过构建更为开放的机构设立运营机制和要素交互平台，为FTA所涉及的机构、要素和制度融合提供载体，将中国的开放红利和发展动力向外传输，与周边特别是“一带一路”沿线国家实现互利共赢。本课题认为，CEPA补充协议模式可能成为中国对外商签BIT和FTA中的负面清单谈判的蓝本，应进一步扩散到福建省等地。福建自贸试验区具有进一步加强与台湾地区经贸往来的历史使命，建议可以考虑签署ECFA附件，进一步加强对台湾的开放，特别是尝试医疗、旅游、文化创意、个体经营户等方面的开放。

三、积极应对TPP等核心问题，创造条件先行先试

（一）劳工问题及福建自贸试验区对策

中国政府历来重视保护劳工权利，并稳步提高对劳工保护水平。2006年6月国务院常务会议通过了《关于鼓励和规范我国企业对外投资合作的意见》，2013年3月18日商务部颁布了《规范对外投资合作领域竞争行为的规定》。但这些法律规范法律位阶较低，属原则性、倡导性规定，缺乏具体的可操作性。福建经济以民营经济为主，因地下钱庄的存在，资金外流投资情况比较显著。从这个角度看，相关企业在海外投资时特别要注意遵循当地劳工法的要求，以免导致不必要的争端。

（二）知识产权问题及福建自贸试验区的对策

从立法规定看，中国《专利法》、《商标法》和《著作权法》三部法律的内容完全符合中国在WTO项下义务，在某些方面的要求甚至高于中国在WTO项下的义务，如《著作权法》中的“合理使用”问题。中国在知识产权保护问题中，除了必须要关注新数字经济现实下的新变化

和新问题外，特别要关注知识产权法的执行问题，从而顺应TPP带来的知识产权保护的高标准。福建自贸试验区产业构成中加工型企业占有相当的比重，且在价值链中处于比较低端，在企业运营中对知识产权保护程度有限甚至违反知识产权保护要求的行为屡见不鲜。因此特别要求相关企业进行结构转型和产能优化，提升在全球价值链的位置，完成从知识产权使用人变成知识产权所有人的转变。

四、对标高标准投资贸易规则，在环保领域寻求制度创新突破

（一）整体筹划贸易与环境的兼容制度

在宏观层面上，环境制度是否已经足够完备，足以消除任何贸易过程对生态环境造成的可能损害。未来，随着自贸试验区建设不断推进和扩容，将会出现越来越大规模的货物生产、加工等工业制造业产业，以及物流、航运等服务业产业。在新的国际环境保护进程中，无论是制造业还是服务业，都将在生命周期上面临越来越严格的环境标准，需要我们采取更具约束力和执行力的环境保护措施。

（二）发挥福建自贸试验区建设对生态环境保护的改善作用

降低环境产品和服务的关税和非关税壁垒，将直接关系到整个福建乃至周边地区能否制定更加严格的环境标准，以及能否满足生态环境改善市场需求。其中，服务贸易是影响环境保护水平的重要因素。福建自贸园区建设必须跟上不断发展的绿色技术的市场需求，进一步规范对外投资合作活动中的环境保护行为，及时识别和防范环境风险，引导企业积极履行环境保护社会责任，树立中国企业良好对外形象，支持东道国的可持续发展。

（三）探索新型环境治理模式

无论是监管还是规制，都要尽可能地提高公众参与度，包括实行真正的环境信息公开、公众对于环境保护进程的自愿参与、企业自愿执行社会责任报告制度等等，以实现环境保护和其他事务上的事中事后监管。如企业新建项目或改造，不再需要事先通过环评审批，而是转为环评备案，然后政府相关部门进行事中事后的监管，这样的改革无疑更符合TPP对于促进贸易自由化的努力方向。

（四）发挥福建自贸园区建设对打造生态金融的积极影响

重点推进金融领域开放创新，推动实现人民币资本项目可兑换，扩大人民币跨境使用，支持开展金融创新，完善金融风险管控机制等。要围绕美丽福建的建设目标，将金融领域开放和创新重点放到打造“生态金融”之上，使自贸试验区的金融业朝着更加绿色、更加生态的方向发展。

五、借鉴Tradenet经验，建设“单一窗口”提升自贸试验区功能

（一）Tradenet对福建自贸试验区“单一窗口”启示和政策建议

一是政府顶层设计全力推进。新加坡政府从一开始就确定TRADENET是国家信息化战略的主要一环，明确提出TRADENET规划确定后，各相关部门不允许再提出重复的规划。为推进该项目，除领导小组外，新加坡还设立职能明确的执行委员会、项目委员会和工作组三个层次的执行机构，坚持统一原则全力推进各项工作。因此，该系统的建设需要政府全力支持，明确项目所要达成目标，并设置明确的完成期限。

同时明确整个项目由单一部门牵头负责，以避免出现互相扯皮，保证一套统一的系统。二是项目实施可采用公私合作方式。由政府负责前期建设，而系统启用后的运营和维护都可以由专门成立的法定机构或政府控股公司承担。三是分阶段稳步推进。从涵盖货物来说，可先覆盖普通货物，时机成熟后再扩展到特殊监管货物；从涵盖企业来说，可先选择一些电脑化程度较高、通关物品比较单一并有代表性的企业，积累经验后再扩大到全部外贸企业。对有关中小企业购买相关电脑设备、升级系统提供资金和技术援助，帮助它们采纳新系统。四是坚持服务与中立原则。坚持第三方服务“公平、透明、方便、快捷”，真正成为服务型政府，为企业搭台，致力营造企业发展的良好环境，维护市场秩序，制造公平的、有效率的口岸经济市场环境。五是保护存量、共享增量原则。各监管部门向贸易网所提供的信息只涉及通关外贸部分的数据与信息，各部门自身的其他信息仍保留在各自的信息系统中，贸易网建设是在适应现有工作方式，业务流程，并且在保护原有利益的基础上，大力开发面向社会、企业的增值服务，形成区域性商贸物流信息化公共服务平台，使企业成为最大的收益人。六是利益共享、风险共担、创造多赢。依靠政府强有力的领导以及各有关部门的密切协作，发挥好、保护好各方面积极性，互利互惠，求同存异，共同发展，利益共享，风险共担，共同建设。

（二）建设“单一窗口”，提升自贸试验区功能

国际贸易“单一窗口”建设是个持续过程，需要及时的技术革新，不断优化流程，改善服务，提升自贸试验区功能。新加坡 Tradenet1989 年上线以来，已经进行过 10 余次版本升级，提高了货物通关效率。福建自贸试验区在单一窗口建设中，可以逐步融合港口、物流、监管等信息系统，提升园区通关处理效率，为自贸园区用户提供高附加值的服务，从而吸引更多企业入驻园区，并进而带动当地经济发展。

六、“放权、减权”与服务相结合，构建亲商的投资管理体系

（一）借鉴新加坡经发局工作经验，促进外商投资落地

新加坡经济发展局作为一个责任明确、事权集中的招商引资机构，有着50年吸引外资的成功经验，在新加坡吸引外资和经济发展的决策中起着举足轻重的作用。可以给福建自贸试验区提供如下启发：第一，负责招商引资的有关人员应该了解相关产业。第二，抓住一切机会，争取投资机会。第三，加强人才培训。新加坡经发局除了成立国家生产力局和工程工业发展局，负责对一般工人的培训，还同法国飞利浦公司和德国禄来公司等企业成立联合培训中心，按照法国和德国的高标准要求培训精密工程工人。第四，在吸引投资时，应该从自身的需要和能力出发，着重引进符合当时需要的行业。第五，在招商引资时，要有长远眼光。第六，要善于变危机为转机。第五，要善用企业之间的竞争关系。在许多产业，龙头企业之间的竞争关系往往决定了当一家企业对在某地投资犹豫不决时，另一家企业投资的决定可以帮助他们迅速做出决定。因此，新加坡在吸引某一企业遇到困难时，往往同时与其竞争对手接触，最后两家企业都决定在新加坡投资。

（二）新加坡使用负面清单的经验对福建自贸试验区的启示

自贸试验区以“负面清单”管理制度为基础和起点，构建了准入环节自由开放、注册环节便捷高效、建设环节透明优化、经营环节公平安全的投资管理制度体系。新加坡设计和谈判负面清单的经验为我们提供了很有借鉴意义的启发。主要有：第一，在设计负面清单时，负责部门要对现行监管环境有着清楚的认识。第二，摸底调研后，应该对现有规

定进行整理。第三，对现行法规整理完成之后，不能把它们简单叠加，全盘照抄到负面清单，而应该对现行规定进行批判性评估。第四，在对负面清单中的措施进行评估以决定去留时，应该既考虑该措施对相关市场造成的可能影响，也考虑该措施所涉及的公共政策等非经济因素。第五，目前国内对于负面清单的设计存在一个误区，即认为负面清单越短，就表明越开放。这种看法其实并不准确。第六，及时反馈了解负面清单管理制度的落地情况，为负面清单的完善提供支持。目前四个自贸试验区通用一张负面清单。自贸试验区的负面清单管理模式与国际高标准国际投资规则之间还存在较大差异。因此需要及时调研和了解自贸试验区产业发展情况，为进一步完善负面清单提供现实支持。

七、主动对标，持续改善营商环境

（一）综合参考国际组织相关标准，制定量化评估体系

打造国际化、法治化的营商环境是涉及面广泛的制度建设。各国都将其视为提升区域竞争力的重要指标。除了世界银行《全球营商环境报告》外，还有不同的国际组织从贸易便利化、综合竞争力、金融等方面进行评估，形成的指标体系。由于我国自贸试验区承担着多重战略目标，建设任务涉及面极广，因此，可以考虑综合多项指标体系，构建综合的相融合的量化评估体系。相关部门也可根据业务特点，选取其中的指标对标。

（二）善用评估结果，主动对照改进

世界银行的营商环境报告在新加坡的政府决策中起到了重要作用。新加坡政府各个部门在官方网站和年度报告中，经常引用营商环境报告数据，并依照报告的分析和建议对有关法规进行改进。因此，自贸试验

区也要召集相关部门来一起研究报告内容，并探讨如何改善营商环境。对报告中提到的每个指标所涉及的领域进行深入分析，并经过仔细论证提出相关的改革建议。

（三）设立亲商小组，为改善营商环境提供智力支持

借鉴新加坡政府与多元主体合作，通过多元途径和方式努力改善营商环境的经验，设立“亲商小组”，作为政府与企业间沟通的桥梁。亲商小组由新加坡贸工部牵头成立，除鼓励商家提出改善政策建议以及政府机构积极响应企业建议外，还设立最佳建议奖和对政府部门亲商水平进行年度评估，也通过先行者计划（First Mover Framework），奖励想出创新创意使用和运作政府资产的商家，并邀请不同监管机构官员到亲商小组挂职，以帮助他们更了解商家的需要，帮助本部门增强亲商工作，这些经验都值得借鉴。

（四）加强信用体系以及信息服务平台建设

以“公开为原则，不公开为特例”的原则，加强社会信用体系以及信息共享和服务平台建设。要学习新加坡构建商业注册与文件呈交系统（Bizfile）成功经验，加强福建自贸试验区信息的共享和应用，促进政府监管由传统的人海战术、“劳动密集型”监管向智能监管、“信息密集型”监管转变，最大限度减少政府监管对企业经营行为的干扰，有效提高事中事后监管的效率。

课题组长：张　军
课题组成员：卢　华　尹　晨　梁　咏
李志青　姚大庆

福建自贸试验区的风险防范研究

【编者按】2015 年，福建自贸试验区领导小组办公室会同省工商局在汇总各部门形成的自贸试验区风险点的基础上，委托上海对外经贸大学开展课题研究，形成了《福建自贸试验区的风险防范研究》。现将研究报告主要内容摘编如下。

福建自贸试验区具有“点多、线长、面广”等特点，如福州、平潭或厦门片区都划分成几个区块，从厦门到福州到平潭之间的线很长、铺开的面很广，相互之间的协同难度大。因此，开展风险防控研究，对福建自贸试验区有序健康发展具有重要意义。

一、福建自由贸易试验区已实施的风险防控措施

在我们调研过程中，通过实地走访及联席会议访谈方法，目前福建自贸试验区已开展的风险防控工作如下。

（一）机构保障

福建省自贸试验区工作领导小组下设市场监管专题组，由省工商局牵头，专门负责推进自贸试验区事中事后监管工作，建立了联席会议、工作督查、评估总结工作机制，并制订《福建自贸试验区市场监管专题组 2015 年工作方案》及《2015 年福建自贸试验区事中事后监管任务分解

表》，这是福建自贸试验区的特色。

（二）对风险进行源头管理

①设立企业准入门槛（如饲料、鱼粉等产品会在总局网站进行公布）；②设立指定口岸（如水果、粮食、种苗、冰鲜产品）进行专业化监管；③对极高风险、高风险、中高风险、低风险项目进行评估，对风险比较高的项目提高企业资质要求；④目前针对不同产品、企业的风险数据库已经建立，同时编制风险手册；⑤从商品管理过渡到企业管理，建立内部的严格通报机制。

（三）对金融风险的管理

目前福建自贸试验区金融开放政策已上报总行，政策暂时还没得到批复，金融开放政策只能参考上海自贸试验区已实施及相关规则条例：对外资的投资总额、投资差额进行审查；建立双向资金池，对资金流动进行监控；对外债规模进行自律管理，通常控制企业外债规模为净资产的两倍；控制资金使用用途，如上海只限于资金在区内使用；自由贸易账户的资金审查等方面。

（四）工商部门的风险管理

①企业年检改为年报，由事前管理改为事中事后管理；②对年报披露事项进行列举式说明，督促提升年报报送比率；③建立企业经营异常目录，方便事中事后跟踪监督。④实施企业信用分级和分类管理。省工商局协同各成员单位从推进事中事后监管体系建设出发，推进自贸试验区监管信息的互通、互换和共享，各成员单位通过福建省工商系统市场主体信用信息公示平台实现部门间信息互联共享，促进部门联动监管和执法协作。根据企业履行信息公示义务和企业抽查等日常监管中掌握的企业经营行为情况，对企业进行信用等级评价，探索推行守信激励和失信惩戒联动机制。目前已有19个单位实现了信息互联共享，形成了联动

监管机制。上海及广东自贸试验区尚未开展信用分级分类管理工作。⑤省工商局在吸收上海市工商局相关经验基础上，研究制定了《促进中国（福建）自由贸易试验区市场公平竞争工作暂行办法》，将规范监管的范围扩大至整个公平竞争领域，确定竞争政策的效力范围从传统的货物贸易延展到服务贸易和与贸易有关的知识产权市场等各个领域。

（五）税务部门的风险管理

①对企业信用风险等级进行评定（A、B、C），同时建立与银行的联动机制，银行可根据企业等级采取区别性信贷政策；②建立风险控制中心，用软件筛选出风险点，对不同的风险级别进行处理：低风险（电话沟通）、中风险（亲自询问企业情况）、高风险（移送稽查部门）；③已有所得税清算机制，对总公司和分公司的业绩有要求，可避免一定程度上的偷税、利润转移问题。由风控中心建立税收风险管理平台，其中包括：所得税风险、出口退税风险和行业风险系统；并同时参考目前国内风险预警和税收实践做得比较好的江苏淮安市的相关做法。

（六）检验检疫部门的风险管理

目前检疫风险基本在一线已经实现控制（如放射性、毒品等），主要问题在于检验风险（如食品和化妆品的添加剂、欺诈宣传等）；已采取的措施包括建立可追溯体系，对问题商品建立召回机制；到台湾水果原产地进行考察，排除风险；采用台湾第三方采信工作（小家电、白酒等）。

（七）海关部门的风险监管

目前已实施针对货物贸易的风险管理措施，如在平潭采用电子围栏的形式，对二线匝口进行监控，实现“一线放开，二线管住”的目标。

二、福建自由贸易试验区货物贸易便利化及其风险控制

（一）海关监管的风险类别

1. 货物实施状态分类监管模式

自贸试验区内各种状态的货物共同存在，如保税交割货物和普通保税货物、非保税货物、口岸货物等，涉及物流企业、仓储企业、监管场所等多方主体，存在串换风险。针对这一风险，建议企业安装的视频监控系统与海关联网，使货物和仓储过程处于海关监控之下；建立海关监管信息化系统，对实施货物状态分类监管的企业，采取动态、实时的核查模式，通过信息化系统和进出卡口的相关信息对货物的进出转存情况做到实时掌控。

2. 企业“三自一重”通关模式

自主报税、自助通关、自动审放、重点稽核通关征管作业，可能存在企业及报关员滥用通关便利待遇，进行违规操作的风险。针对这一风险，建议：首先选择资信高的高级认证企业作为试点，而后逐步扩大到一般认证的生产型企业；对企业申报的主要商品价格、归类进行预审；开展后续批量审核，并予以稽查；对申请试行“三自一重”作业的企业进行整体资质评估；通过预归类、预审价、原产地预确定等方式进一步提高试点企业申报准确性。

3. 海运快件进出境业务

海运集装箱货物直接运输判定标准放宽，相应的风险点可能来自于经营企业利用闽台海运快件项下的入境物品散、杂、乱的特点进行伪报或瞒报等风险；船务代理公司擅自更换集装箱商业封识进行瞒骗的风险。

针对这一风险，建议加强对货物的规范申报，强化风险分析和布控查验，加大中后期核查的力度。

4. 海关特殊监管区内设立保税展示交易平台

保税展示交易平台的商品经检验检疫、海关报备后允许企业先行销售，再办理海关手续，存在企业申报时无法提供相应海关监管证件的风险。针对这一风险，建议加强对从事该业务的准入企业的资信审核；建立信息化管理系统，与企业联网对接，加强中期监控；加强企业自律管理，督促企业及时办理证件申领和海关申报手续。

5. 允许境内期货交易所开展期货保税交割试点

风险主要来自于保税交割货物和普通保税货物存在串换的可能，仓单质押到期后不能解除质押的，将造成关税流失。建议企业的管理系统与海关联网，将保税交割货物堆放在交割仓库中的期交所指定位置，并设置明显标志，将保税交割货物和普通保税货物分开存放；若出现仓单持有人在质押到期后不能解除质押的，及时跟踪了解后续处置情况，责成先缴纳海关税款或者从质押物的折变价款中优先偿付海关税款，避免造成税收流失。

（二）检验检疫监管的风险类别

1. 汽车平行进口试点

试点企业（进口商）对包括三包和召回等的售后服务不到位或不履行该责任；入境汽车不符合国家技术规范的强制性要求。针对这一风险，建议：由地方政府明确质量安全及售后服务的责任主体，并承担试点企业（进口商）不履行售后服务造成的消费者权益保护责任；制订完备的监管方案，对不合格入境汽车实施技术整改，对无法整改的入境不合格汽车实施销毁或退运。

2. 维修产业检验检疫的便利化

入境维修的旧机电产品卫生检疫项目不符合国家法律法规及技术规

范的强制性要求，维修过程中的“三废”处理不当。针对这一风险，建议建立信息化系统，与企业信息化系统联网，加强中期核查与后期稽查，加强对企业境内外维修业务的风险监控与分析。

3. 第三方检验采信

福建检验检疫在福建自贸试验区福州、平潭片区公开征集第三方采信机构，公开征集的商品范围以及检验项目包括四个方面：一是进口汽车的安全性能检验项目；二是进口木料检尺；三是婴幼儿纸尿布的标签标识，微生物指标和毒理学测试指标项目；四是进口玩具的机械物理和化学检测项目。风险点包括：第三方检验检测结果真实或者出现偏差，使得检验检疫机构在采信后作出错误决定；第三方检测机构在送检产品检验过程中发现卫生不符合条例的隐瞒不报的。因此，在自贸试验区内试行第三方检测机构的检测信息强制披露制度，动态调整第三方检测机构名单和产品名单，加强对第三方检验检测机构的监督管理，定期或者不定期对采信机构进行能力验证和监督抽查。

4. 生物材料制品出入境简化

可能的风险点：特殊物品单位不如实申报所进出口的特殊物品，不按审批要求包装、运输、使用特殊物品，不按生物安全要求处置其废弃物。建议对特殊物品进行风险分级，对高风险特殊物品实施后续监管；结合信用等级对特殊物品单位实施分类管理，加强事中、事后监管；强化风险分析，及时发布风险预警信息，以确保进出口特殊物品符合卫生安全要求。

此外，针对检验检疫存在风险，要加强事后监管，实施定期监督抽查，及时发布风险预警信息，并采取强制召回、退运或销毁、停止销售等措施，以确保进出口商品质量安全。要监督企业建立报检档案和有效的追溯体系，根据企业信用管理及差错情况，对无纸化报检企业管理情况组织监督检查。遴选一批经台湾卫生行政主管部门批准的成药及保健品、一类和二类医疗器械、非特殊用途化妆品清单，按照进口备案程序进行准入并协调海关通关监管配合，与台湾有关部门和协会组织建立进口产品追溯管理系统，实施电子监管。大力推进运用大数据加强货物的监管工作。加快市场监管风险防控系统建设，建立自贸试验区事中事后监管信息“一张网”，加强企业监管信息归集、存储、共享，形成“一处违法，处处受限”联动监管新格局。

（三）跨境电商的风险类别

电商平台要加强对电商企业的接入实施更为规范的管理，要实行电商平台中电商企业与商品信息基本信息的公开化。另外，电商平台与接入企业间可能存在合谋，建议加强对建立电商平台、接入企业的产品信息、交易信息、资金信息等信息流进行实时监控，及时发现异常情况。

（四）风险底线设置与防控措施

针对以上贸易便利化过程中的风险监测点，初步归纳出货物贸易的风险防范底线清单，划出一条线，在这条清单线以外的可以实施放开。

1. 防范走私及税收安全底线

通关便利化，自贸试验区内不同监管货物，可能出现个别不法企业、个人在进口申报、审价等环节瞒报、漏报，导致国家关税和涉及进口的相关税收大量流失，防范税收偷漏风险。

2. 健康安全底线

一线放开让境外可能传播传染病的病菌、病毒、危害人身健康安全的生物毒素、化学有害因子等传入，与人体密切接触或与人身安全有密切联系的有卫生、机械、电气、理化等质量安全问题产品进入，危害人类健康，要加强对入境人员、货物、交通工具的检疫安全监管。

3. 生态安全底线

一线放开可能造成有害生物、动物传染病传入，以及放射性超标物质、有毒有害物质、危险化学品等进入，对生态环境安全带来严重影响。要加强外来有害生物、物种以及有毒有害物质的监测和防控。

4. 国家安全风险底线

现有的自贸试验区国家安全审查针对的是外商投资企业，而对于货物贸易和跨境电商可能带来的国家安全风险，缺乏类似于美国的针对特定产品的审查目录及程序。

对各项促进贸易便利化的监管服务措施，要加强实施效果评估和风险分析，在事中事后环节采取有效措施防范风险：一是加强实际监管，指导企业建立符合监管要求的计算机管理系统，并与监管系统联网；二是完善或开发符合创新的监管措施需求的业务管理系统，强化监管服务中的信息化运用；三是强化风险分析和布控查验，加大中后期核查的力度。

海关风险管理部门对进出自贸试验区货物提出可实施的防控措施为：在参数设置和布控指令方面可以设置一定的随机比例，降低人为主观干预，并积极通过综合业务平台加强风险信息上的收集和共享，并密切关注成果转换，开展风险分析。自贸试验区与货物贸易有关的监管制度创新，必须在产品信息流、企业信息流、人员信息流共享基础上，实现监管信息流的分享与有效使用，实现创新风险的事前评估、事中改进、与事后控制（详见表1）。

表1 货物贸易便利化风险清单

风险点	风险等级	应对措施	防控底线
保税展示交易平台	中等风险	明确申报时间要求，海关与企业信息化联网	避免变相走私及逃税
货物实施状态分类监管	小风险	企业信息系统与海关对接、自动预警	逃税、违禁品非法出入境
维修产业检验检疫的便利化	小风险	联网对接，加强中期核查与后期稽查	避免卫生安全风险
企业“三重一自”通关	小风险	资信分级，动态调整，逐步扩大试点	避免违法违禁品入关
海运快件进出境业务	中等风险	加强规范货物申报，加大中后期检查力度	危险品非法出入境

续表

风险点	风险等级	应对措施	防控底线
第三方检验采信	中等风险	动态调整第三方检验机构名单、检验信息的强制披露	加强第三方检验机构的监管
生物材料制品入境	小风险	对入境生物材料制品进行风险分级与分类管理	威胁生态安全
台湾保健品、化妆品、医疗器械、中药材的审评程序	中等风险	先行放开技术标准较高的产品审评程序	避免有毒、放射性物品、毒品、威胁生态安全产品流入自贸试验区
汽车平行进口	中等风险	明确技术及售后责任主体	汽车售后及使用无保险保证
跨境电商企业备案制	中等风险	利用电商平台监管并分享电商企业信息，防范合谋	与枪支、弹药、毒品相关的产品入境，及直接或变相交易

三、福建自由贸易试验区金融风险类别及其风险控制

作为面向台湾地区高度开放的福建自由贸易试验区，应在宏观经济层面首要关注台湾地区经济金融情况变化，通过对外贸易、对外投融资等渠道，对福建自贸试验区经济金融形成的溢出效应，同时也要关注台湾地区经济金融风险如何借道自贸试验区向福建传递和渗透。

（一）福建自贸试验区金融风险监测点

福建自贸试验区扩大金融对外开放、拓展金融服务功能、推动两岸金融合作先行先试，可能面临的金融风险如下：

1. 国别风险

国别风险是指由于某一国家或地区经济、政治、社会等方面出现变动，导致该国或地区借款人或债务人没有能力或拒绝偿付银行业金融机

构债务，或使银行业金融机构商业存款遭受损失，或使银行业金融机构遭受其他损失的风险。国际投融资是福建自贸试验区金融创新的重点之一，银行业金融机构大量参与跨境金融业务，业务范围涉及多个主权国家，国别风险发生的可能性大大增加。因此，自贸试验区银行业金融机构应切实做好国别风险管理工作，尽量规避或减少国别风险的发生。

2. 资本流动风险

随着人民币自由兑换和跨境资本流动的常态化，一旦境外资本大规模撤出中国，必然带来人民币资产价格下跌，股市、债市、汇市和楼市都将承受巨大下跌压力。因此，人民币自由兑换和跨境资本流动最可能带来的风险，就是资产价格泡沫化以及游资套利行为。在现代电子通信技术下，作为游资的国际资本转移非常迅速，它能随时对任何瞬间出现的暴利空间或机会发出快速攻击，从而造成金融市场的动荡。从上海自贸试验区对人民币跨境使用的管理细则看，自贸试验区内银行业金融机构可在“了解你的客户”、“了解你的业务”和“尽职审查”三原则基础上，凭区内机构（出口货物贸易人民币结算企业重点监管名单内的企业除外）和个人提交的收付款指令，直接办理经常项下和直接投资项下的跨境人民币结算业务。上述措施有利于贸易便利化和对外直接投资的发展，但从参与主体看，无论是居民还是非居民，只要在自贸试验区内，都可以自由使用人民币进行贸易和投资结算，无疑也为境外投机资本进出创造了条件。

3. 洗钱风险

国际洗钱案例，离岸业务、离岸账户、离岸客户、离岸资金、离岸地区往往是重灾区，福建自由贸易试验区开展外币离岸业务须密切关注洗钱风险。在离岸银行业务中，通常的洗钱渠道有资金电子转账、代理银行服务、通汇账户、集中账户、私人银行等。离岸保险业务中，常用的洗钱工具便是人寿保险和年金产品。惯用手法是溢资投保，并在提前支付退保金后，将资金转入转出保单，或折价赎回整付保费保险债券。此类洗钱的共同特征是利用保单撤销期或提前赎回。离岸证券业务中，洗钱的通道即启用那些“特殊客户账户”。除银行、证券、保险外，信托洗钱也不可小觑。尤其是在离岸业务中，通常私人银行会通过某一家在离岸金融保密庇护的附属信托公司为其客户建立私人投资公司（PIC）——空壳公司从事私人银行业务。

4. 商业保理投资风险

福建自贸试验区在外商投资商业保理方面主要存在的事中事后风险点有：从事商业保理业务的外商投资企业可能从事吸收存款；发放贷款或受托发放贷款；专门从事或受托开展与商业保理无关的催收业务、讨债业务；受托投资等业务。

5. 负面清单管理的风险

在探索外商投资“准入前国民待遇加负面清单”管理模式上也存有一定的风险：部分外商投资项目实施注册备案制后，可能发生违规投资涉及外商投资安全审查范围内的事项。

表2 福建自贸试验区金融风险监测点与措施

类别	具体规定	风险点	应对措施
扩大金融对外开放	完善人民币涉外账户管理模式，简化人民币涉外账户分类，促进跨境贸易、投融资结算便利化	自贸试验区内居民和非居民主体金融创新活动所带来的风险增加	分账户监管：自由贸易账户或人民币银行结算账户监管
	自贸试验区内试行资本项目限额内可兑换，符合条件的自贸试验区内机构在限额内自主开展直接投资、并购、债务工具、金融类投资等交易	资本自由流动风险增加	建立资本流动管理框架等在内的外汇审慎管理体系
	深化外汇管理改革，将直接投资外汇登记下放银行办理，外商直接投资项下外汇资本金可意愿结汇，进一步提高对外放款比例	投机性资金兑换风险增加	设立结汇待支付账户对意愿结汇资金的用途进行管理
	放宽自贸试验区内法人金融机构和企业在境外发行人民币和外币债券的审批和规模限制，所筹资金可根据需要调回自贸试验区内使用	货币政策效力削弱，投机性金融风险增加	对企业境外发债的规模、调回自贸试验区内的使用比例、调回自贸试验区使用的资金用途进行管理

续表

类别	具体规定	风险点	应对措施
拓展金融服务功能	推进利率市场化，允许符合条件的金融机构试点发行企业和个人大额可转让存单	利率“双轨制”引发的资本套利风险增加	增强商业银行风险管控能力和市场定价能力；适当引入利率衍生金融工具对冲套利风险
	允许自贸试验区内符合条件的中资银行试点开办外币离岸业务	外币洗钱风险增加	建立风险为本的反洗钱制度；建立有效的反洗钱资金监测体系；建立基于系统集成的“反洗钱社区”
	支持符合条件的自贸试验区内机构按照规定双向投资于境内外证券期货市场	资本市场投机风险增加	对自贸试验区内进行双向投资的机构规定准入条件并进行资格审查
推动两岸金融合作	允许自贸试验区银行业金融机构与台湾同业开展跨境人民币借款等业务。支持台湾地区的银行向自贸试验区内企业或项目发放跨境人民币贷款	国际热钱经由台湾进入自贸试验区，增加资本套利风险	对贷款来源地是否为台湾进行审核管理
	允许台资金融机构以人民币合格境外机构投资者方式投资自贸试验区内资本市场。研究探索放宽符合条件的台资金融机构参股自贸试验区证券基金机构股权比例限制	国外金融机构经由台湾参股自贸试验区证券基金机构	设立台湾金融机构参股自贸试验区证券基金机构的资质条件，对参股方是否为台湾金融机构进行审核管理

(二) 福建自贸试验区的金融风险防控措施

经过中国银监会授权后，福建银监局将出台《关于实行中国（福建）自由贸易试验区银行业监管息息相关制度安排的通知》，要求辖区银行业金融机构建立自贸试验区业务风险事前和持续自评估机制，注重事中事后监管，加强对自贸试验区内银行业金融机构的非现场监管和现场检查，及时防范风险苗头，防止重大风险事件，坚守不发生区域性，系统性风险，为支持自贸试验区建设提供良好环境。金融领域涉及项目最多，风险最大，风险防控重点应当放在风险安全临界值较低的领域。

1. 国别投资风险的防控措施

福建自由贸易区可以促进福建企业海外投资并有效控制投资国别风险为重点，推动建立国别风险监测评估机制。监管部门应指导自贸试验区银行业金融机构按照《银行业金融机构国别风险管理指引》要求，尽快建立与自贸试验区业务性质、规模和复杂程度相适应的国别风险管理政策，有效识别、计量、评估、监测本机构所面临的国别风险，并计提国别风险准备金。重点包括投资东道国的对华关系以及与福建省的经贸关系，如投资东道国与中国是否签订 BIT、双边政治关系；投资东道国与福建省的贸易和投资依存度等。要求辖区银行业金融机构建立自贸试验区业务风险事前和持续自评估机制，注重事中事后监管，加强对自贸试验区内银行业金融机构的非现场监管和现场检查，及时防范风险苗头，防止重大风险事件，坚守不发生区域性、系统性风险，为支持自贸试验区建设提供良好环境。

2. 资本流动风险的应对措施

一是加强对涉及自贸试验区人民币银行结算账户的管理。确保区内机构及企业从境外融入的人民币资金都在相应的人民币银行结算账户内存放，确保境外融资专用账户单设账。严格规范涉及自贸试验区人民币银行结算账户内资金的运用。相关银行机构要根据展业三原则，确保账户内资金合规使用。加强和改善对自贸试验区内主体经常项目下资金收支活动与实际贸易行为的真实性和一致性的审核，着力强化对涉及自贸试验区账户跨境资金交易及使用情况的监测和分析，监测大额和可疑交易，阻止资本项目下境外资金的大规模渗透。二是建立包含外汇市场监测体系、资本流动管理框架等在内的外汇审慎管理体系，并纳入宏观审慎监管框架。在资本大规模流动之际，采取一般性应急管制措施进行初步控制，在分析流动原因后，采取更有针对性的资本流动管制工具并根据实施效果实时调整，为宏观政策调控巩固与恢复经济增长争取时间。对短期资本快进快出采取的措施，可以包括外汇头寸管理、波动限额控制、差别无息存款准备金制度或期限限制以及征税等。三是加强对银行从业人员尤其是基层从业人员的政策传导。为把风险防范措施贯彻落实到位，应当确保相关银行机构的从业人员都掌握自贸试验区银行业务的相关政策。因此，银行机构和相关监管部门要加强对自贸试验区业务的宣传培训，尤其要注重对基层银行的政策传导。

3. 洗钱风险的应对措施

在自贸试验区金融业务板块中，前提都是“基于风险可控”情形。这就要求在开展离岸业务时，必须依据业务内容、机构类别、客户状况、产品性质、风险程度有针对性地放开。一是建立反洗钱制度。通过洗钱风险评估，摸清自贸试验区面临的洗钱威胁及洗钱风险防控的薄弱环节，根据洗钱风险状况配置反洗钱资源，建立有针对性的反洗钱、反恐怖融资、反逃税制度体系。二是建立反洗钱资金监测体系。针对自贸试验区特殊的经济运行模式和典型洗钱手法，设计有效的资金监测指标，创建以高科技作为支撑的反洗钱资金监测平台，通过各类反洗钱数据库的建立，进行可疑交易数据挖掘工作和高风险客户甄别工作，实施对相关交易的有效监测。三是加强反洗钱监管工作。对义务主体提出有针对性的反洗钱监管要求，加大对未有效建立风险防控体系义务主体的监管力度，指导义务主体针对自贸试验区的新产品、新业务做好洗钱风险防控，确保自贸试验区不出现反洗钱监管盲区。四是形成一个基于系统集成的“反洗钱社区”。为搭建“反洗钱社区”，必须集合金融、贸易、海关、税务、公安、国安等众多反洗钱力量，合力开展反洗钱工作；在从业人员中，要加强反洗钱知识宣传，加大反洗钱人员的培养力度；动员媒体力量，进行洗钱警示教育及反洗钱知识普及教育。

4. 系统性风险的应对措施

一是构建逆周期的金融宏观审慎管理制度框架，强化宏观审慎管理和微观审慎监管的协调配合。建立健全区域性、系统性金融风险预警评估体系和处置机制，对系统性金融风险实行动态监管。加强对各类金融风险的监测和排查，及时发现和处置问题金融机构和潜在的系统性金融风险。二是统筹推进金融创新与金融监管。在尊重金融机构经营自主权、鼓励金融创新、继续减少行政审批的同时，继续加强和改善金融监管，完善监管协调机制。对一些跨市场、交叉性的新产品、新业务要通过金融监管协调机制，按“实质重于形式”的原则及时予以监管，防止监管空白和监管套利。三是加快完善跨境资本流动监管体系，防范短期资本流动冲击。进一步完善应对大规模跨境资金流入流出的政策预案，建立健全宏观审慎管理框架下的外债和资本流动管理体系。强化跨境资金流动的双向监测和渠道分析，密切关注和有效防范境外风险向境内的转移。

5. 汇率风险的应对措施

在福建自贸试验区从事国际贸易或境外业务企业，汇率风险是不可回避的问题。不同企业在事前、事中、事后的风险控制准备和执行中会有不同的手段，其结果自然大相径庭。企业防范汇率风险，一是做好事前风险控制。根据合同或标书要求，充分评估可能存在的汇率风险。在洽谈合同或准备投标文件过程中，应当充分准备并做好汇率风险的防范安排，做到事前有预案。二是企业在一定周期内完成相关国际业务时，要根据掌握的结付款项周期及业务推进情况，及时采用合理的手段，按照事前准备的大原则大方向，仔细跟踪执行，灵活应变，适时调整应对手段，方能最大程度上确保企业受益，有效规避汇率风险。

6. 利率风险的应对措施

随着衍生金融工具发展，套期保值和投机套期行为在金融市场普遍存在，商业银行应当加强针对利率风险的事中事后风险管控。一方面，可由中国人民银行举办利率风险管理培训班，邀请大学教授讲解利率风险管理理论，邀请外国商业银行利率风险管理实务人员讲解利率风险管理经验。另一方面，商业银行要将利率风险管理纳入其业务培训范围，可委托高校举办利率风险管理短期培训班，也可考虑建立相关的利率风险管理部门，配合其他相关部门做好利率风险的防控准备。

7. 商业保理风险的应对措施

可规定从事商业保理业务企业，应在中国人民银行征信中心应收账款质押登记公式系统进行网上注册；规定从事商业保理业务的企业委托自贸试验区内已加入国际性保理企业组织的银行作为托管银行，并在该银行开设商业保理运营资金的专用账户；要求从事商业保理业务的企业建立有效的法人治理机构，健全内控机制，依法合规经营，有效防范风险；自贸试验区片区管理机构负责对区内从事商业保理业务企业的管理和监督，并对企业进行定期或不定期现场检查和非现场检查；根据监管需要，自贸试验区片区管理机构有权要求企业提供专项资料，或约谈董事、监事、高级管理人员，提供整改意见。

8. 负面清单管理风险的应对措施

加强外商投资事中事后监管，如发现外国投资者通过安全审查后变更投资活动或者违背附加条件，对国家安全构成威胁或产生重大影响的，即使外商投资安全活动审查已经结束，也应向商务部和省政府报告；自贸试验区内各片区管理机构应该积极配合国家发展改革委、商务部，通过信息化手段，在信息共享，实时监控和动态管理等方面形成联动机制。

9. 互联网金融风险的应对措施

建议福建自贸试验区对互联网金融企业加强事中事后监管，对符合规定的互联网企业给予牌照支持，而对于不符合规定的互联网企业予以法律和行政处罚，吊销相关企业的营业执照，并且随时向商务部汇报整改结果。

表 3　福建自贸试验区金融风险防控清单与监管内容

微观审慎指标的汇总				
传统风险	监管内容	自贸试验区新增风险	监管内容	风险等级
短期资本流动	外汇储备、外汇占款	境外投资和融资	境外融资杠杆率、风险转换因子、宏观审慎调节参数	高
长期资本流动	FDI、国际借贷			低
利率市场化	利率水平	利率波动加剧，风险传染性增强	金融机构表外业务	低

续表

微观审慎指标的汇总				
传统风险	监管内容	自贸试验区新增风险	监管内容	风险等级
流动性风险	货币供给量	流动性风险加剧	资本充足率、资产负债比率	低
汇率风险	汇率水平	汇率风险加剧	汇率波动	高
系统性风险	资本流动风险、利率风险、流动性风险、汇率风险	区内与境内区外之间的利率与汇率套利、离岸金融业务风险	区内与境内区外之间的资金流动、离岸金融业务	高
洗钱、恐怖融资、逃税风险	账户资金流动	资本项目开放、货币自由兑换所引发的洗钱、恐怖融资、逃税风险	金融机构离岸业务	高（坚守底线）
宏观经济指标				
经济增长率、国际收支平衡、通货膨胀率、资产价格水平				宏观审慎监管

四、福建自由贸易试验区投资与产业风险类别及风险控制

（一）负面清单管理模式本身的风险

2015 年 4 月，国务院发布《自由贸易试验区外商投资准入特别管理措施（负面清单）》，适用于上海、广东、天津、福建四个自贸试验区。一是负面清单“不列入即开放”的管理理念，要求减少政府干预，缩小审批范围，简化审批程序。二是审批制度由核准制改为备案制。将负面清单以外的外商投资项目核准以及企业合同章程审批改为备案管理，推动外资管理从“重审批轻监管”转变为“宽准入重监管”，由事前审批为

主转变为注重事中事后监管为主，形成综合监管体系。三是外资管理措施受到实质约束。负面清单列明特别管理措施，减少外资管理中的灰色地带，制约政府权力，规范政策空间，限制行政手段。

负面清单管理模式对现行的外商投资管理体制是一把双刃剑。第一，负面清单适用于所有产业部门，包括不可预知的新兴部门。如果不能将某个部门列入清单，那么一个新出现的部门从产生之初起就门户大开，直接面临其他国家同类产业的强大竞争。特别是随着信息通信技术迅猛发展，新的部门不断产生，这个问题显得尤为突出。第二，采用负面清单方式必然导致政府监管的重心由事前审批转向事中事后监管，大量的法律法规需要修改或重新制定，对政府的管理能力提出了前所未有的挑战。如果政府不能有效实施过程管理，那么外商投资管理的风险将大大增加。也就是说，实施负面清单管理模式的风险防控与法制化水平和政府管理能力密切相关。法制越健全，政府管理水平越高，实施负面清单的风险才会越小，实施效果也会越好。因此，实施负面清单管理模式必须提前构建安全防御体系，在国家安全审查、反垄断审查、生态环境保护、技术和标准等领域构建完善的监管体系，并尽快建立适应负面清单管理模式的法律制度。

（二）外商投资管理体制改革的风险类别

1. 扩大开放投资行业和业务带来的国家安全风险

如在自贸试验区内设置的外资、台资旅行社有可能在开展组团旅游等业务过程中出现进行情报收集等威胁国家安全的行为；外商投资电子商务公司可能与国外情报机构合作，收集我国个人、单位有价值信息。

2. 外资进入后资金流向和项目等擅自变更带来的风险

在负面清单管理模式下，可能出现外资企业以负面清单外行业备案后，违规通过各种方式进入禁止、限制外资进入的行业，对福建省相关产业产生冲击，并且难以实际掌握外资实际流向。这种风险在没有物理界限的服务贸易领域尤其容易出现。

3. 在限制外资股比行业出现的外资争夺控制权的风险

仅以负面清单或其他法规中规定的股比限制并不能完全有效防范外资对中资企业实际控制权的争夺。外资有可能利用相对控股权进一步争夺企业实际控制权，造成福建企业核心技术、业务流失等损失。

4. 地方政府违规放宽外资准入带来的风险

福建自贸试验区分散在属地不同的三个片区，每个片区下又有多个区块，有可能出现为攀比政绩，未严格执行负面清单，擅自放宽外资准入的情况发生。

5. 境内资金非法转移或者外流带来的风险

内外资企业通过境外投资备案，以设立企业或项目名义，将资金非法转移至国外，造成福建省的资产特别是国有资产的流失。

6. 外资非法撤资或责任人逃离引发的风险

外资因经营困难、金融危机爆发等非法撤资或责任人逃离，造成中方供应商货款拖欠、员工工资拖欠等情况。

（三）外商投资事中事后监管的风险控制

外商投资管理体制改革带来的上述风险类别，应当通过加强事中事后监管进行控制，通过加强市场监管，达到有效管控风险。

1. 国家安全审查不完善的风险控制

2015 年 4 月 20 日，《自由贸易试验区外商投资国家安全审查试行办法》（简称《试行办法》）颁布，统一适用于上海、广东、天津、福建四个自贸试验区。《试行办法》规定，自贸试验区管理机构在办理职能范围内外商投资备案、核准或审核手续时，对属于安全审查范围的外商投资，应及时告知外国投资者提出安全审查申请，并暂停办理相关手续。

目前，国家安全审查可能存在的风险，主要是制度设计不完善造成的。第一，具体把握审查范围的难度。《试行办法》没有明确“国家安全”的概念，只列举了安全审查范围。较之《国务院办公厅关于建立外国投资者并购境内企业安全审查制度的通知》，审查范围有所扩大，增加了重要文化、重要信息技术产品和服务内容。由于实施细则尚未形成，缺乏实际操作经验，可能导致安全审查出现漏洞。此外，对外国投资者取得所投资企业的实际控制权的认定不太清晰。虽然法律的确较难给出明确、量化的判断标准，往往需要在个案中结合多种因素综合判定；但是由于实际控制权对于判断外国投资者身份的关键影响，以及进而引起的准入禁止或限制问题，立法还是应当尝试给出更为清晰的界定。第二，国内司法审查豁免的缺失。出于对国家利益和国家安全审查机构自由裁量权的保护，各国基本都在国内法中明文规定了对国家安全审查的司法豁免，即国家安全审查不可诉。但《试行办法》和《国务院办公厅关于建立外国投资者并购境内企业安全审查制度的通知》都没有规定司法审查豁免。这就为外国投资者提供了通过国内程序加以救济的途径，特别是如果审查决定大量被诉的话，将大大减损国家安全审查的有效性。

福建自贸试验区可在积累一定实践经验的基础上，建议国家尽快出台《自由贸易试验区外商投资国家安全审查试行办法》实施细则，进一步明确审查范围和审查内容，做到既保障国家安全，又不滥用国家安全审查程序，不至于使审查制度成为投资壁垒。同时，加紧研究外资实际控制权、国家安全审查司法审查豁免等条款，若确有需要修改、制定相关法律法规的，应当提供可操作的政策建议。

2. 信息共享制度不健全的风险控制

在福建自贸试验区，不同政府机构之间已经开始就建立信息共享制度开展合作，如实行“三照合一”登记制度，实现工商、税务、质监部门信息共享，在加强税收征管、实施信用惩戒、严格市场退出等方面，强化部门联动。

信息共享制度不健全带来的风险：一是信息共享覆盖范围有限。“三照合一”没有覆盖到银监、出入境检验检疫、海关、海事等部门，信息壁垒尚未完全打通，可能增加社会成本，降低行政效能，还可能出现监管漏洞，导致监管风险难以降低。二是信息共享法律制度缺位。必然影响共享信息的主动性、积极性和能动性，限制整个信息共享制度的推进。

针对信息共享制度的完善，建议在平潭片区先行先试，因为平潭片区外商投资管理体制改革推进较快，全岛封关运作，管委会实行扁平化管理，风险相对容易管控。首先制定信息共享相关规定。在统一信息源代码的基础上，打通各部门间的信息壁垒，建立跨部门的信息共享平台和共享制度。其次解决信息技术问题，因为各政府部门的信息系统构架不同，可以发挥优势形成新的信息系统；最后是信息在政府部门之间的共享，信息传输以后的信息处理。

3. 企业信息公示不充分的风险控制

2014年国家工商总局颁布《企业信息公示暂行条例》，对工商行政管理部门和其他政府部门应当公示的企业信息，以及企业应当公示的信息作了明确规定。在福建自贸试验区的实践中，企业不履行公示义务、不按时公示信息、隐瞒实际情况、提供虚假信息的现象普遍存在，却难以得到有效规范。此外，目前要求公示的信息属于一般信息，并没有包含与企业社会责任有关的信息，不足以满足全面、有效监管企业的要求，可能引发社会与公共安全风险。

对企业信息公示，建议在平潭片区先行先试，要求企业公示社会责任信息。一是要设计好需要企业披露什么信息，这要求多个政府部门反复协商和推敲，根据不同政府部门监管和宏观经济统计的需要设计，但核心是反映企业履行社会责任的情况。二是要设计好信息披露系统和构架，如何在现有的信息系统和构架上进行调整和完善。三是要设计好企业信息披露的法律责任，在信息披露上“一处违规”，同样“处处受限”。

4. 监管措施手段不完善的风险控制

福建省工商局制定了《促进中国（福建）自由贸易试验区市场公平竞争工作暂行办法》，着力探索建立市场竞争秩序监测体系，对市场运行状况进行监测，以随机抽查为重点，专项任务检查、举报移送案件核查并用的监管方式。存在的问题：一是抽查制度的覆盖范围较小。国家工商总局《企业公示信息抽查暂行办法》明确要求，省级以上工商部门按照公平规范要求，根据企业注册号等随机摇号，抽取辖区内不少于3%的企业，确定检查名单。由于自贸试验区内每年被随机抽查到的企业仅是很小一部分，许多企业存在侥幸心理，可能导致违法违规行为频发。二是举报制度的作用比较有限。目前的举报以企业外部举报为主。但企业内部人员才最了解企业日常运作，最容易发现企业的违法违规行为。由于内部举报制度远未完善，导致企业内部人员往往隐而不报。三是社会力量参与度不高。总体方案并未提出要健全社会力量参与市场监督制度。随着外商投资管理体制改革逐步深化，事中事后监管任务将越来越重，而政府资源和力量毕竟有限，有必要引入社会力量参与市场监督。但目前在福建自贸试验区社会力量参与度不高，发挥作用不明显。传统监管方式，使得监管部门很难有效监管企业日常运营以及投资实际流向，难以满足事中事后监管要求提高的需要。

关于对企业的抽查制度，一要加强对企业披露信息检查，特别是涉及公共利益信息披露的真实性；二要完善现场飞行检查制度；三要完善奖惩制度。关于对产品的抽查制度，要完善产品抽查的程序、第三方检验制度，以及抽查以后的媒体公示和奖惩制度。同时，建议借鉴美国等发达国家有关企业内部举报的完善制度，如美国的《1989 年吹哨人保护法案》专门规定了政府的权力、对披露人的保护制度、确定罪行和奖惩制度等，充分举报制度在事中事后监管中的重要作用。

表 4　外商投资事中事后监管的风险监测点与措施

风险点	风险等级	应对措施	防控底线
国家安全审查制度不完善带来的风险	大风险	严格控制国家安全审查程序，注重进一步明确审查范围、审查内容、外资实际控制权等内容提供积累经验	既保障国家安全、国家安全保障能力免受外资威胁，又不滥用国家安全审查程序、不至于使审查制度成为投资壁垒
信息共享制度不健全带来的风险	中等风险	建议在平潭片区先行先试。首先制定信息共享相关规定，在统一信息源代码的基础上，打通各部门间的信息壁垒，建立跨部门的信息共享平台和共享制度	避免出现信息壁垒和信息孤岛问题

续表

风险点	风险等级	应对措施	防控底线
企业信息公示不完全带来的风险	中等风险	建议在平潭片区先行先试，要求企业公示社会责任信息，设计好信息披露的内容、系统架构和责任制度	避免社会监督和政府监管的信息资源和信息能力不足
监管措施手段不完善的风险	中等风险	完善企业和产品抽查制度，以及企业内部举报制度	避免出现监管缺失和监管真空

五、福建自由贸易试验区建设的其他风险类别及风险控制

（一）三个片区的定位差异会造成功能创新风险

福建自贸试验区建设要避免盲目竞争、产业同质化风险，三个片区的定位差异所形成的政策差异，也会造成功能创新风险，如差异化政策有可能对其他片区造成业务流失、产业失血等负面效应。另外，通过自贸试验区内引进高新企业，实现15%所得税优惠的问题（如厦门片区或福州片区），但其需要通过科技部门进行认定，会产生认定条件与国际标准并不一致问题。

应对策略：三个片区的管理机构要及时进行沟通，同时建立产业部门、重点企业与政府管理机构之间的信息沟通机制，避免在产业规划发展过程中，或是企业之间产生恶性竞争效应；要及时了解片区重点企业或税收大户企业所采取的市场策略及动向，避免企业业务及税收产生巨大波动。另外，对于高新企业的认定可推行以国际惯例的方式，打破固有认定方法，以解决15%的企业所得税优惠问题。

（二）自由贸易账户体系设立带来的风险

自贸试验区资本项下是管制的，但经常项和直接投资项下，资金可以通过虚假贸易、虚假租赁和虚假投资等活动，进行资金套利和走私，可能造成很大的损害，比如铜融资、铁矿石融资、黄金融资，不是完全基于真实经济的生产目的的用途，除了造成这些资源价格扭曲，还影响了实体经济经营决策，更多地把生产和经营要素投入到非主营的套利活动之中，甚至造成产成品和原料之间的倒挂现象，切实从事生产者反而无利可图，严重打击实体经济，损害贸易体系和实体经济。

（三）"境内关外"的特殊海关监管制度带来的风险

福建自贸试验区的设立，势必带来所谓的"双轨制"结果，区内外利率、汇率、所得税率就形成了差别，这会带来一定的改革风险。如目前仍然存在的在金融领域的利率双轨制就导致了套利现象，因为事实的金融垄断，较低利率的资金从正规银行体系内流出，向接受高利率的部门转移，这就是影子银行形成的体制原因，如果自贸试验区内外"双轨制"现象比较严重的话，还会制造出利用体制进行套利的利益集团，这从而使进一步的改革变得更加艰难。另外，这同时也会加大收入差距。

（四）特殊监管带来的风险

一是各自贸试验区缺乏保税研发条件，研发所需要的设备、试剂应属于免税（保税）范围，但目前各自贸试验区并没有实施相关措施，从而导致保税研发成本较高、企业优惠政策力度不大。二是缺乏集成电路的保税方法，不能实现全程保税。三是缺乏对保税维修产业重视及相关监管办法的缺失。对于上述特殊监管问题，由于缺乏具体监管措施，及明确针对性监管部门对其进行监管，因此会产生较差的企业营商环境，从而造成企业成本过高的结果。

应对策略：明确相关立法需求，出台相应监管措施及优惠条件。明确政府与企业的职、权、责。

表5　福建自贸试验区其他风险防控清单及底线防控措施

风险点	应对策略	底线及相应措施
三个片区的定位差异会造成功能创新风险	三个片区的管理机构要及时进行沟通，同时建立产业部门之间、重点企业之间、重点企业与政府管理机构之间的信息沟通机制，避免片区之间在产业规划发展过程中，或是企业之间产生恶性的竞争效应；要及时了解片区重点企业或税收大户企业所采取的市场策略及动向，避免企业业务及税收产生巨大波动。对于高新企业的认定可推行以国际惯例的方式，打破固有认定方法，以解决15%的企业所得税优惠问题	避免三个片区出现恶性竞争、企业大面积转移或倒闭现象
自由贸易账户体系设立带来的风险	严格监控经常项和直接投资项下虚假贸易、虚假租赁和虚假投资等活动，以及不是完全基于真实经济的生产目的的资金用途，如铜融资、铁矿石融资、黄金融资等	防止严重打击实体经济，损害贸易体系和实体经济
平潭国际旅游岛的生态保护风险	应制订平潭的长期产业发展指导意见，避免短期为增加企业的入驻数量或经济效应而造成对生态的长期破坏	维护国际旅游岛的基本生态系统不受破坏
“境内关外”的特殊海关监管制度带来的风险	严控金融领域的套利现象，物价部门要防止发生输入性价格异常波动事件，经营者恶意利用自贸试验区自由贸易环境，实施低价倾销、价格垄断等违法行为；工商部门要防止垄断行为、“傍名牌”等侵犯知识产权的不正当竞争行为	防止发生严重性输入性价格异常波动事件，经营者恶意实施低价倾销、价格垄断、侵犯知识产权等违法行为
特殊监管带来的风险（保税研发、集成电路的保税方法、保税维修等）	明确相关立法需求，出台相应监管措施及优惠条件。明确政府与企业的职、权、责	避免出现法律盲区

课题指导：黄新銮　钟木达

课题组长：黄建忠

课题成员：蒙英华　李墨丝　张晓莉　史龙祥

赖俊平　张奕堂　杨智星

公共财政积极推进福建自贸试验区发展的着力方向与对策建议

【编者按】2015年，福建省财政厅会同福建自贸试验区领导小组办公室委托福建师范大学福建自贸区综合研究院开展课题研究，形成了《公共财政积极推进福建自贸试验区发展的着力方向与对策建议》，现将研究报告的主要内容摘编如下。

本研究报告立足于发挥公共财政作用，重点探讨公共财政支持福建自贸试验区建设的发展情况、着力点及其保障措施，旨在推动福建自贸试验区又好又快发展。

一、公共财政助力福建自贸试验区建设效应分析

（一）公共财政的积极作用

1. 支持自贸试验区配套设施建设，打造良好营商环境

一方面，政府承担基础设施、配套服务平台建设及完善职能。公共财政通过引导资金流向，弥补市场缺陷，实现资源优化配置，对自贸试验区的快速成型、步入发展正轨及发挥引导示范作用具有重要意义。另一方面，利用政策引导、体制激励、资金扶持等财政政策手段，充分发挥财政对经济的促进和调控作用，努力优化优美舒适的生产生活环境、

公平诚信的市场竞争环境、互利双赢的优惠政策环境以及优质高效的行政服务环境，有利于吸引更多的境内外投资者入区经营，提升福建自贸试验区的竞争吸引力。

2. 推动形成新一轮投资福建热潮，实现经济稳健发展

当前，福建正抓住中央进一步支持加快发展的战略机遇，推进自贸试验区、21世纪海上丝绸之路核心区建设，掀起了新一轮外商投资的热潮。福建作为互通互联的重要枢纽，积极引进“海丝”沿线国家或地区资金，扩大与东盟国家产业合作，加强与沿线国家港口码头、物流园区、集散基地和配送中心建设等方面合作；吸收区外技术、人力资本等高级生产要素，加快建设厦门东南国际航运中心、重点港区建设；增加对东南亚的空中、海上国际航线，促进货物通关、人员往来的便利化；充分发挥对台优势，创新两岸合作机制，推动各类要素资源自由流动，增强闽台经济关联度，有利于把自贸试验区建设成为深化两岸经济合作的示范区。

3. 助推产业结构转型升级，优化资源配置和经济结构布局

通过财政政策对收入、支出结构的安排，影响产业资金等资源供给和需求，从而影响各类经济主体的行为和决策。发挥财政资金引导功能，在自贸试验区先行先试，有利于引导资金流向，释放更多政策和改革红利，实现产业结构从劳动密集型产业向资本、技术密集型产业升级。提出相应财政政策，有序扩大高端制造业和现代服务业对外开放，有助于弥补现阶段产业发展中的较弱环节，促进产业链、价值链、供应链和服务链升级，加快打造产业升级版，从而实现资源优化配置。

4. 服务简政放权，推进政府管理模式创新

按照法制化、标准化管理的要求，推进行政审批制度建设，规范行政权力运行，是适应经济社会发展需要的政府管理新机制。在投资、贸易、金融、事中事后监管方面加快监管模式创新，推进政府管理由注重事先审批，转为注重事中、事后监管。推进“一线放开”“二线管住”，

建立与国际投资贸易规则相适应的新体制，营造国际化、市场化、法治化的营商环境。

5. 推进政策支撑与经验积累，服务全省发展大局

福建自贸试验区建设以“对台开放”和“全面合作”为方向，在投资准入政策、货物贸易便利化措施、扩大服务业开放等方面先行先试，有助于出台金融、财政、税收等一系列改革措施，发挥公共财政职能，更好地支持福建自贸试验区建设。一方面充分体现财税工具在促进转型发展、技术创新、结构调整、资源节约、环境保护、收入分配中的导向功能，进一步探索我省财税体制改革的有益经验；另一方面在深化两岸经济合作探索，为加强与“海丝”沿线国家和地区的交流合作方面作拓展新思路，为全国深化财税体制改革和扩大开放提供可复制、可推广的经验，更好地服务全国发展大局。

（二）公共财政服务福建自贸试验区建设的现实需要

1. 聚焦财政扶持重点，支持公共商务平台建设

与其他自贸试验区相比，福建自贸试验区平台建设存在较大差距。一是平台规模较小，特别是与自贸试验区建设相关的平台建设还处于探索和完善中；二是平台运行机制不灵活，部分平台运行机制固化，无法满足自贸试验区发展需求，各地自成体系、互相封闭的现象非常普遍。为此，我省财政应着力支持自贸试验区提升公共服务水平，重点支持区内基础设施和信息化系统建设，优化产业发展环境；除了政府服务平台外，自贸试验区建设还需借助企业、社会中介组织的信息共享和评价，特别是一些重要的创新活动，如跨境电子商务的推广、国际旅游岛的建设、国际航运服务等，都对信息平台建设提出高标准的要求。

2. 推动财政引导与投入协调联动，强化重点产业建设

依据产业宏观布局做好财政政策框架安排，建立财政投资引导机制和财政投入协调联动机制。在自贸试验区内企业集聚之初，产业政策围

绕资金展开，包括为相关产业发展提供环境，吸引台湾高端制造业、战略性新兴产业、现代服务业等产业在区内集聚发展，可采取在政策许可范围内优先低价获得土地供应保障、平台配套、优先安排当地金融机构给予便利化融资、贴息等多形式落户优惠政策。为便于台资落户企业获取各种资源，省财政厅可以协同商务厅、福州经济技术开发区、福州保税港区等职能部门，搭建银企对接平台、公共服务平台，尽力消除资源配给不平衡给入区企业带来的困难。

3. 创新财政扶持方式，提高资金使用效果

财政资金扶持形式主要有无偿及有偿两种方式。在新形势下，应有效依托产业金融体系整合各类社会资本和金融资源，创新财政扶持方式：一是股权投资基金。包括龙头产业基金、电子信息产业股权投资基金、新兴产业创投引导基金、小康股权投资基金、工业园区建设基金、两岸青年人才创业专项基金、互联网经济基金、“6·18”基金等。要加大对私募股权投资基金落户优惠力度，进一步完善股权投资基金的相关服务如资产托管、运营和结算、法律服务等，由省财政厅、省金融办等部门对股权基金进行绩效评价和监督检查，以确保股权基金持续健康发展。二是债权投资采取长短期借款、委托贷款、债券投资等方式。政府与金融机构联手为自贸试验区内企业量身定制债权类金融产品，探讨以债权投资形式参与自贸试验区建设。三是政府与社会资本合作模式（PPP)。重点探索交通、平台建设、信息、环保、保障性安居工程、医疗和养老服务等基础设施和公用事业项目等收益性项目。对项目收入不能覆盖成本和合理收益的，可通过政府付费等方式给予适当补贴，综合考虑服务价格、实际收益水平、财政中长期承受能力等因素，建立动态补贴机制，有效促进区内重点领域加快发展。

4. 完善融资担保与风险补偿机制，优化中小企业融资环境

自贸试验区是中小企业，特别是外贸、物流、科技创新型中小企业创业和发展的沃土，但因自身特点以及某些机制缺失，融资难一直困扰着中小企业发展。因此，建立带有政策性金融属性的中小企业信用担保

与风险补偿体系，可以发挥财政政策和资金的杠杆作用，有助于影响中小企业信用担保服务方向和资金的产业流向，综合提升绩效水平，支持中小企业发展。尽管福建省已出台《福建省小企业贷款风险补偿暂行管理办法》、《小微企业专利权质押贷款风险补偿资金管理办法》等相关规定，但财政支持与企业、担保机构之间的风险共担机制与和谐互惠机制未能成型，需要进一步推动财政对信用担保的介入：一是建立财政资金支持中小企业信用担保行业的长效机制，将担保项目的风险系数大小、政策性强弱与财政出资额、风险分摊比例相挂钩，财政支持与担保的实绩、落实政策效果相挂钩。二是对中小企业信用担保机构实行税收优惠政策，加大小额担保贷款财政贴息力度，集中财力支持龙头机构，鼓励为申请小额担保贷款的技术密集型中小企业提供担保服务。三是建立多层次中小企业贷款风险补偿专项基金，重点解决信用担保企业风险补偿资金不足问题，健全有关贷款风险补偿机制的管理制度和管理机构。四是建立中小企业信用担保体系风险共担机制，提升各参与方在防范信用担保风险意识，并利用信用保险的风险保障、融资推动功能，分散企业及银行风险，推动信用保险和银行信贷的优势互补，促进贷款融资。

（三）公共财政支持福建自贸试验区建设的把握原则

公共财政作为“国家治理的基础和重要支柱”，在福建自贸试验区建设中承担重要责任。财政部门应准确把握中央和省里关于福建自贸试验区建设的战略决策和部署要求，积极发挥财政职能支持福建自贸试验区建设，重点要把握好以下几项原则：

1. 整体推进，突出重点

围绕总体方案和发展重点，积极完善政策体系，建立健全财政投入机制，从整体上推动福建自贸试验区发展，并注重集中资金和政策，对重点区域、重点产业、重点项目加大投入力度。

2. 市场为主，政府引导

建立财税政策保障机制，将立足发挥市场的力量，依靠市场机制促进规模经营发展，政府重在创造好的发展环境。财税政策应主要通过建立成本风险分担机制、完善公共服务保障机制，实施财税优惠来体现对福建自贸试验区的支持。

3. 统筹规划，协调联动

通过统筹使用各类资金、盘活用好结转结余资金、加快预算资金下达执行等，构建起推动福建自贸试验区财政资金统筹使用的总体框架。坚持省市财政部门、三个片区及各相关部门相互支持、协调联动，切实保障自贸试验区建设有序推进。

4. 科学决策，注重绩效

完善预算管理，提高资金安排的计划性，建立完善财政投入决策机制，对扶持项目全面实行绩效目标管理，实施跟踪问效与绩效评价，将加快支出进度和提高财政资金使用绩效有机结合起来，保障资金安全，提高资金使用效益。

二、公共财政推动福建自贸试验区发展的着力点

（一）积极扶持公共服务与创新创业平台建设

1. 发挥公共财政主导作用，构建务实高效的政务平台

政务平台建设应从四个方面入手：一是快速推进区内基础设施和信息化系统建设。区内从企业创办审批到投资贸易的支持和监管等，都缺少不了相应的行政管理办公场所、审批审核及监管服务的信息化系统等，建成完善的基础设施和信息化系统是自贸试验区发展的一个重要基础。加大制度改革与创新，促进创新政策落地的软硬件设施要适时跟上。要尽力缩短从制度创新到制度落地的约束滞后期，可大力复制上海等先行地区建设经验，加大适合福建特色的管理软件开发。二是强化窗口服务

功能。对涉及行政性的公共服务研究推广“一口受理”的做法，减少窗口数量、延伸窗口功能，真正建立起“引进来”和“走出去”的“一站式”服务平台，最大程度便利经济实体。三是促进各部门配合与协同。深化各监管服务部门的联合办公制度，研究开发相关部门网上协同办公软件，提升海关、检验检疫等部门的协作水平，提升通关便利化程度。四是提升政务公开透明度。要依法公开管理权限和流程，严格落实负面清单管理制度，加快征信体系建设，督查信息及资源配置信息公开透明。要推进宣传攻势，把线上线下宣传结合起来，加深国际社会尤其是台湾地区和“海丝”沿线国家和地区对福建自贸试验区的政策及服务模式、建设进展状态的了解。

由于政务平台属于非营利性的基础性公共服务平台，应将自贸试验区公务平台建设和完善所需经费编入各级政府财政预算，同时健全财政资金使用的跟踪与督促机制，对已有的平台基础进行科学整合，对需要新增的硬件和软件在配置的顺序、结构等方面进行严谨测算与评估，确保财政资金投入的稳定、足额和高效。

2. 创新财政资金与社会资本融合模式，夯实自由宽松的商务平台

福建自贸试验区的定位是面向台湾，走向世界，商务平台建设应考虑兼具对台特色和国际商务标准。一是建设完善的商务基础设施。包括完善支撑高效物流的交通基础设施，如区内外对接的高速公路铁路网、海运码头和空运机场及航线等；推进货物集散、展示和存储的展示仓储设施建设，如区内保税展销中心、各类标准的货物仓库（一般仓库、保鲜仓库及冷库等）以及冷链物流系统；加快商务通讯基础设施，如电缆光缆网络的铺设、电子信息信号的接入、电子商务软件及接口的对接等。二是完善商务运行平台和商务服务体系。包括建设大宗商品交易和资源配置平台，开展大宗商品国际贸易；在海关特殊监管区内设立保税展示交易平台，实施境外旅客购物离境退税政策，在平潭片区设立大型免税购物区；建立整合物流、贸易、结算等功能的营运中心；进一步发展汽车平行进口服务平台，完善电子商务平台，发展跨境电子商务，完善海

关监管、检验检疫、退税、跨境支付、物流等支撑系统。三是健全商务社会服务体系。将原来由政府部门承担的资产评估、鉴定、咨询、认证、检验检测等职能，逐步交由法律、会计、信用、检验检测认证等专业服务机构承担；试行企业自主报税、自助通关、自助审放、重点稽核的通关征管作业。构建文化服务体系，重点研究国际异质文化较好融合，把试验区建设成开放型多元文化良性共存的国际都市。尤其要突出台湾文化渗入与融合，充分发挥闽南文化在台湾及“海丝”沿线国家和地区的影响力，把福建自贸试验区打造成台湾同胞和海丝沿线国人民的文化家园；推动文化产品及版权贸易。建立促进合作的平台，支持自贸试验区与“海丝”沿线国家和地区开展海关、检验检疫、认证认可、标准计量等方面合作与交流，探索实施贸易供应链安全与便利合作。商务平台构建过程可通过财政资金与企业及民间资本的配合，尝试引入 PPP 模式，财政资金、国有企业和民间资本按一定比例共同筹建，通过契约形式理顺各投资主体责权利；也可通过投资与经营分离做法，筹集财政经营性资金投资兴建相关设施，再通过合同方式出让设施经营权，由相关市场主体承接；还可通过鼓励性财政政策引导民间资本成为筹建主体，以项目为单位给予适当的财政补贴。如商务基础设施建设可根据类别和性质确定具体建设方案，物流系统的路网等交通基础设施可通过发行债券、银行融资筹集资金，自贸试验区后续财政收入为偿债的主要资金来源；各类货物集散、展示、仓储设施则可采用公共财政、国有企业与民间资本合资或者由民间资本承建，政府财政资金按具体项目给予财政补贴的方式进行；特色商务文化生成方面可通过设立福建自贸试验区闽台特色文化扶持基金，营造浓郁的两岸文化交融的氛围，大力引导台湾文化企业和福建本土尤其以闽南文化为主要特色的文化企业进入自贸试验区创业，推升两岸文化交流的热度。

3. 强化财政资金杠杆与引导作用，健全优质和谐的生活服务平台

一是加强自贸试验区内宜居工程规划，将其与区内产业规划融合起来，最大程度做好生活环境的保护工作，尤其平潭片区要充分利用先天

优越的自然条件，把全岛建成国际生态旅游岛；二是完善生活便利化通信设施，提供离岸呼叫中心业务及大陆境内多方通信业务、存储转发类业务、呼叫中心业务、国际互联网接入服务业务和信息服务业务，实现区内人员无障碍接入国际信息网络；三是促进境内外尤其是台湾同胞的往来更加便利，包括对自贸试验区内符合条件的外籍员工，提供入境、过境、停居留便利。加快落实自贸试验区实施更加便利的台湾同胞入出境政策，对在自贸试验区内投资、就业的台湾企业高级管理人员、专家和技术人员，在项目申报、入出境等方面给予最大限度的方便，为自贸试验区内台资企业外籍员工办理就业许可手续提供便利，放宽签证、居留许可有效期限。推动实施两岸机动车辆互通和驾驶证互认，简化临时入境车辆牌照手续。推动厦门—金门和马尾—马祖游艇、帆船出入境简化手续。四是营造开放多元文化环境，推进闽台文化交融。厦门片区处于闽南文化生态区域中，可充分利用闽南文化优势推动对台紧密交流；平潭片区可结合两岸共同家园建设，推动岛内闽南文化的生长，也可融入台湾文化元素，加强自贸试验区对台文化交流与贸易往来。公共财政助力生活服务平台建设，可充分发挥财政资金的杠杆和引导作用，把各单元生活设施和商业项目开发权打包出让，提升项目吸引力，财政资金可适当参与前期的基础性工作，引导和撬动企业及社会资本进入；通信设施及信息网络覆盖主要鼓励通讯类企业承担，努力吸引台湾相关企业参与投资，把公共财政和市场运作结合起来，设计合理的回馈模式；文化环境优化方面，可整合已有相关资源，如在促进闽台文化融合方面，可对接“闽南文化生态保护区”建设，在联结相关项目中实现财政资金的融合与高效运用。

4. 提升财政资源配置效率，筑牢台商投资及两岸企业合作服务平台

一是改善投资、融资环境，打造台商投资绿色通道。要提高投资服务质量，深化服务内容，完善台商服务窗口功能，可考虑建立对台资企业的创立、投资和贸易实行全程跟踪服务的机制。在提升审批、审核及通关效率的基础上，研究根据台企商务活动的习惯与规律，制定更多针

对性的人性化措施，并着力解决服务平台全面承载政策及承诺的落地问题。二是夯实两岸合作与协同创新的服务平台。在产业扶持、科研活动、品牌建设、市场开拓等方面，支持台资企业加快发展。推动台湾先进制造业、战略性新兴产业、现代服务业等在自贸试验区内集聚发展，重点承接台湾地区产业转移。取消在自贸试验区内从事农作物（粮棉油作物除外）、新品种选育（转基因除外）和种子生产（转基因除外）的两岸合资企业由大陆方面控股要求，但台商不能独资。支持自贸试验区内品牌企业赴台湾投资，促进闽台产业链深度融合。建立闽台通关合作机制，开展货物通关、贸易统计、原产地证书核查、“经认证的经营者”互认、检验检测认证等方面合作，逐步实现信息互换、监管互认、执法互助。充分发挥两岸商协会的作用，在区内设立行业协同创新中心，深入探索闽台合作研发创新，合作打造品牌，合作参与制定标准，拓展产业价值链多环节合作，对接台湾自由经济示范区，构建双向投资促进合作新机制。支持两岸企业合作发展两岸电子商务，允许符合条件的台商在自贸试验区内试点设立合资或独资企业，提供在线数据处理与交易处理业务（仅限于经营类电子商务），申请可参照大陆企业同等条件。公共财政应在深化两岸企业合作中发挥重要作用，可采取的主要措施有：①延伸自贸试验区台商服务窗口功能，适当增加服务岗位投入，构建台商投资及台胞创业的全程化跟踪服务体系，对创业及投资的实时状态、投资项目的进展进行全程跟踪，快速解除进展过程中的障碍与困难。②加大支持两岸企业合作力度，对区内两岸企业协同创新项目以财政补贴等形式给予明确和大力支持。③鼓励和支持大陆行（商）业协会加强与台湾行（商）业协会交流合作，推动设立两岸行（商）业协会基金，公共财政给予一定的扶持。

5. 优化财政支持重点，搭建两岸青年创新创业创客服务平台

一是建立两岸青年创新创业创客交流及咨询平台。首先，为两岸青年提供系统性的创业咨询辅导。设立专门办事机构与培训机构，定期举办相应的讲座及课程培训活动，为台湾青年提供法律咨询、项目对接、

贷款融资、办理工商（税务）注册登记等创业配套服务，引导台湾青年避免盲目创业，提升创业成功率。其次，搭建两岸青年创新创业创客的官方网站。建立官方专业网站，归集相关办事流程、扶持政策、优惠措施，形成标准作业程序并提供在线咨询功能，让两岸青年可以快速便捷全面地获取相关创业信息。第三，增强两岸青年交流机会。协助两岸青年积极探索，透过两岸大学与企业间的共同合作，举行联合实习计划，利用寒暑假异地实习，减少求才和求职间的落差。定期举办两岸青年就业博览会、创业论坛、创业比赛。以“赛事＋产业孵化”的办赛模式，凝聚一批青年人才，发现一批优秀项目或创意，整合多项源予以扶持。二是设立两岸青年创新创业创客学院。借鉴三星经济研究院、松下政经塾等模式，高规格创新创业人才培训学院。设立“产业学院”，以授予证照方式，结合产业界的实务需求与最新技术知识以及管理理念，促进大陆高校与台湾企业、以及台湾高校与大陆企业间的产学合作机制，发展完备的创新创业青年人才战略。三是打造两岸青年创新创业示范园区。日前，厦门片区两岸青年创新创业创客基地及平潭片区两岸青年创新创业联盟均已正式成立，将通过政策创新和资金扶持，重点发展一批新兴产业和现代服务业，集聚两岸各类优质社会团体、中介组织、高等院校、科研机构、经济实体，打造两岸青年创业的服务联合体，构建两岸青年融合发展的重要平台和创业就业的重要基地。公共财政应着力于促进两岸青年在提升创新能力、取得创业成功中共同进步，在相识、相知、相交与协力追求共同成功中团结与融合，这应成为福建自贸试验区的使命。财政扶持重点应集中在两个方面：①营造吸引两岸尤其是台湾青年入区创业、生活的良好环境。加快宜居工程建设，努力营造适宜于台湾青年人文氛围等。②加强引导和培训，提升两岸青年入区创业的激情和成功率。可划拨一定的财政资金作为启动资金，并多方筹措，吸引一些社会资本共同筹建两岸青年交流合作专项基金，用于构建完善的两岸青年创新创业创客孵化网络，包括创业咨询平台、创新创业创客学院、孵化器与加速器集群等，同时对台湾青年在区内的一些具有代表性的创业项目给予较大力度的财政补贴等扶助。

（二）稳步推进跨境电商产业健康发展

1. 支持跨境电子商务业务体系建设

政府应该通过财政手段引导和鼓励有条件的企业进驻海关集中监管区，通过正式报关等环节开展业务；支持有条件的企业建设境外服务网点或依托电子商务服务企业，通过一般贸易等方式出口后，再根据网上订单销售给境外消费者；鼓励企业间的跨境电子商务交易由信息发布向在线交易发展；支持发展进口型的跨境电商业务，逐步建立完整的跨境电子商务业务体系；择优遴选一批国际物流、快递等企业与跨境电商物流仓储中心（跨境电子商务园区）进行业务对接，为入驻中心（园区）的跨境电商企业提供国际物流服务；鼓励跨境电商平台与国家交通运输物流公共信息平台对接，为跨境电商企业提供物流信息一体化服务；引导银行为跨境电商提供跨境人民币结算服务，推动银行、支付机构加快产品创新，改进跨境支付服务，提高跨境支付效率；鼓励符合条件的支付机构和银行机构作为试点，通过进入跨境电商仓储物流中心等方式，为福建省跨境电商经营主体提供支付服务。

2. 培育跨境电子商务园区

跨境电子商务园区在集聚发展、规范发展、创新服务等方面具有明显优势。在海关特殊监管区或具备海关与检验检疫监管条件的区域设立跨境电子商务集散配送中心和展示交易中心，在保税物流园区、综合保税区等区域内建设跨境电子商务仓储物流中心，可根据实际情况单独设立具备海关特殊监管、检验检疫监管和物流仓储功能的跨境电子商务仓储物流中心，为经营主体提供入区即退税、仓储、配送、分拣、加工和邮递等服务，完善跨境电商的货物监管流程。依托海关特殊监管区、保税物流园区、综合保税区培育一批跨境电子商务园区，集聚跨境电子商务企业和配套服务体系，推进园区差异化、特色化经营。

3. 扶持一批跨境电子商务企业

对年支付 EMS、邮政小包、UPS 等国际物流费用较高的跨境电子商务企业，按其国际物流费用给予财政补助。支持拓建经由台湾进出口的跨境电子商务通路，对通过福建省口岸经台年收发海运或空运快件量大的跨境电商或物流企业，给予奖励。将跨境电子商务企业纳入助保贷企业资金池，为企业申请融资贷款提供增信服务和风险补偿。支持区域性电子商务协会通过设立行业互助基金或成立投资公司等形式，与金融机构开展合作，为跨境电子商务企业提供多元化融资服务。支持商业银行、担保存货管理机构与我省跨境电子商务企业开展无形资产和动产质押等多种形式的融资服务。鼓励我省第三方支付企业增资增项，申请网络支付牌照，为电子商务发展提供支付保障。

4. 鼓励建设跨境电子商务公共海外仓

搭建以公共海外仓为支点的目的国配送辐射网点，为跨境电子商务企业提供一站式的仓储配送服务，降低企业物流成本，增强跨境电子商务企业竞争力。支持有实力的企业在美国、俄罗斯、英国、德国、澳大利亚、日本以及南美地区等跨境电子商务主要出口市场设立海外仓，鼓励、支持企业通过租用、独立运行、自建等方式建设跨境电子商务公共海外仓。计划分批推进认定公共海外仓，逐步覆盖全球五大洲主要出口国家。

（三）强化海峡两岸贸易功能集成

1. 完善流通基础设施建设，打造海峡两岸物流中转基地

福建应致力于打造海峡两岸物流业中转基地，确保台湾商品以最快速度、最低成本和最小损耗，经由厦门、福州、平潭中转进入大陆各地市场以及东南亚市场，大陆产品经由厦门、福州、平潭进入台湾和国际市场。推动两岸海关“监管互认、执法互助、信息互换”，实施以“互认”为核心的机制化海关合作模式，推进海关特殊监管区域交流合作，

在台商投资区和台资企业密集地区开展海关保税物流业务。依托“大集成”、“大市场”、“大流通”、“大智慧”创新商业模式，推出现代物流、中间仓储、三方质保、融资融货、订单交易、资金托管、余额增值、离岸货币结算等。鼓励闽台两地港口协商建立共享的信息系统，扶持一批物流信息服务企业成长，开发符合闽台物流合作需求的软硬件产品，为闽台物流合作提供信息支撑。

2. 加快对台服务贸易开放，推动闽台服务贸易自由化

国际上，自贸试验区发展一般要求货物贸易与服务贸易并重，更加注重服务贸易发展。推动对台服务贸易自由化，有利于福建承接台湾现代服务业转移，为福建服务业转型发展提供巨大空间。在《海峡两岸服务贸易协议》基础上，率先推进服务业对台资进一步开放是福建自贸试验区有别于其他三个自贸试验区的重要任务。总体方案提出，福建自贸试验区要推进服务贸易对台更深度开放，进一步扩大通信运输、商贸旅游、建筑服务、产品认证、工程技术服务、医疗等行业对台开放。发挥财政资金的引导功能，鼓励闽台在通信运输、商贸旅游等服务业开展深度合作。

3. 建设台湾农产品集散中心，提升两岸综合商务功能

创新对台农产品贸易监管机制，合理引导货物分流，对新鲜、易腐的农产品开辟“绿色通道”，实行“提前申报、预约加班”等便捷通关措施，建设台湾农产品进口“黄金通道”，打造具有国内外影响力的台湾农产品集散中心、价格形成中心、物流加工配送中心和农产品展销中心。支持建设一批具有公益性质的流通基础设施，培育一批市场规模大、辐射力强、具备区域性集散功能的农产品批发市场，依托农产品批发市场培育一批有影响力的批发企业、流通加工企业和冷链物流企业。推动两岸冷链物流合作，鼓励打造现代、高效、便捷的两岸农产品冷链物流平台。

4. 规划建设文化创意产业集聚区，推动两岸文创产业深度合作

随着两岸文化产业合作深度和广度的不断加强，闽台文化产业集聚

效应日益突出。福州已形成以三坊七巷历史文化、马尾船政文化为核心，以数字内容、动漫游戏和创意设计、工艺美术、文化旅游等为内容的特色文化产业体系；厦门形成龙山海文创园、牛庄文创园、灿坤文创园等为载体，数字内容与新媒体产业、创意设计产业、影视演艺、古玩艺术品等产业集群。鼓励两岸文创产业深度融合，借鉴福州、厦门两岸文化创意发展风格和运营模式，将福建历史文化印迹与现代旅游、科技等产业的发展相融合，依托闽南文化、莆田妈祖文化、武夷山旅游文化，扶持打造一批富有闽台特色文化内涵，高端产业、高附加值、高性价比，集文化艺术原创、研发、展示、交易、配套服务等一体的文化创意产业园区，做大做强福建文化创意产业。

（四）大力助推金融领域开放创新

1. 加快闽台资本市场互通，推动对台金融业务开放

一是支持海峡股权交易中心扩容。目前，福建自贸试验区内可对接台湾资本市场的主要平台是海峡股权交易中心（以下简称海交中心）。海交中心功能定位之一就是作为两岸股权柜台交易市场合作主体，通过加强与台湾证券交易所、柜台买卖中心、证券公司等金融机构合作，完善跨境本外币等资产交易和境内外投资者共同参与机制，促进两岸资本市场共同发展。在卖方端，目前在海交中心挂牌的台资企业只有 37 家，还未有在台注册的台资企业挂牌。财政部门应积极配合和支持海交所完善相关引导政策，吸引更多的台资企业挂牌交易，可探索设立财政专项资金，对在海交中心挂牌交易的台资企业给予适当奖励，或相应抵减其挂牌交易的相关费用。进一步推进海交中心与台湾柜台买卖中心的深入合作，探索推动已在该市场挂牌的台企到海交中心实现两地挂牌交易，真正将其建设成为“面向两岸台资企业的股权交易市场”。海交中心对台企扩容将为境内外投资机构在福建本地资本市场进行人民币资产配置提供更大的空间和更多的选择，有效提升福建自贸试验区作为跨境资金通道的竞争力。在买方端，应加大力度吸引符合条件的台资或闽台合资机构

投资于海交中心挂牌交易的企业股票、债券、基金和其他各类产品。对照四个自贸试验区的总体方案，福建是唯一允许台资金融机构以人民币合格境外机构投资者（RQFII）方式投资自贸试验区内资本市场的，应积极落实 2014 年 10 月财政部、国家税务总局和证监会《关于 QFII 和 RQFII 取得中国境内的股票等权益性投资资产转让所得暂免征收企业所得税问题的通知》，多渠道加快推动台湾地区资产管理机构创设 RQFII 基金，打造在台人民币资金回流的新通道，并创造条件鼓励其投资于海交中心挂牌交易的各类金融工具。此外，为推动海交中心加速扩容，应充分发挥已在福建自贸试验区和福建省内落地的台资商业银行、证券公司等金融机构的作用，积极推动其开展承销、咨询、托管等相关业务。创造便利条件吸收台湾金融机构成为海交中心的战略会员、推荐机构会员和投资会员。对积极参与海交中心产品发行和投资的台湾企业、机构及其他各类主体，可参照相关政策给予适当奖励。二是助推闽台跨境融资业务创新。总体方案提出："允许自贸试验区银行业金融机构与台湾同业开展跨境人民币借款等业务。支持台湾地区银行向自贸试验区内企业或项目发放跨境人民币贷款。"在福建自贸试验区内开展闽台人民币跨境借款业务，不仅能够吸引在台人民币资金进入，满足区内企业庞大的资金需求，而且有助于促进人民币资金在闽台之间的循环，助推台湾离岸人民币市场发展。财政部门可探索建立相应的中小企业跨境贷款支持政策，安排专项资金设立"中小企业跨境贷款风险池基金"，为企业在台跨境贷款提供增信服务，对协助中小企业实施在台跨境人民币贷款的金融等中介机构给予一定的奖励。此外，符合条件的区内企业和金融机构，可赴境外发行以人民币作为结算单位的债券，所募集的资金可根据需要调回自贸试验区内。当前台湾地区允许发行"宝岛债"的大陆机构和企业范围小，仅有以下三类机构，"大陆地区政策性银行、国有商业银行、股份制商业银行，及该等银行之海外分行或子行；台湾金融机构于大陆地区设立之子行；发行人注册于大陆地区且股票已于台湾证券交易所或本中心（注：指台湾证券柜台买卖中心）挂牌交易者之从属公司"。在此条件下，财政部门可探索建立相应的增信支持机制，推动福建地区性商业银行积极探索赴台发行人民币债券筹集资金，用于补充其区内分支机构、附属机构的营运资金，进一步促进在台人民币回流。

2. 支持跨境综合金融服务，加快实体经济转型升级

一是积极支持跨境供应链金融服务创新。金融服务是现代供应链高端服务业态的重要组成部分。福建自贸试验区应立足现实，尽快推动银行等金融机构布局跨境供应链金融服务。首先，当前福建发展总部经济的生态环境仍偏弱，自贸试验区一系列新型贸易政策出台，将加快试验区内企业总部或财务中心聚集，并相应带动以跨国企业为核心的供应链上下游中小企业和各类服务业的集中，形成大量基于供应链条的中小企业应收、应付融资需求。供应链金融可以通过对全链条物流、信息流、资金流的有效匹配与控制，应用应收、应付类的集成式银行融资产品，整体降低核心企业与上下游企业的资金运作成本，从而有效释放自贸试验区总部经济的增长活力。其次，在推进“海丝”核心区建设进程中，福建将会有大量企业“走出去”，应推动区内商业银行抓紧研究在岸和离岸客户协同开发办法，依托现有国内客户资源，积极营销“走出去”企业的境外平台公司，大力发展面向台湾和东南亚地区的跨境供应链金融业务，密切关注重点客户海外布局中的跨境投资、并购以及境外子公司的经营性融资需求，提供业务便利。总体上说，商业银行可将供应链融资服务、供应链电子化服务和离岸银行服务统一于供应链金融服务方案中，为企业提供信用服务支持、采购支付支持、存货周转支持和账款回收支持等综合服务。二是积极支持境内外一体化贸易金融服务。当前，福建有大量的贸易型企业需要转型，应鼓励商业银行结合贸易流变化，充分利用自贸试验区、境内区外和境外三个市场平台，进一步拓宽海内外一体化贸易金融合作的创新空间与客户渠道。积极通过总行层面加强与联行、代理行的合作，有效克服境内资金与融资规模瓶颈，为企业提供成本更低、效率更高、更有效规避汇率风险的结算、境内外融资、避险保值、资金管理、财富管理与增值等方面的一体化综合服务，为区内

外企业搭建内外贸联动发展的跨境金融服务平台。同时，自贸试验区人民币跨境结算创新将带给正在发展、完善中的跨境电子商务、跨境采购等经济形态更大的发展空间，应鼓励金融机构着眼为跨境电商提供集中的小额贸易融资、出口信用保险，通过建立电子交易、物流配送、仓储管理以及金融服务高度融合的一体化贸易新模式，支持电子商务发展。

3. 推动新型金融机构集聚发展，构建投融资便利通道

一是大力扶持股权投资类企业发展。2015 年 7 月 3 日，厦门市已发布了《中国（福建）自由贸易试验区厦门片区股权投资类企业发展办法》，建议参照其框架，统筹省市区各级财政，研究形成适用于福建自贸试验区各片区的统一管理办法，通过设立自贸试验区金融发展专项资金，强化财政扶持政策，为股权类投资企业提供开办奖励、投资奖励、经营奖励、风险补助、总部奖励等一系列支持，使财政资金的引导支持效用最大化，加快形成股权投资类机构的集聚。此外，还应积极推动试验区内商业银行，特别是地方中小银行开展股权投资基金托管业务、为股权投资配套相应的授信额度，进一步加速产融结合，加快地方中小银行业务转型升级。二是积极支持带动资产管理类机构集聚。资产管理类机构以资产管理、财富管理、投资咨询为主要业务，不仅是资金集聚的重要平台，而且能够充分利用自贸试验区提供的跨境多市场渠道和平台，为企业、居民乃至政府部门提供专业化综合投资管理服务。省级财政部门应积极探索推动国有资产管理公司与境内外具有品牌优势和资源优势的机构成立合资资产管理公司，快速打通境内外人民币资金与资产的通道。密切关注监管层对商业银行资产管理部门法人化的政策进展，推动地方性银行加速发展资产管理业务，在自贸试验区内设立独立核算的资产管理业务单元。

4. 积极支持平台型企业组织发展，扩大离岸金融业务规模

一是支持融资租赁企业加快发展。应抓紧落实 2015 年 9 月发布的《福建省人民政府办公厅关于支持福建自贸试验区融资租赁业加快发展的指导意见》，完善各项财政奖补政策，重点推动省内大型装备制造商在自

贸试验区内设立融资租赁子公司，开展全流向租赁业务，包括两头在内的境内租赁、两头在外的境外租赁、以及一头在内一头在外的进口或出口租赁业务。积极会同税务部门、行业协会和企业，抓紧研究我国与“海丝”沿线国家和地区的法律规定及双边税收协定，积极探索面向东南亚国家和地区开展离岸出口租赁业务，提升福建装备制造业“走出去”竞争力。二是推动企业财务公司转型发展。省级财政部门应积极会同工商、税务等职能部门，结合总部经济发展要求，研究探索注册地与经营地分离模式，加快推动省内大型企业集团成立财务公司并进驻自贸试验区，推动离岸金融业务发展。通过经常项下的集中收付业务、跨境人民币借款向区内企业放款业务等，降低集团成员单位的综合资金成本；通过境外放款方式为集团的海外并购和投资项目提供配套融资，为企业在海外拓展产业链提供离岸业务支持；通过跨境融资筹建风险投资平台来支持集团内部发展新产业与新技术，推动集团国际化发展和商业模式创新。

5. 引进培养国际化金融人才，提升国际金融业务运营能力

为引导和推动福建自贸试验区金融创新发展，应在福建省人民政府《关于加强中国（福建）自由贸易试验区人才工作的十四条措施》的基础上，研究制定引进高层次国际金融人才的具体办法，尽快补齐福建金融创新发展的国际化人才短板。研究设立“国际金融人才服务中心”，积极做好自贸试验区创新业务的前期人才招募和储备工作，鼓励其通过国内外专业猎头机构寻求具有丰富从业经验的国际化金融人才，由财政部门按照其年薪标准的一定比例给予一次性补助。借鉴深圳前海经验，对引进的国际金融人才以财政补贴方式给予一定比例的个人所得税返还。除各类补贴、奖励、扶持政策外，还应积极营造有利于金融人才集聚的良好工作、生活和文化软环境，探索在城市中心区或副中心区建设金融人才公寓等类型的国际金融人才社区，配套精细化、个性化的公共服务、文化设施和商业机构，配置一定比例懂外语的服务人员，切实提升软环境对国际金融人才的吸引力。

除引进人才外，还须着力提升本地金融从业人员的国际化业务能力。探索由各金融行业协会牵头，整合金融机构、政府部门、高校、研究机构、资深金融专家等多样化资源，建设福建国际金融人才培训基地，形成国际金融业务定期培训机制，积极培养本地国际金融人才，结合自贸试验区金融开放创新需求，重点培训产品设计、产品研发、投资组合管理人才和风险管理人员。打破"外来和尚会念经"的习惯思维，经由金融机构申报，由财政资金每年度在配额内对从事国际金融业务的核心和关键性人才给予一定的奖励，切实留住熟悉福建市场和客户、业务开拓能力强的本地人才。

（五）加快建设平潭国际旅游岛

1. 提升公共财政扶持精准度，打造特色海洋文体游乐基地

一是建设海洋文化博物馆及海洋文化艺术品展示交易中心。突出原生态海岛露天博物馆的主题，建设海洋生态和文化馆群、原生态露天展示型博物馆。推进文化和旅游的融合，深入挖掘壳丘头文化、南岛语族文化和古沉船文化，建设海洋文化艺术品交易中心，实现文化旅游的互联互通，进一步打造国际化平台。二是构建海洋健身及竞技、艺术活动平台。平潭滨海资源丰富，开发海洋健身与竞技项目有着巨大的资源潜力。一方面继续举办平潭国际自行车公开赛、马拉松比赛、国际风筝冲浪赛、两岸沙雕文化节等经典旅游项目和重要节事活动，通过加大组织和宣传力度，扩大这些活动与项目的国际影响力。另一方面可考察和开发潜水、冲浪、赛艇健身与竞技项目，做大滑沙等休闲游乐项目的规模等。

2. 综合运用财税政策及财政资源，建成大型免税购物天堂

一是借鉴香港经验和做法，努力把平潭建设成国际免税购物天堂。强化保税、免税和退税政策安排，要争取条件扩大免税购物区规模，尤其是要争取把更多的台湾商品纳入免税区内。应进一步扩大免税品类范围，逐步扩大至海丝沿线国商品及世界其他地区与国家的商品，力争最

终达成与香港相似的全品类购物免税政策，加大对国际游客的吸引力，努力打造购物游亮点。二是畅通出入境管道，承接台湾及东南亚蔬果等特色产品集散。在集中资源打通对台货物及服务贸易通道的同时，充分发挥对台通道辐射作用，联结“海丝”沿线国家和地区，疏通台湾及东南亚特色产品流入我国大陆的集中通道，如争取台湾和东南亚特色产品经由平潭入境的优惠政策；拓展内陆广阔市场空间，构建完善的台湾及东南亚特色产品营销网络。

3. 推进财政支持两岸“共同家园”和旅游集散地建设

一是推进创新制度和政策落地，消除台胞宜业障碍因素。尽快出台台企、台商及台湾同胞利益保护的地方性法规。二是做好宜居环境规划。未来平潭综合实验区能否发展成为两岸民众共同生活的家园，这在很大程度上取决于平潭城市化发展水平，取决于它是否有吸引台湾民众的独特优势。而在快速提升城市化水平过程中，要把基于先天优势的优良生态环境的规划作为平潭的独特优势之一。三是推进文教融合，浓厚台湾元素。可发挥闽南文化的桥梁作用，浓郁平潭的闽南文化氛围，尝试引入台湾民俗节庆活动。充分利用平潭的有利条件、发展定位及全新的社会架构来建设新型的两岸文化教育互动模式，实现两岸文化教育的全方位接轨与融合。四是推进台胞参与共同家园建设。两岸携手共建，才能创造出宜居宜业城市。可吸取两岸专长，台湾方面在规划、经营、管理等有比较丰富的经验，而大陆在建设速度、效益方面有优势，因此要在规划、经营、管理方面让更多台湾人民参与进来。要多渠道开辟台胞参与建设方式，尤其要吸引台湾的年轻人加入进来，把平潭打造成台胞“第二生活圈”。五是要培育成熟的旅游通道。引导境内有实力的旅行社进驻，增加经营出境游外资旅行社数量，丰富国际、国内的旅游线路；进一步培育海峡旅游主通道，建设完善海峡航运旅游集散中心，推动海峡旅游公共服务体系建设，打造以平潭为两岸旅游集散地的双向旅游精品线路；加大营销力度，支持区内设立的外资合资旅行社经营大陆居民出国（境）（不包括赴台湾地区）团队旅游业务；允许台资合资旅行社试点经营福建居民赴台湾地区团队旅游业务。放宽旅游从业人员限制，支持台湾合法导游、领队经有关旅游主管部门培训认证后，换发证件在自贸试验区所在设区市（或实验区）执业，支持在自贸试验区内居住一年以上的台籍居民报考导游资格证，并按规定申领导游证后在大陆执业。六是延伸旅游产业链。推行国际通行的旅游服务标准，加快旅游要素转型升级，实现景区建设、旅游产品开发、食宿多元便利、集散交通网拓展、旅游周边产业开拓等和谐共生。推动人员流动及旅游便利化措施、探索实现区内区外联动，积极争取海关、交通、公安等管理部门优化管理措施，实现自贸试验区口岸过境免签等更加便捷的签注措施，把邮轮、度假区、低空飞行等领域的企业纳入自贸试验区框架管理，打造海岛旅游装备业、海岛旅游商品制造业等。同时要强化两岸旅游业合作。引导本地旅游企业加强与台湾大型旅游企业对接合作，引进台湾主题酒店、特色民宿，参照台湾乡村旅游发展模式，助推平潭特色石屋旅游及民宿发展；引进台湾农家菜培训方式与“田妈妈”模式，邀请台湾美食专家制作平潭美食地图，培训乡村旅游餐饮业发展。

（六）支持企业到“海丝”沿线国家和地区投资建设

1. 完善交通基础设施，打造通路达海重要战略通道

一是加快海上互联互通合作建设。加快建设厦门东南国际航运中心，加大以港口为重点的基础设施投资力度，加强与东盟国家在港口码头、物流园区、专业物流基地和物流配送中心等建设管理方面的合作，支持境外港航企业与福建合作建设港口，鼓励福建自贸试验区企业到东南亚、南亚等地区开展港口航运等合作，争取与东盟国家开通贸易安全智能航线。统筹布局“海丝”航空运输节点，推动增开福州、厦门至东南亚、西亚、欧洲等国际航线。二是统筹布局航空运输走廊。重点推进厦门新机场建设，配套建设厦门、福州临空经济园区，推动增开福州、厦门至东南亚、西亚、欧洲等国际航线。三是加大口岸通关设施建设力度。完善陆路、海路、空港口岸通关机制和互联互通，促进口岸货物通关和人

员往来便利化。四是积极打造“海丝”重要物流枢纽。大力发展航运总部经济，吸引国际知名航运经纪公司、大型船舶管理公司在福建自贸试验区落户或设立分支机构，建设与“海丝”沿线国家和地区进出口贸易相衔接的物流通道、物流中转基地。

2. 扶持双向贸易和投资，打造对外开放先行先试区域

一是重点培育福建跨国企业。引导自贸试验区企业转型升级，把成熟过剩的产能转移到合适的地方，为发展设计、研发、管理、资金结算等高端环节腾出空间。通过构筑国际营销网络，推动出口增长和自主品牌扩张。通过兴办境外加工点，盘活过剩产能、减少中间环节和规避贸易壁垒。通过境外收购资源基地，保障资源的可靠供给，增加对大宗商品的定价权。通过跨国并购、股权合资战略联盟等多种途径嵌入到跨国公司现有的全球价值链，缩短技术进步周期。二是引导外资投向福建重点产业和产业链关键环节。积极吸引全球行业龙头企业和细分领域龙头企业来自贸试验区投资，投向重点产业和战略性新兴产业的关键环节，促进产业链向高端领域延伸。大力发展“采购东盟初级原材料—福建加工—返销东盟”和“东盟加工—采购福建高端原材料”等产业合作模式，实现区域产业互补发展。三是争取率先与东盟实现服务贸易自由化。抓住建设中国—东盟自贸试验区升级版的机遇，推动在福建自贸试验区先行探索与东盟的服务贸易开放，进一步拓展“双延伸”政策范围和效应。开展“海丝”沿线国家和地区关检合作，推进关检等监管部门监管互认、信息互换、执法互助，探索与东盟国家建立区域性海关联盟，逐步推进通关一体化，促进货物通关和人员往来便利化。四是合作共建产业园。引导企业利用好境外园区建设相关资金，组织财团赴“海丝”沿线国家和地区建设境外产业园区，拓展和延伸产业链；吸引新加坡、马来西亚等地合作建设产业园区；以产业园区为载体，加快推进跨境电子商务、跨境物流信息平台、境外营销网络和大宗商品交易市场建设。

3. 鼓励人文交流往来，打造人文融合重要基地

一是推动华侨华人建立常态化联系机制。整合闽籍华侨华人网络资

源，推动东南亚各国的闽籍华侨华人社团建立常态化联系沟通机制。推动东盟各国政府、行业商协会和闽籍华侨华人社团在福建自贸试验区集中设立办事机构和侨商总部，形成福建与东盟政府机构、社团和行业商协会之间的沟通协调网络。二是打造21世纪海上丝绸之路旅游经济走廊。借鉴闽港澳台旅游合作经验，进一步将海峡旅游圈拓展至东盟。福建自贸试验区旅游企业要整合富有特色的旅游产品，开辟海上丝绸之路旅游线路，共同开发客源市场，联合宣传营销，共建环南海旅游经济圈。争取将赴港澳台个人游的政策延伸至东盟地区，简化游客的出入境手续；将向港澳台开放的旅游投资政策延伸至东盟地区。

4. 鼓励海洋资源合作开发，提升综合开发能力

一是加强与“海丝”沿线国家和地区渔业合作。组建现代化远洋捕捞船队，建成一批境外远洋渔业生产基地、境外水产养殖基地、冷藏加工基地和服务保障平台等。积极拓展与“海丝”沿线国家和地区的海洋产业发展、海洋经济技术交流、海洋生态保护等领域合作，大力开拓利用海外市场和资源，促进产品出口，扩大航运、养殖、修造船等劳务技术输出，建设境外海洋资源开发基地。二是加强海洋科技和海洋管理合作。整合涉海科研院所力量，推动设立中国—东盟海洋合作中心。加快国家南方海洋科学研究中心建设，推进海洋科技创新、教育培训等领域国际合作。拓展海洋环境保护、海上联合执法、安全求助等领域合作。三是积极推动福建－东盟合作研发海洋石油平台、浮式生产系统、海洋石油开发专用船舶等，推进传统船舶工业向海洋工程装备制造业转型。四是依托厦门大学马来西亚分校，建设中国东盟海洋学院。努力将海洋学建成亚洲一流、在国际上有较大影响的东盟国家海洋人才培养与科技创新基地，成为中国与东盟国家海洋科教文化合作交流基地及东盟地区首屈一指的海洋科技与管理培训基地。

5. 扶持中国—东盟海产品交易所发展，扩大东盟海产品贸易规模

发挥省内水产流通加工协会、远洋渔业协会等各类涉海协会作用，引导省内远洋捕捞、食品加工、冷链物流等各类涉海企业，通过交易所

平台，做大境内外贸易规模。支持交易所冷链物流建设。鼓励远洋水产品进入交易所交易。引导省内大型商贸物流企业入驻交易所交易平台，优先通过交易所交易平台进行买卖。整合省内海产品市场供应链，推动省内永辉超市、新华都等大型采购商家入驻交易所。支持交易所构建自营电子商务平台。支持交易所建设海洋产业基地，优先办理用海审批手续，按规定减免部分海域使用金。鼓励省内金融机构同交易所合作，开展针对交易所会员的银行授信、交易所仓单回购、担保、供应链保理等金融创新业务。支持交易所在"海丝"沿线国家和地区设立海外仓储。支持交易所适时开展中远期合约、标准化合约（不含集中交易）等交易模式创新。允许进入福建自贸试验区内未交割的水产品，由交易所或指定的代理人先行统一办理审批和报检手续，实施"统一申报、集中查验、分批核放"检验检疫监管模式。对交易所交易会员开放省内高速公路海产品冷链物流绿色通道，符合条件的部分减免冷冻水产高速公路通行费。

课 题 组 长：黄茂兴
课题组成员：王珍珍　俞　姗　余　兴　邹文杰　戴双兴
易小丽　施志源　林姗姗　林寿富

台商在福建自贸试验区设立个体工商户的产业方向与对策建议

【编者按】2015年，福建自贸试验区领导小组办公室委托台湾经济研究院经济一所开展课题研究，形成了《台商在福建自贸试验区设立个体工商户的产业方向与对策建议》，现将研究报告的主要内容摘编如下。

扩大开放台湾同胞来大陆申办个体工商户，为大陆与台湾同胞共享经济社会发展的新机遇创造了条件，对两岸融合发展有积极的促进作用。福建是大陆最早开放台商申请登记个体工商户的省份，也是台湾居民、农民个体工商户数量最多的省份，应继续发挥优势，积极探索和加快向台胞开放个体工商户申办的改革步伐，重点吸引台湾青年创业，带动更多台商到福建自贸试验区设立个体工商户。

一、福建自贸试验区与台湾的创业扶持政策分析

（一）台湾鼓励青年创业

近年来，台湾青年失业率居高不下。据统计，2014年台湾青年失业率为12.63%，约为台湾平均失业率（3.96%）的3倍，解决青年失业问题成为台湾当局政策考量重点。目前台湾当局对青年创业的扶持政策，包括“创业资金”、“创业空间”和“创业辅导”三个方面。

1. 创业资金协助

一是创业启动金协助。台湾经济行政主管部门为20至45岁创业青

年提供“青年创业及启动金贷款”，贷款额度合计最高为新台币1800万元；对SOHO族等从事新兴产业的小规模事业，提供“企业小头家贷款”，额度最高达新台币500万元。台湾“国家发展委员会”推动实施“发展基金创业天使计划”，2013—2018年发展基金为新台币10亿元，补助对象为3年内具创新的新创公司或创业团队，单笔补助金额最高新台币1000万元，目标每年辅导60家，5年合计300家。二是按产业类别提供优惠贷款政策。如台湾文化行政主管部门推动“文化创意产业优惠贷款”，台湾“农业委员会”推动“青年从农创业贷款”等。台湾证券柜台买卖中心设立“创意集资信息揭露专区”平台，梦想者可由此向公众推销创意计划。三是创新研发补助。台湾经济行政主管部门推动“小型企业创新研发计划”（Small Business Innovation Research，SBIR），协助并鼓励台湾中小企业加强自主技术创新的研发。三是按产业类别予以研发补助。如台湾经济行政主管部门推动“服务业创新研发计划（Service Industry Innovation Research，SIIR）”和“协助传统产业技术开发计划（Conventional Industry Technology Development，CITD）”。

2. 提供创业空间

为鼓励青年返乡创业，台湾交通、财政等行政主管部门，将闲置或待转型的公有土地提供给青年作为创业空间。如台湾铁路管理局将管理的多处不动产，提供给青年创业或文创产业创业者，让创业者以低于市场行情的优惠价格直接承租。自1997年起，台湾经济行政主管部门中小企业处联合政府、研究机构、大学院校与民间企业推动育成政策，鼓励设立育成中心。目前全台湾创新育成中心已超过130所，除了为创业者提供创业空间设备外，也提供技术研发、商务辅导、信息与营销推广、行政支持等服务，并针对厂商个别需求，制定培育计划。

3. 提供创业辅导

在创业阶段辅导方面，除通过推动创业教育与开设创业相关课程外，台湾经济行政主管部门推动“创业知能养成计划”、“促进中小企业数字学习计划”，台湾“农委会”推动“农民学院—入门及初阶训练、进阶及高阶训练”。台湾劳动行政主管部门推动“微型创业凤凰贷款”及“创业咨询辅导服务计划”，对创业者提供辅导。在创业圆梦辅导方面，台湾经济行政主管部门推动“创业咨询服务计划”、“创业圆梦计划”、“妇女创业飞雁计划”和“微型及个人事业支持与辅导计划”等方案，台湾教育行政主管部门推动“大专毕业生创业服务计划”（U-START），协助台湾青年创新创业。

（二）福建自贸试验区吸引台湾青年创业

福建自贸试验区三个片区先后推出鼓励台湾青年创业优惠政策，分别在开办补贴、小额担保贷款财政贴息、住房、办公室租金等方面给予补贴，针对具有创新创意的创业项目给予资金扶持，同时提供创业基地、孵化器、创投基金等支持。

1. 福州片区

2015年8月8日发布《关于鼓励和支持台湾青年来榕创业就业的实施办法》，鼓励和支持18周岁至45周岁的台湾青年到福州创业就业，主要内容包括支持多种形式创业、扶持创业基地建设、提供创业辅导服务、给予创业融资及资金扶持等11个方面，共36条政策。

2 平潭片区

2015年平潭综合实验区颁布《关于鼓励和支持两岸青年入驻台湾创业园创业就业的实施意见》。还针对特定产业制定扶持政策，包括对“先进制造业”按其年缴纳税收的地方级财政分成部分的80%予以奖励，对“现代服务业”按其年缴纳税收的地方级财政分成部分的50%予以奖励，对“物流航运业”按其年缴纳税收的65%予以奖励，对“商贸业”按其年缴纳税收的50%予以奖励，对“总部经济”按其年缴纳税收的70%予以奖励。

3. 厦门片区

2015年8月颁布《关于印发鼓励和支持台湾青年来厦创业就业实施意见的通知》。此外，厦门片区针对特定产业制定扶持政策，如2015年颁布《厦门市人民政府关于印发促进电子商务发展若干措施的通知》，优惠政策包括：对经评审认定的具公共性、示范性和带动性的电子商务平台，按其上年度平台投入费用，给予不超过30％的补助；对重点电商平台企业、应用企业给予租用或购入办公场所200元/m^2的补助等。厦门海沧给予“航运业”、“保税物流业”及“融资租赁业”支持性奖励，如入驻保税港区的进出口贸易、仓储物流企业并正常营运的，一次性给予10万～20万元人民币奖励，并给予厂房、仓库等租金补助。另外，厦门市在专项资金政策上，针对“商贸流通业”、“动漫产业”、“技术改造”、“生产性服务业”等提供资金奖励补助。

（三）福建自贸试验区与台湾的创业扶持政策比较

目前，绝大多数创业者特别是青年创业，往往会面临创业资金不足问题，闽台两地对创业启动金都尽可能给予协助。

1. 创投基金方面

视创业团队创业项目的创意含金量、核心技术及市场前景等因素给予创投支持。在创业各项补贴方面，平潭片区提供台湾青年的创业补贴较多，且特别针对台湾居民给予个人所得税补贴及企业所得税15％优惠。

与台湾相比，福建自贸试验区优惠条件仅限于已成立且已纳税的企业，才能领取创业启动金、租金、住房等项补贴；而台湾“发展基金创业天使计划”补助对象则不限制一定要成立公司，补助对象较广，范围包括：（1）计划在岛内成立的独资、合伙事业或公司者，（2）成立未满3年的岛内独资、合伙事业或公司。

2. 创业基地（孵化器）、加速器及创投资金方面

台湾青年到福建自贸试验区创业，因对大陆的法律及税务体制、当地人文环境及消费习惯不熟悉，若能获得当地孵化器协助，提供包括创业导师、技术、财务、法律、知识产权等方面咨询服务，有助于提升新创团队或公司的成功率。目前福建自贸试验区尚处于发展初始阶段，片区内孵化器及加速器数量不多。福州片区目标于2016年底前，7个县

（市）应建立至少1个以上的台湾青年创业基地。平潭片区已设有“台湾创业园”，园区内含两岸青年创业基地，企业孵化器在陆续进驻中。厦门片区设有“服务外包产业园”，内含“两岸青年创业创新创客基地”，目前由海基两岸青年创业基地有限公司负责营运，规划朝向孵化平台、创意平台、体验平台、小区平台四大发展平台建设。加速器及创投资金方面，福州及平潭皆设有官方投资的创投资金，平潭雏鹰及雄鹰两支基金总额更高达人民币10亿元，厦门部分除官方设有规模百亿的“厦门市产业引导基金”，并有知名民间加速器一爱特创业加速器，基金规模达3000万人民币。

相比之下，台湾包括官方补助设立及民间设立的各类育成中心（孵化器）目前已超过130家，官方提供的创业空间遍及全台湾各县市，创业团队能够相当便利地找到创业基地及育成中心辅导。然而，目前台湾创业环境不佳，台湾创投界很少愿意投资初期风险高的新创公司，导致创业团队在创业早期就因扩展资金不足，很多好点子、好创意难以被转化和实现。

3. 特定产业扶持方面

福州片区重点发展产业为“电子商务业”及“保税物流业”等，平潭片区重点发展产业为“先进制造业”、“现代服务业”、“物流航运业”、“商贸业”及“总部经济”等，厦门片区重点发展产业为“电子商务业”、“航运业”、“保税物流业”、“融资租赁业”、“商贸流通业”、“动漫产业”、“技术改造”及“生产性服务业”等。台湾青年到福建自贸试验区创办个体工商户时，可考虑不同片区的产业发展重点，依创业项目选择较有利的发展区位。

表1 福建自贸试验区及台湾鼓励台湾青年创业的各项补贴优惠比较

	开办补贴（元）	小额担保贷款财政贴息	住房补贴（元/人月）	租金补贴	创业项目扶持（元）	政府创投基金（元）	创业辅导
福州	1万	第一年100% 第二年80% 第三年50%	1000	提供$100m^2$租金补贴	5万～15万	1亿	对推荐或辅导台湾青年来榕创业做出实效的示范团队，由市级财政给予不超过50万元的奖励

续表

	开办补贴（元）	小额担保贷款财政贴息	住房补贴（元/人月）	租金补贴	创业项目扶持（元）	政府创投基金（元）	创业辅导
平潭	最高20万连续纳税6个月以上）	三年100%	500—2000	200m²三年100%（须经评估）	20万—50万	雏鹰雄鹰基金约10亿	对推荐引进、辅导服务台湾青年成功入园创业做出实效的示范团队，经申报评定由省财政给予100万元以内的奖励
厦门	最高30万（有效经营1年以上的企业，按注册实到资本计算）	50%	1000	100m²第一年100%第二年70%第三年50%	—	厦门市产业引导基金约100亿	允许台湾创业青年聘任一名创业导师，创业导师享有台湾创业青年除创业资金支持以外的各项待遇
台湾	创业总经费至多4成，最高新台币1000万	青年创业及启动金贷款，贷款额度最高为新台币1800万	无	无	小型企业创新研发计划（SBIR），补助计划总经费50%；服务业创新研发计划（SIIR），每案每年补助上限为新台币200万；协助传统产业技术开发计划（CITD），补助新台币200万—1000万	发展基金新台币100亿	经教育部评审通过创业团队获补助款50万元；并进驻学校育成单位的新创公司，接受创业育成单位的辅导1年，可获25至100万元的新创事业补助款

二、台商到福建自贸试验区创办个体工商户的影响因素

（一）台商到福建自贸试验区投资的经验判断及风险考量

为了解台商到大陆创业，所考虑的主要问题和风险担忧，以及过去台商在福建的投资经验，本研究通过深度访谈台湾代表性厂商及有意创业者的问卷调查方式进行分析。

1. 代表性厂商访谈的结果分析

一是较担忧制度和政策风险。目前福建自贸试验区在招商引资部分对台湾企业采用一事一议作法，给予企业客制化的优惠条件，对台湾创业者而言其实存有风险，建议应公开明列政策文件作为遵循依据。此外，优惠政策落实程度上，福建自贸试验区挂牌成立以来，相关政策仍在逐步推动中，但由于自贸试验区政策由国务院颁布，地方政府执行，故存在中央政策与地方执行上的落差待克服，相关优惠政策落实状况不尽理想等问题。

二是台商投资福建自贸试验区的片区选择考虑。台湾创业者的区位选择，主要考虑“生活配套”、“地理便利”及“创业扶持政策”等因素，厦门片区是台湾创业者的首选。在台商看来，福建省的福州及平潭片区还处在待开发阶段，特别是平潭，虽然国务院给予相当多的资金与政策支持，但相较于厦门，目前的生活配套及基础设施均较为薄弱，对于吸引台湾创业者到此创业不利。

三是台商投资福建自贸试验区的产业选择考虑。虽然“跨境电商”是福建自贸试验区具有较大商业利益的产业，但台湾创业者的优势产业，在福州片区可发展“连锁店产业”、平潭片区可发展“转口贸易”及“对台贸易”、厦门片区则以发展“文化创意产业”较具优势。

2. 创业者问卷调查的结果分析

一是到福建自贸试验区的投资意愿高。调查结果显示，欲前往的创

业者高达72%，其中选择到上海自贸试验区占32%，福建自贸试验区占35%，广东自贸试验区占5%。虽然福建自贸试验区设立时间较晚，但对台湾创业者的吸引力仍不输上海自贸试验区，考虑因素为“地理位置邻近台湾”、“文化及风俗民情与台湾相近”及“提供台商优惠政策”。

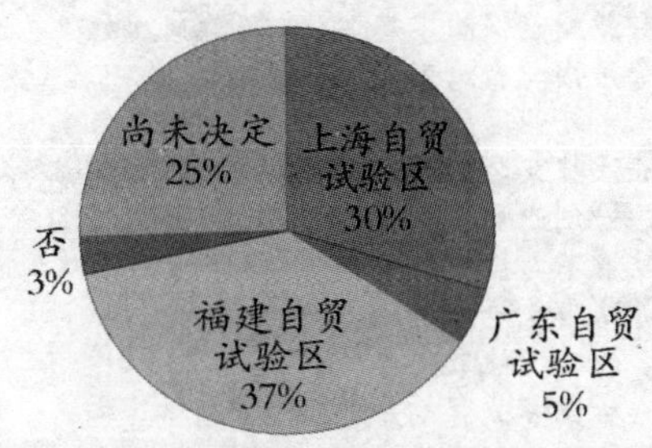

图1　台湾创业者到大陆自贸试验区创业的意愿分布

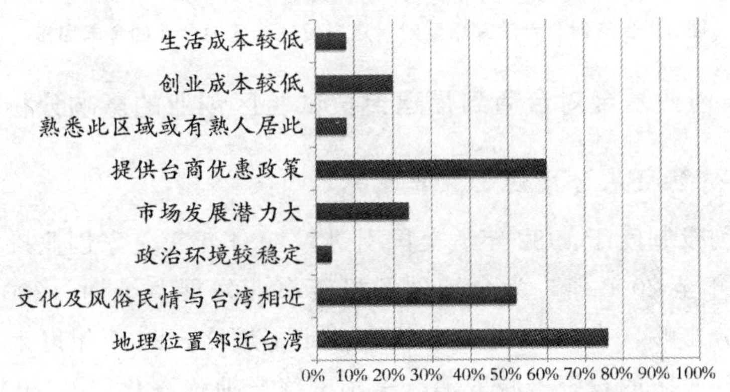

图2　吸引台湾创业者前往福建自贸试验区创业的因素

二是厦门片区最受台湾创业者青睐。前往福建自贸试验区的台湾创业者选择哪个片区进行创业，其中以“厦门片区”最受创业者青睐占44%，其考虑因素为“提供台商优惠政策”、“地理区位优势”及“富集的人才资源”。其次为平潭片区占16%，其最大诱因为“提供台商优惠政策”。

三是台湾创业者不想到福建自贸试验区创业的主要考虑因素，为“不熟悉大陆的法律及会计税务”、“不了解福建自贸试验区的概念及政策内容”和“不了解福建自贸试验区与大陆其他自贸试验区的异同”。此外，有高达72%的创业者并不知道福建自贸试验区有鼓励台湾青年至福建创业就业的优惠政策，显示福建自贸试验区相关政策宣传有待加强。

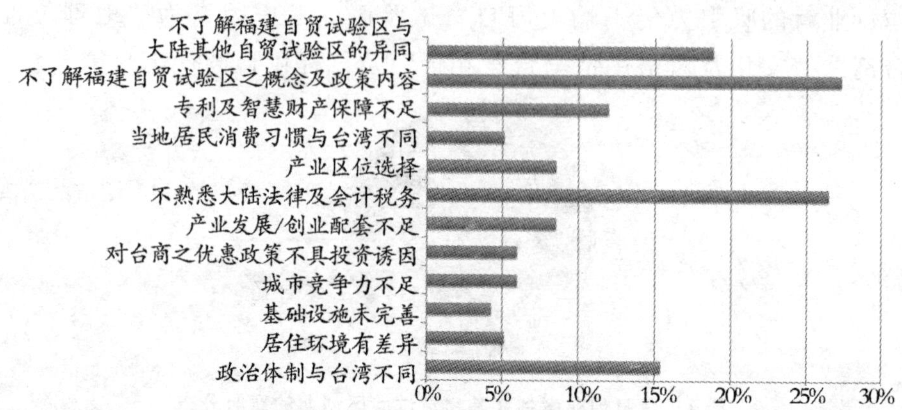

图3　台湾创业者没有想要到福建自贸试验区内创业的考虑因素

（二）创业基金对台商到福建自贸试验区创业的影响分析

1. 台湾创投基金及创业基金现况

台湾创投制度于1982年从美国引进，1984年第一家创业投资事业成立。1995年至2000年，为台湾创业投资事业发展黄金期。2000年可视为发展的分水岭，自2001年起创投事业走下坡路，2001年以来，创业投资事业面临股东的投资抵减取消、美国网络产业泡沫化以及2008全球金融海啸及岛内经济不景气等因素，台湾创投资金来源急速减少，从2000年投资金额新台币308.03亿元、投资件数1850件，减至2011年65.42亿元、投资件数277件。此外，台湾创投事业投资目标偏重于晚期阶段投资，即在公司扩充期及成熟期阶段，早期阶段种子期及创建期的投资有逐年下降趋势。目前台湾的创投事业发展，对台湾新创企业及青年创业的推动作用相当有限。整体而言，台湾当局在协助青年创业所需的创业基金部分，除了提供青年创业及启动金优惠贷款外，目前是以台湾“发展委员会”推动“发展基金创业天使计划”的补助为主。

2. 福建自贸试验区创投基金及创业基金分析

一是福州片区创投基金及创业基金。依托福州市政府和清华紫光成立总额1亿元的创投基金，定向安排不低于15%比例，对符合基金投资要求的项目进行风险投资。此外，福州鼓励民营投资机构投资台湾青年初创企业，允许市属投资基金投资台湾青年创业项目的风险容忍度提高到25%。对获得天使投资基金投入项目，市属产业基金同比例配套投入，最高占股10%。在创业基金部分，福州对经评审符合一定标准的台湾青年创业项目，根据项目的科技含量、规模、经济社会效益、市场前景等，给予5万—15万元人民币的创业启动资金扶持，并推荐申报省级重点创业项目、优秀创业项目和相应的资金补助。同时，市级配套安排300万元人民币，对于省、市确定的重点创业项目和优秀创业项目分别给予25万元人民币和10万元人民币的扶持。

二是平潭片区创投基金及创业基金。平潭雏鹰创业投资基金、平潭雄鹰创业投资基金是平潭综合实验区内的专项投资基金，由省政府、实验区与兴业证券共同组建，由兴潭投资管理有限公司管理。其中，“雏鹰基金”总规模2亿元人民币，投资“初创型企业”，为初创期企业提供“种子资金”，提高初创企业存活率。“雄鹰基金”总规模7亿元人民币，投资“成长型企业”，通过股权投资、债权投资或股债结合等方式，扶持成长期企业进一步发展、壮大。为发挥两支基金作用，平潭成立一家担保公司——信平创投担保有限公司，专门为两支基金所扶持企业的进一步融资提供担保，公司注册资本金1亿元，由区管委会全额出资。在创业资金扶持方面，在平潭创业项目正常运营满1周年、连续纳税6个月以上的，经评审给予5万—20万元人民币创业资金扶持；另根据创业项目的技术先进性、市场发展前景等，经评审达到大陆先进水平以上的，一次性给予20万—50万元人民币的创业投资扶持。

三是厦门片区创投基金及创业基金。厦门创业投资发展起步较早，1998年就成立厦门高新技术风险投资有限公司，成为福建省首家创业投资机构。统计数据显示，2005年底，厦门创业投资机构只有5家，注册资本总额2亿元；至2015年，厦门市内资创业投资企业已达103家，注册资本77.26亿元，内资股权投资企业246家，注册资本276.95亿元，外资股权投资企业也有3家，注册资本4亿美元。2015年2月1日，规模百亿的“厦门市产业引导基金”正式宣告设立，以引导基金作为母基金，按照“政府引导、市场运作、科学决策、防范风险”的原则进行运作，发挥市场在资源分配中的决定性作用。政府负责顶层设计，不干预子基金的运行管理。

厦门市在创业资金扶持方面，对台湾青年创业项目的科技含量、规模、经济社会效益、市场前景等进行评审，视情给予5万—15万元的创业启动资金扶持。此外，厦门两岸青年创业创新创客基地也给创业者补助，在青创基地设立企业并有效经营1年以上的企业，按注册实到资本计算，20万元以内给予25%的开办补助；20万元以上、50万元以下部分再给予20%的开办补助；50万元以上、100万元以下部分，再给予15%的开办补助；100万元以上、200万元以下部分，再给予10%的开办补助（即10万元）；200万元以上，一次性给予最高额度30万元的开办补助。

3. 创业基金对台商投资福建自贸试验区的影响

创投业发展及创业资金方面，大陆领先于台湾，对缺乏资金的台湾青年创业有实质性诱因。依据问卷调查结果显示，台湾创业者认为青年创业最困难的首要因素为“资金不足”，但在创业资金获取的管道与机会部分，台湾创投环境及官方提供的创业资金金额，与大陆相比居于劣势，对于需要庞大资金投入的生技医疗产业发展而言较为不利。

孵化器及加速器是提供创业者寻找创业资金的重要管道。经过20多年的发展演变，大陆孵化器正逐步向创业者的服务供货商方向前进。随着中国市场化经济发展和创业生态的日益完善，孵化器逐渐向创业投资、多元化服务迈进，并从服务形态上提高质量，也加大对创业项目的审核力度。目前孵化器的入孵门槛、资产配置、服务质量、盈利模式等方面都有实质性的创新，呈现出第三代创新型孵化器的新景象。目前厦门片区设有两岸青年创新创业创客基地，其营运商能够充分结合厦门知名创投爱特创业加速器资源，为入驻团队协寻资金、资源媒合等服务，提供创业者实质有用的帮助。

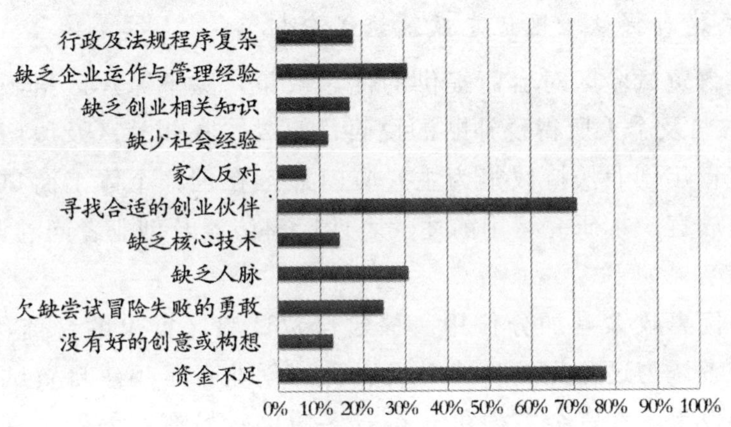

图4　台湾创业者认为青年创业最困难的因素

（三）台商到福建自贸试验区设立工商户的政策诱因

1. 福建自贸试验区的特色优惠政策

福建自贸试验区最大的特色是“推动与台湾的投资贸易自由”，构建两岸融合发展新模式。特别在金融投资方面，重点发展跨境金融、专业金融和融资租赁，建设两岸区域性金融服务中心，如厦门启动对台跨境人民币贷款业务试点，让在厦企业和项目可从台湾银行业金融机构借入人民币资金，融资成本比境内节约近二成。相关政策主要包括：“贸易便利政策”、“金融创新政策”、“两岸往来便利政策”、“政府职能转变政策”及“知识产权保护政策”等，主要特色优惠政策包括：一是鼓励和支持台湾青年来闽创业就业政策；二是福州片区对于台湾鼓励和支持台湾青年来榕创业就业实施办法；三是平潭优惠税收政策（减按15%的税率征收企业所得税、对台湾居民给予个人所得税补贴）、平潭综合实验区关于鼓励扶持台湾高校毕业生来岚创业的实施办法、关于鼓励和支持两岸青年入驻台湾创业园创业就业的实施意见、平潭综合实验区关于支持台湾同胞创业发展暂行规定；四是关于鼓励和支持台湾青年来厦创业就业实施意见的通知、厦门两岸青年创新创业创客基地优惠政策及放宽台湾个体工商户经营限制。

2. 福建自贸试验区优惠政策诱因分析

福建自贸试验区对台商提供的优惠政策，除平潭片区给予台湾企业所得税 15％及个人所得税补贴的税收优惠外，福州片区及厦门片区则以提供台湾青年创业扶持政策为主，厦门片区在创办个体工商户的经营限制上更为放宽。本研究运用前述代表性厂商访谈及创业者问卷调查结果，提出分析结果如下。

一是优惠政策有加分作用。福建自贸试验区推出的台商优惠政策，部分受访者认为这些优惠政策对吸引台湾创业者至福建自贸试验区创业具有加分效果，在资金方面可获得较多协助；另有部分受访者认为优惠政策的补贴金额太小，且自贸试验区内生活机能未健全、尚待完善，因此不具诱因。

二是自贸试验区对台湾微型企业有吸引力。福建自贸试验区设立在投资贸易自由化、简政放权及改善营商环境，非以提供优惠政策为目的，然“节省成本”是吸引台湾微型、微利企业到大陆创业的重要诱因。

三是未出台申办个体工商户的优惠政策。福建自贸试验区内并未针对创办个体工商户提供优惠政策，且创业基地补助是以注册成立公司为前提要件，故对于台湾创业者前往创办个体工商户不具诱因。

3. 台商投资福建自贸试验区的政策需求

一是对共通性政策配套措施的需求。台湾创业者最需要的资源为“创业启动资金的扶持”、“大陆市场及产业分析”和“商机媒合”。主要包括：（1）加强福建自贸试验区政策相关内容的宣传，并加速拟定政策实行细则，使台湾创业者明了政策实际运作内容。（2）针对地方政府及创业基地“可叠加”的优惠政策进行整理，协助台湾创业者评估实际可得到的优惠补助。（3）加强福建自贸试验区相关政策倡导，可与台湾创新育成中心、青创总会等机构合作，通过台湾机构以增加其宣传招商成效。（4）建议福建自贸试验区内创业基地可与台湾的创新育成中心建立两岸三地育成网络共同辅导机制（soft－landing 育成软着陆机制），辅导对象以尚未注册工商登记的创业团队为主，协助欲创业者先行了解大陆的市场环境、文化风俗及法律税制规范等，减少台湾创业者对大陆的不确定性，以增加其创业的意愿，并加强创业准备期及种子期的创业补助。（5）尽快加强福建自贸试验区周围交通及生活机能措施，一方面可提高当地居民迁居的意愿，增加自贸试验区内周围消费人口，活络自贸试验区的经济活动，同时也可提升台湾创业者前往福建自贸试验区创业的诱因。（6）进一步明确福州、平潭及厦门三个片区的产业发展规划方向，产业差异化发展特色。（7）建议福建自贸试验区内创业基地（孵化器）可提升其服务，提供创业者更多实质性的帮助及更多元的创业资源。

二是对产业政策配套措施的需求。主要包括：（1）目前福建自贸试验区所公布的产业规划并未包含一级产业，建议开放第一、二产业参照台湾自由经济示范区“前店后厂”的营运模式，在自贸试验区内设置营运中心，而在自贸试验区外甚至邻近行政区设置加工工厂或农场，但同时能享有自贸试验区优惠政策，如此可望提升台商前往福建自贸试验区发展的意愿。（2）目前台湾创业者欲从事行业主要为“文化创意”及“信息科技”产业，此二行业皆相当重视专利及知识产权保障，建议福建自贸试验区加强落实专利制度与两岸知识产权保护的相关法令，并积极克服知识产权司法审判时的相关问题，以提升台商前往福建自贸试验区投资意愿。（3）近年来大陆出台政策支持跨境电子商务的健康快速发展，但由于跨境电商属投资大、回报周期长的产业，建议福建自贸试验区于拟订跨境电商产业相关优惠政策时可酌量延长政策优惠年限。

三、台商在福建自贸试验区设立个体工商户的产业选择

“个体工商户”在台湾称为“小规模商业”，是指规模小、平均每月

销售额未达新台币200000元、按查定课征营业税的小规模营业人。小规模营业人只要有营业，都应办理营业登记，但依据台湾商业登记相关规定，包括摊贩，家庭农、林、渔、牧业者，家庭手工业者，民宿经营者，以及每月销售额未达营业税起征点者，可免申请登记。

（一）台商在福建自贸试验区设立个体工商户的产业方向

根据《中国（福建）自由贸易试验区产业发展规划（2015—2019年）》，将立足自贸试验区产业发展基础，对接“互联网+”，实施“中国制造2025”行动计划，重点发展“国际商贸”、“航运服务”、“现代物流”、“金融服务”、“新兴服务”、“旅游服务”和“高端制造”等七大产业，集聚发展总部经济、平台经济、离岸经济等新业态，加快产业转型升级，深化功能创新，打造福建产业发展新高地。由此可知，福建自贸试验区产业发展重点以第二产业的“高端制造业”及第三产业的“商贸及服务业”为主。由于《个体工商户条例》对从业人数、面积及行业有限制规定，即从业人员不超过10人，营业面积不超过500平方米，允许经营行业130项，所以台商个体工商户较可能从事的产业领域将以发展“国际商贸”、“航运服务”、“现代物流”和“新兴服务”等四大类别（见表2）。

2015年7月28日，厦门自贸片区发布相关意见，放宽了对台商个体工商户经营的限制，包括支持台湾居民、台湾农民依法以个人经营的组织形式在区内设立个体工商户，取消从业人员、经营面积的限制，并根据省政府公布目录放宽其经营范围限制。因此，台商个体工商户在厦门可从事的行业范围扩大，包括需要大量劳力及土地面积的第一产业。但根据厦门自贸片区所发布的产业布局图来看，厦门自贸片区并没有特别规划出农业生产的区块，加上厦门本身缺乏耕地，台商个体工商户可采用类似台湾自由经济示范区“农业加值”模式，即可“前店后厂”，在厦门片区内设营运中心，片区外设置工厂及农场，甚至可与邻近地区的泉州和漳州进行产业合作，漳州设置农场，泉州负责工厂加工，由此扩大台商个体工商户可在片区内发展的产业领域。

表 2　台湾个体工商户与福建自贸区的发展领域选择

产业重点	个体工商户可能选择	个体工商户次可能选择
国际商贸	商品交易 保税展示交易 跨境电子商务 离岸和转口贸易	批发零售业
		货物、技术进出口
现代物流	国际中转物流 港口综合物流 对台专业物流	货物、技术进出口
		仓储业
新兴服务	制造服务 服务外包 专业服务 文化创意 会展服务 社会服务	软件开发
		信息技术资源服务
		信息系统集成服务
		数据处理和储存服务
		知识产权服务
		广告业
		研究和试验发展
		经纪人
		门诊部（所）
		专业技术服务等
航运服务	国内外中转服务 基础航运服务	货物、技术进出口
		港口设施、设备租赁维修
		运输代理
其他服务	餐饮业 日常服务	餐饮业
		洗染服务
		理发美容服务
		洗浴服务
		修理业
		宠物服务等

（二）福建自贸试验区各片区的产业优势比较

1. 从生产要素分析各片区优势产业情况

一是平潭片区优势发展产业。平潭有距离台湾近的优势及土地成本低廉，除现有的平潭港区澳前作业区有 2 万吨级两岸高速客货轮装码头已投入使用，平潭港区金井作业区多功能码头已基本建成，可停靠 2 万至 10 万吨级船舶，且平潭至台中及台北高速客轮航线已经开通，可借此优势发展“现代物流”中的“对台专业物流”。目前平潭正积极发展第三级产业，加上其发布许多对台青年之优惠政策，鼓励来平潭发展，未来可朝向“新兴服务”产业迈进。

表 3　三个片区土地价格比较

	福州（2015 上半年）	平潭（2013 年）	厦门（2015 上半年）
普通住宅成交均价（元人民币/m^2）	12998	7700	17794
经营用地成交楼面均价（元人民币/m^2）	8921	—	5725

二是厦门片区优势发展产业。厦门片区有人力素质佳的优势，其拥有大学程度占当地常住人口的比率（2010 年）皆较其他两个片区高且文盲率低，此优势适合发展“新兴服务”中的“服务外包”及“专业服务”，其中以人才为基础行业，如“软件开发”、“知识产权服务”等。

表 4　三个片区人力素质比较

	福州（2010 年）	平潭	厦门（2010 年）
大学程度人口占常住人口的比率	12.46%	—	18%
文盲率（15 岁及以上不识字的人）	5.89%	—	2.51%

对比三地资本要素，厦门市优势为外资投入高及进出口贸易较旺盛，尤其进口贸易地区以台湾列居第一，出口贸易地区别台湾位居前十名，显示厦门与台湾的贸易往来密切，对台商欲于厦门发展“国际商贸”极为有利；且借外资投入及进出口贸易优势，可进一步从事“跨境电子服务”及“离岸和转口贸易”及“航运服务”中的“货物、技术进出口”。

表 5 三个片区利用外资及对外贸易比较

	福州（2014 年）	平潭（2013 年）	厦门（2014 年）
利用外资			
新批准外商投资（项）	126	62	417
合同外资额（亿美元）	14.64	2.13	29.90
实际利用外资（亿美元）	15.47	1.27	19.70
对外贸易			
进出口总额（亿美元）	346.1	4.37	840.9
出口额（亿美元）	212.4	2.05	523.5
进口额（亿美元）	133.7	2.32	317.4

在港口基础设施方面，厦门生产泊位较福州少，但能容纳万吨级船舶的港口却较具优势，且空港设施在开通航线数量位居三片区第一，其空港货邮吞吐量也是三片区中最大，可延伸发展“现代物流”产业。

表 6 三个片区基础设施比较

<table>
<tr><th></th><th>福州
（2014 年）</th><th>平潭
（2013 年）</th><th>厦门
（2014 年）</th></tr>
<tr><td colspan="4">陆运</td></tr>
<tr><td>公路货物运输量（亿吨）</td><td>78.16</td><td></td><td>1.63</td></tr>
<tr><td colspan="4">海运</td></tr>
<tr><td>生产泊位（个）</td><td>167</td><td rowspan="2">澳前作业区 2 万吨级两岸高速客货滚装码头，2015 年 9 月 14 日位于东澳中心渔港的台货码头正式投入营运</td><td>152</td></tr>
<tr><td>万吨级以上泊位（个）</td><td>50</td><td>68</td></tr>
<tr><td>港口货物吞吐量（亿吨）</td><td>1.19</td><td rowspan="2">金井作业区＃6 至＃9 泊位可停靠 2 万—10 万吨级船舶，预计年吞吐量可达 1360 万吨</td><td>2.05</td></tr>
<tr><td>集装箱吞吐量（万标箱）</td><td>221.76</td><td>857.24</td></tr>
<tr><td colspan="4">空运</td></tr>
<tr><td>境内外航线数（条）</td><td>75</td><td rowspan="2">平潭联外空运主要依赖福州长乐国际机场</td><td>140</td></tr>
<tr><td>空港货邮吞吐量（万吨）</td><td>0.77</td><td>30.64</td></tr>
</table>

三是福州片区优势发展产业。福州具有“人力资源”优势，包括劳力人口众多及平均工资较低，适合发展需要劳力和人力资本低的行业，

如“其他服务业”中的“餐饮业”、“洗染及理发美容服务”、“宠物服务”等。

表7　三个片区人力资源比较

	福州（2014年）	平潭（2013年）	厦门（2014年）
平均工资（元人民币/年）	58839	59612	60729
就业人口（万人）	462.66	—	278.18

资本要素方面，福州具有的优势为高额的地区生产总值（GDP），其中第二及第三产业的产值相当接近，但仍以第三产业的GDP最高；其固定资产投资居三片区之冠，尤以第三产业投资金额领先。从地区生产总值（GDP）显示，福州市二、三产业并重，且第三产业产值已追上第二产业。从固定资产的投资看，福州正积极寻求转型，改变其产业结构，向第三产业转型，有利于发展“新兴服务”中的“制造服务”。

表8　三个片区GDP及固定资产投资比较

	福州（2014年）	平潭（2013年）	厦门（2014年）
GDP（亿元人民币）	5169.16	155.39	3273.54
第一产业（亿元人民币）	416.09	35.32	23.74
第二产业（亿元人民币）	2352.15	48.29	1499.27
第三产业（亿元人民币）	2400.92	71.78	1750.53
三产业比	8.05∶45.5∶46.45	22.7∶31.1∶46.2	0.7∶45.8∶53.5
固定资产（亿元人民币）	4388.62	337.52	1572.95
第一产业	56.9	1.81	3.15
第二产业	1219.95	—	306.72
第三产业	3111.77	城镇项目：286.65 房地产开发：49.05	1263.07

跨境电商属投入大、回报周期长产业，福州片区具有金融优势可支持电商发展在金融机构数量、银行存贷款余额、保费收入、股票和基金交易量等主要经营指针皆稳居福建省全省首位，可利用其优势来发展“国际商贸”中的“跨境电子商务”。

2. 从商业设施与服务发展条件分析

都市居住服务设施与公共服务机能、商业设施分布等为产业发展所需的必要条件，以下研究从商业设施、居住设施、就学环境、医疗院所、生态环境保护等方面进行分析。综合比较福建自贸试验区内三个片区在商业设施及服务发展条件的比较优势，可知：

一是厦门片区。厦门市拥有大型商业设施，特别是积极建设航运中心、物流产业园、跨境电商产业园、创业基地、服务外包产业园等，可支持“国际商贸”、“现代物流”、“航运服务”及“新兴服务”等业别发展。

二是平潭片区。平潭片区对台商及台湾青年推出多项优惠政策，并建设有平潭对台小额商品交易市场、台湾创业园等商业设施，可吸引台湾从事批发零售业的商贸业至平潭发展。

三是福州片区。福州市具有金融优势，金融机构数量居三个片区之首位，在银行存贷款余额、保费收入、股票和基金交易量等经营指标皆稳居福建省首位，有助于商贸活动结算和融资。在“大型商业设施支持”方面，设有跨境电子商务园区、进口食品交易市场及保税物流园区，综合此二优势，有利于福州片区发展“国际商贸业”、“现代物流业”以及其他新兴服务业。

（三）台商福建自贸试验区设立个体工商户的空间布局

1. 平潭片区

平潭具有土地成本及办公场所租金相对低廉优势，对台青年创业政策及创业基地所提供的优惠措施更具吸引力，特别对台商设立台湾创业园，故适合初到大陆开拓市场的台湾青年，需要优惠的办公空间及借由平潭工作创业来了解大陆市场发展状况、法规税制环境及民俗风情等。

平潭有物流成本低廉的优势，目前负责对台观光及运输货物的澳前码头，设有海峡号和丽娜轮于每天有固定的航班于平潭澳前码头与台湾台北港之间往返，距台湾仅两个半小时航程，可大幅地降低对台货物运输的物流成本。同时建有对台小额贸易市场，给予于商场购物 6000 元人民币以内的免税优惠，有利于平潭对台湾之间的贸易往来及合作。故台湾个体工商户于平潭片区发展的可行行业别为针对台湾进行的货物、技术进出口。

2. 厦门片区

厦门人力素质较高，适合发展需要专业技术服务的产业，且邻近区域对自贸试验区产业有较高支持性。如漳州电子信息产品制造业，可作为硬设备的供应厂，由自贸片区内所兴建的“服务外包产业园”进行软件开发，故台湾个体工商户于厦门片区发展的可行行业别为“软件开发”、“信息技术资源服务”、“信息系统集成服务”、“数据处理和储存服务”及“专业技术服务”等。

厦门基础设施方面的优势明显，具备良好的空运、海运及冷链物流条件，其中：空运的部分，厦门高崎国际机场航线数达 140 条，空运货邮量为三片区之最；海运运输部分，厦门港为福建省距台湾近的港口之一，且港口货运量及集装箱吞吐量居三片区之冠；在两岸创业条件评估中，厦门片区重点发展产业包括航运业，并于片区内建有国际航运中心及万翔物流园区（万翔冷链物流中心、万翔现代物流中心、万翔国际商务中心），结合地方优势及政府政策支持，故台湾个体工商户于厦门片区发展的可行行业别为“货物、技术进出口”及“物流业”。

厦门市居民的人均可分配收入及人均消费支出高，市民消费能力强，并有大型商业设施的支持，故台湾个体工商户于厦门片区发展的可行行业别为“批发零售业”。

3. 福州片区

福州市具有人力及资本资源优势；在“商业设施与服务发展条件”上，其生活机能（商业设施、就学及医疗环境）较为完善；而在“市场规模、通路及成本评估”部分，则具有市场规模及实体通路的优势。因此，适合台商于福州片区创办个体工商户的行业别如下：

福州具有“市场规模大”和“实体通路数量多”优势，表示当地居民的内需大且可供贩卖的实体通路店面众多，故适合台湾个体工商户于福州片区发展“批发零售业”。

福州具有“金融优势”，当地市民金融储蓄金额及金融机构数量皆居三片区之首，银行存贷款余额、保费收入、股票和基金交易量等居福建省首位，有助于商贸活动中的结算和融资，有助于发展投入大、回报周期长的跨境电商产业。

福州人事成本低廉和劳力人口众多，适合发展需要大量劳务性质的产业，且具有“生活机能设施”便利的优势，可利于民生需求的服务业发展，故台湾个体工商户发展行业别为“餐饮业”、“洗染服务”、“理发美容服务”、“洗浴服务”、“修理业”及“宠物服务”等需要大量劳力的行业。

表 9　三个片区创办个体工商户的条件比较

面向	细向	福州	平潭	厦门
生产要素竞争力	人力资源	👍		
	人力素质			👍
	土地价格		👍	
	资本资源	👍		
	基础设施（交通便利性）			👍
商业设施与服务发展条件	商业设施	👍		
	居住设施		👍	
	就学环境	👍		
	医疗院所	👍		
	生态环境保护		👍	
两岸创业条件	各项补贴		👍	
	创业基地	建设中	👍	👍
	创投基金			👍
邻近区域对自贸试验区发展产业的支持性	漳州、泉州			👍
市场规模、通路及成本评估	实体通路	👍		
	虚拟通路			👍
	办公室成本			
	物流成本		👍	

四、结论与建议

（一）主要结论

（1）福建自贸试验区开放台湾居民及农民个体工商户可从事的行业有129个，增加台湾创业者到大陆发展的可能性。针对福州、平潭及厦门三个片区个体工商户行业别分析，得出福州片区适合发展批发零售业、跨境电商及需要大量劳力资源的餐饮业、洗浴服务等；平潭片区目前个体户所能从事的行业别仍有限，但因距离台湾近，适合发展专门对台湾的货物技术进出口业及台湾创业者初探大陆市场的根据地；厦门片区适合发展批发零售业、货物技术进出口、物流业及需要高端人才的软件开发、信息技术资源服务业等。

（2）台湾目前以26—30岁青年创业的比例最高，创业形态多以合股企业方式经营，热门创业行业别为文化创意、信息科技及电子商务，个体工商户形态创业之首选产业别为文化创业，其次依序为食品餐饮、信息科技及零售批发。

（3）由于熟悉台湾市场环境、生活居住环境及政策法律，有高达六成的创业者选择留在台湾创业，但其中有高达六成的创业者有意愿前往大陆创业，其考虑原因为大陆的市场发展潜力大、地理位置邻近台湾及创业优惠政策的支持。

（4）台湾创业者前往大陆自贸试验区创业的首选之地为福建自贸试验区，而厦门片区则是台湾创业者的优先考虑地区，其原因为邻近台湾、提供台商的优惠政策和富集的人才资源；不考虑前往福建自贸试验区的原因，主要是不了解其政策内容及与其他大陆自贸试验区的异同、一事一议所存在的风险和优惠政策的落实程度。

（5）大陆具有广大消费市场及良好创业环境氛围，在资金协助方面对台湾青年创业具有实质诱因，但福建自贸试验区目前所拟定的优惠政策系以注册公司为必要条件，创办个体工商户者无法享受到优惠，且目前的产业规划对于个体工商户的发展有限，故整体而言较不具有吸引台商至福建自贸试验区创办个体户的诱因。

（二）若干建议

（1）福建自贸试验区对台放宽创办个体工商户经营限制，大幅降低台湾居民赴大陆开业的门槛，建议增加自贸试验区对创办个体工商户的优惠措施，加强政策宣传，并在员工招募、产品销售渠道提供协助。建议可将优惠政策所订定的注册公司的必要条件移除，使创办个体工商户的业者能享受到同等的优惠，以增加福建自贸试验区招收个体工商户的成效。

（2）建议加强自贸试验区优惠政策及产业规划布局差异化特色宣传，可结合台湾相关单位，如创新育成中心或学校、研究机构等，以台湾民众可了解的语言来进行宣传，其宣传效力将更加强劲。此外，三个片区近期应先着手改善周边生活设施与交通状况，活络周围的经济活动借以带动消费人潮，提高自贸试验区的招商成效。

（3）福建自贸试验区内适合发展的产业别以第三产业为主，建议可开放于自贸试验区内从事第一、二产业并提供相关优惠政策，如发展农业育种、农业技术咨询、渔业养殖、休闲观光、农业科技服务等第一产业，另建议可参采台湾自由经济示范区“前店后厂”营运模式，将营运中心设置于自贸试验区内，设置加工厂或农场于自贸试验区外，且能同时享有自贸试验区的优惠政策，使福建自贸试验区内的产业发展更趋多元化并可望大幅提高台湾个体户前往创业的意愿。

（4）目前台湾创业者最热门的创业行业类别为“文化创意”及“信息科技”，惟此两种行业尤其注重专利及知识产权保障。“专利及智慧财产保障不足”，亦为台湾创业者不愿一开始就往大陆创业的考虑因素。建议福建自贸试验区加强落实专利制度及两岸知识产权保护相关法令，凸显自贸试验区内外行政制度效率的异同，提高台湾创业者前往自贸试验区创业意愿；此外，电子商务也为台湾创业者热门创业行业别之一，属投资大及回报周期长产业，目前相关优惠政策有效年限（三年）过于短暂，建议可适度延长其电子商务优惠政策年限。

（5）大陆及台湾的孵化器（创业基地）可作为引进台湾青年至福建自贸试验区创业的重要媒介，建议可建立两岸育成网络共同辅导机制，辅导对象以尚未注册工商登记创业团队为主，协助欲创业者先期了解大陆市场环境、文化风俗及法律税制规范、政策解读等，给予台湾创业者一定时间的缓冲期，减少不确定的因素，增加创业者前往创业的意愿。

（6）建议福建自贸试验区内的创业基地可提供多元化服务给入住基地厂商，如开设协助撰写创业计划书（BP）课程，创业基地也可扮演辅导的角色。此外，获得初期的创业资金固然重要，但后续是否能取得融资才是制胜的关键，故建议创业基地可为入驻厂商举办商机媒合会、创业沙龙或路演等能提高创业者在投资人曝光的机会，借此活动获得融资的机会，同时亦可由创业导师开设在大陆获取融资的管道及洽谈的方法的课程，使创业者能尽速融入当地的市场。

（7）福建自贸试验区为台湾创业者出台众多相关优惠政策，且地方政府及创业基地也同时推出青年创业扶持政策，但目前实际的政策实行细则尚未制定，建议加快制定政策细则。此外，由于出台的相关优惠政策繁多，需针对“可叠加”的优惠政策进行整理，帮助台湾创业者评估实际可享受的优惠。

（8）建议福建自贸试验区可举办两岸青年领袖创新创业研习营，由台湾学校推荐有意创业的青年参加，让两岸青年可通过全程免费的创业课程及住宿学生宿舍的方式，了解自贸试验区政策，并与大陆青年进行创新创业脑力激荡等实质交流。

课题组：左峻德　徐幸瑜 寿迩琪

>>舆情篇

福建自贸试验区：释放政策红利　推动闽台合作

《经济日报》2015 年 7 月 30 日　记者　石伟

得益于一系列自贸试验区利好政策的落地效应，2015 年以来福建迎来新一轮境内外企业注册高潮。福建省自贸试验区办公室的数据显示，2015 年 1 至 5 月，福州、平潭、厦门 3 个片区新增内外资企业 1196 户，注册资本 253.58 亿元，分别比上年同期增长 1.07 倍和 11.31 倍。投资领域涵盖跨境电子商务、融资租赁、商业保理、服务外包、金融服务、高新技术等行业。

仔细研究负面清单，并从中发现商机，是一些打算落户福建自贸试验区的台资企业的"课前作业"。厦门自贸片区推进工作领导小组办公室主任熊衍良告诉记者，不久前厦门分别在台湾台中和厦门本地举行了电子商务论坛，参会台商的积极性远超预期。"在台中，预计 300 人的会场最后来了 500 人；在厦门，预计来 500 人的会场来了 1000 人。台商们希望尽可能多地了解包括负面清单在内的自贸区详细政策。"熊衍良说。经过一段时间的探索完善，厦门片区公布的负面清单管理制度已基本建立。清单比其他片区的限制进一步减少，台商独资企业、外资企业在金融、通讯、批发零售等领域都能够找到投资机会。

2015 年以来，通过推进体制机制创新、积极转变政府职能、及时评估完善创新举措、推进对台先行先试等措施，福建自贸试验区先后启动了 172 项试验任务，其中已经实施的 116 项，正在推进的 56 项。这些落地有声、行之有效的举措正在成为落户自贸试验区企业的政策红利。

对于已经落户和打算落户的企业，在福建自贸试验区将能够收到哪些"政策红包"？记者就此做了专门的梳理——在已经推出的百余项举措中，有36项属于全国首创或领先。

例如，“一口受理”服务模式将自贸试验区内企业准入制度由传统的“多个部门多头受理”模式转为“一表申报、一口受理、一照一码、一章审批、印章即刻、当日办结”。通过缩短审批时限，提高审批效率，给企业带来极大便利。

从2015年1月1日起，厦门市在全市推行统一的建设项目审批业务协同平台，以《美丽厦门战略规划》统领推进“多规合一”，从源头顶层开始，对涉及部门合作、技术、编制、管理、实体建设等多领域、多层次的空间治理体系进行全面改革，消除了12.8万个互相“打架”的现象，形成了“多规合一”一张图；划定了“四条规划控制线”，确定了城市开发的底线，为深化行政审批制度改革、转变政府职能奠定了基础。

除了针对自贸试验区内企业的利好政策外，福建自贸试验区2015年以来在推动闽台金融合作和深度融合方面更是举措多样、形式多样、内容多样。中国人民银行福州分行负责人表示，这些举措包括完善人民币涉外账户管理模式，简化人民币涉外账户分类，促进跨境贸易、投融资结算便利化；外商直接投资项下外汇资金意愿结汇，进一步提高对外放款比例；允许自贸试验区内企业、银行从境外借入本外币资金，企业借入的外币资金可结汇使用；放宽自贸试验区内法人金融机构和企业在境外发行人民币债券的审批和规模限制，所筹资金可根据需要调回自贸试验区内使用；支持跨国公司本外币资金集中运营管理；推进企业和个人跨境贸易与投资人民币结算业务，提高个人和企业跨境贸易投资便利化程度；允许自贸试验区内符合条件的中资银行试点开办外币离岸业务；创新知识产权投融资及保险、风险投资、信托等金融服务，推动建立知识产权质物处置机制。福建省自贸试验区办公室负责人表示，这些针对金融行业出台的政策，将极大方便两岸企业间的金融结算，促进闽台之间经济贸易的深度融合。

发力创新　复制推广　拓展提升　底线清单

——福建自贸试验区挂牌百日成效显著

新华通讯社 2015 年 7 月 31 日　记者　康淼　宓盈婷

福建自贸试验区自 2015 年 4 月 21 日挂牌以来，区内基础建设加快、“物理”变化不断发生的同时，体制机制、管理理念等方面也在不断发生“化学”反应。福建自贸试验区正朝着更加大胆、更加开放、更加高效的方向前进。

“发力创新”、“复制推广”、“拓展提升”、“底线清单”——4 个关键词记述、见证着这些变化。

“发力创新”：引领改革

福建自贸试验区建设着力制度创新，坚持问题导向和企业需求导向，在工作中不断求突破、促创新，让自贸试验区成为福建改革创新的新高地。

在登记注册方面，福建自贸试验区率先实施“一表申报、一口受理、一照一码”的创新举措，回应企业简化程序、统一代码的强烈呼声。企业设立、变更由原来分别向商务、工商、质检、税务等部门提交的书面材料简化成一张表格，同时实现了网上申报，如在平潭片区已实现企业只需要 1 次到窗口即可领取证照。“一照一码”则是将原本工商营业执照注册号、组织机构代码、税务登记号合并为统一的企业社会信用代码，成为企业新的“身份证”。

为推动制度创新，福建自贸试验区组建了创新顾问团队；建立了创新举措、开放措施、招商引资三项通报制度，推动比学赶超。目前福建自贸试验区已推出实施73项创新举措，其中29项为全国首创。

“复制推广”：彰显效应

自贸试验区创新举措一旦成熟，福建省马上进行复制推广。福建自贸试验区已有30项创新成果从6月1日起在全省推广实施。

5月4日福州片区开始实施“简化CEPA以及ECFA下货物进口原产地证书提交需求”、“放宽优惠贸易安排项下海运集装箱货物直接运输判定标准”等两项便利通关措施。福州泰全电机有限公司经理赖银光说：“之前，我们从台湾进口原材料，要享受ECFA项下的免税待遇，就须将纸质原产地证快递过来，至少要3天；现凭电子数据就能报关，方便多了。”创新举措有效解决过去“货到证未到”的问题。6月30日，这两项创新举措被海关总署复制推广到其他3个自贸试验区。

7月29日，厦门市全面启动对台跨境人民币贷款业务试点，台湾地区银行业金融机构可向在厦门注册成立的企业或项目发放跨境人民币贷款。这项业务最早也只是在厦门片区内试点，如今推广到厦门全市。

“拓展提升”：缩短差距

为缩短与其他3个自贸试验区的差距，福建自贸试验区积极学习，大胆吸收，拓展提升。

飞机融资租赁是一种集贸易和金融为一体的综合性金融业务，厦门市在借鉴上海自贸试验区的试点经验后，决定在厦门片区内探索开展这一业务，出台了《飞机融资租赁项目操作流程及责任分工方案》，推出鼓励融资租赁业发展政策措施。6月10日，一架波音737—800客机降落在厦门高崎国际机场，厦门片区首架融资租赁飞机顺利落户厦航。

目前，厦门片区已为厦航引进了8架飞机，境外融资6.4亿美元，并引进了鑫桥、三安信达、马来西亚睿坤、香港均和等境内外知名融资租赁公司入驻。

福建自贸试验区还积极嫁接阿里巴巴等电商平台。7月15日，福建自贸试验区与阿里巴巴集团聚划算全面启动战略合作，双方将深化在跨境电商方面的联动，特别是在对台贸易方面，期冀产生“双推进器”强大动力。

福建还赋予自贸试验区最大限度行政审批权限，能下放的权限全部下放，目前89%以上的省级行政许可事项已下放自贸试验区实施，让自贸试验区高位运行。

“底线清单”：加大开放

负面清单是产业开放的标志，全国4个自贸试验区已发布统一的负面清单。福建省还不满足于此，正在研究探索风险“底线清单”。

“制定风险‘底线清单’不是放弃监管，而是为了实现更大胆放开。只要把底线守住，不出区域性、行业性、系统性风险，其他方面尽可能开放。”福建自贸办负责人说。

目前，福建自贸试验区已初步梳理出监管风险点55个，提出88条防控措施，确保每一项政策都有相应的监管措施。

底线清单管理需要配套更加完善的信息化手段和事中事后监管能力。目前，已有27个省直部门在福建省公用信息共享平台上运行，归集企业基本信息59万户；福建省工商系统市场主体信用信息公示平台已链接省直单位19个，实现了信息共享。平潭片区则组建了市场监管局，整合工商、质检、食药监、卫生、物价、知识产权等6个领域监管职能，形成从源头到终端全过程的市场监管体制。

挂牌百日，福建自贸试验区建设成效显著：从4月21日至7月20日，自贸试验区新增企业3299户，注册资本金865.57亿元，其中新增外资企业324户、增长2.85倍，合同外资81.9亿元、增长3.62倍。投资领域涵盖跨境电子商务、融资租赁、商业保理、服务外包、金融服务等行业。一些世界500强企业入驻福州、厦门片区。

改革频出红利　闽台深度合作

《人民日报》2015 年 8 月 3 日　记者　钟自炜

一组数据让人振奋：自 2015 年 4 月 21 日挂牌以来，福建自贸试验区推出 29 项全国首创创新举措，2 项创新举措被海关总署复制推广到全国其他自贸试验区；到 7 月 20 日，新增企业 3429 户，注册资本 865.57 亿元，其中新增外资企业 324 户、增长 2.85 倍，合同外资 81.9 亿元、增长 3.62 倍。

向机制要活力、以创新换红利成为福建自贸试验区铿锵向前的主步调。

删繁就简　转变政府职能

“以前设企业办证照要跑 5 个部门，提交 5 套 35 份材料，办 4 本证，至少需要 10 天。”福建华东国际海运股份有限公司负责人陈为仁说，“如今只要在一个窗口、提交一套材料、办一本证，不再奔走多个部门，当天就能办妥。”

陈为仁所说的“一本证”，正是福建自贸试验区在全国率先实施的“一照一码”登记制度改革，也就是将工商营业执照、组织机构代码证、税务（国税、地税）登记证统一为一本证，号码合并为统一社会信用代码。

“一表申报、一口受理、一照一码、一章审批”的“一”服务，把方便留给企业、把麻烦留给自己，正是福建自贸试验区转变政府职能、优化再造流程的一个缩影。

厦门片区推行“一站式查验”，以往对于同一票进出口货物进行查验时，海关与检验检疫部门需要分两次到码头进行吊柜、运输、开箱、掏柜、查验，如今两部门对同一进出口货物只要一次开箱检验，减少了30%的重复申报项目，缩短40%通关时间，节省50%以上人力成本，每集装箱节约成本600元。

平潭片区实行“一支队伍”，设立综合执法局，统一行使城建、国土、环保等8项执法职能；整合工商、质监、食药监、卫生、物价、知识产权等6个领域监管职能，组建市场监管局，建立从源头到终端全过程的市场监管体制。

福州片区设立“一个平台”，由一家商务秘书公司为企业提供注册、劳务、法律、财务、咨询等全方位服务，简化经营场所登记手续，实现工商登记“一址多企”。

宽进严管，激发市场活力

福建是全国第一个以省政府名义出台《企业登记前置许可项目目录》的省份，企业登记前置许可项目由227项减为17项。

赋予自贸试验区最大限度行政审批权限，能下放的权限全部下放到片区，目前80%以上的省级行政许可事项已下放自贸试验区实施。在自贸试验区全面实施外商投资负面清单制度，对负面清单以外的外资企业设立、变更由审批制改为备案制。

“事前放宽，并不意味着放松管理。”福建自贸办有关负责人表示，福建自贸试验区建立健全事中事后监管，强化市场风险防控，“初步梳理出监管风险点55个，提出88条防控措施，确保每一项政策都有相应的监管措施，着力防范区域性、行业性和系统性风险”。

如今，已有27个省直部门在福建省公用信息共享平台上运行，归集企业基本信息59万户；福建省工商系统市场主体信用信息公示平台已链接省直单位19个，实现了信息共享。

“被载入经营异常名录的商事主体，财政资金招投标项目将其排除在外，银行等金融机构不受理其开户、贷款等业务……”福建各级各部门正合力实现“一处违法、处处受限”。

由点及面，拓展闽台合作

7月25日，平潭台湾商品免税市场彰化馆刚一开馆，琳琅满目的台湾特色商品，引来络绎不绝的游客。部分货物“先验放、后报关”，台湾水果“边抽样检验、边上架销售”等贸易便利化措施吸引台湾大批企业进入自贸试验区。截至6月30日，平潭台湾免税市场已签约入驻商户222家，其中台资占60%以上，台湾县市主题馆、台湾名品旗舰店等一批特色商户已陆续开业。

“福建对台具有独特优势，2015年以来福建自贸试验区加快推进对台领域的先行先试，在促进两岸经贸以及人员往来便利化、常态化、务实化方面相继推出一系列务实有效的举措。”福建自贸办有关负责人介绍。

目前，已推出对台贸易便利化措施14项。初步估算，简化ECFA（海峡两岸经济合作框架协议）原产地证书提交手续的优惠措施可让ECFA项下享受关税优惠待遇货物的平均进口时间至少减少1—2天，不仅可惠及省内外600多家企业，还可吸引更多ECFA项下货物从福建自贸试验区进口。

两岸青年创业创新创客基地率先对台湾个体工商户开放，已有26家企业完成注册，另有54家企业意向入驻。24家台湾建筑类企业、12家台资医疗机构和医疗生技企业、1家台资合资旅行社落户平潭，10名台湾导游已在平潭执业。

建行、农行、平安银行已分别在厦门成立“对台人民币清算中心”。台湾24家银行已与厦门16家银行签订人民币代理清算协议并开设40个人民币代理清算账户，已累计清算357亿元人民币。台湾银行已在福州片区选址，即将入驻。

“我们现在对自贸试验区充满信心，随着自贸试验区管理配套机制的成熟，这里的吸引力也越来越大。”来自台湾的企业家林巧英说出了广大台商的共同心声。2012年就在平潭成立公司的她，自贸试验区挂牌后又在园区内成立了一家新的贸易公司，进一步拓展对台和海外贸易。据统计，在过去3个月内，福建自贸试验区共新增台资企业193户，合同台资18.3亿元人民币，同比分别增长175.7%、275%。

福建自贸试验区：改革新高地　开放新标杆

《福建日报》2016年2月19日　记者　林侃

岁末年初，福建自贸试验区改革依旧蹄疾步稳。

2015年12月1日起，台湾居民在福建自贸试验区当“个体户”，无需外资备案，能从事经营活动的行业增至129个，福建在对台开放上再次领跑全国。几天后，中国人民银行发布金融支持福建自贸试验区的政策，一系列新政将为跨境交易营造便利的资金支付、流动、结算环境……

回眸2015年，福建举全省之力建设自贸试验区，体制改革，机制创新，马不停蹄。自4月21日挂牌以来，126项创新举措渐次落地，49项全国首创，50项分批、分期推向全省。更重要的是，8个多月的实践，基本理顺福建自贸试验区机制，各项工作有序推进，正引领我省改革全面发力。

商务部研究院评估说：“福建自贸试验区挂牌以来，各项建设任务扎实推进，改革开放的红利不断释放，营商环境进一步优化，为国家深化改革和扩大开放积累了可复制可推广的成功经验。”

管理模式不断创新

一批简政放权、提高政府服务水平和服务效率的创新举措陆续推出，政府管理模式不断创新。

2015年5月4日，全国首张“一照一码”营业执照在福建自贸试验区诞生。“一照一码”登记制度，将工商营业执照、组织机构代码证、税务登记证统一为一本证，号码合并为统一社会信用代码。国家统计局福建调查总队调查显示，这一创新举措推出后，企业设立时间从过去的29天缩短到最快1天。该举措已向全国推广。

在平潭片区，社会投资项目审批采用“一表申请、一口受理、一章审批、一次出件”，申请材料从250项减少到19项左右，项目选址到竣工验收时限从平均1年压缩到93个工作日以内。目前，该举措被国务院自贸试验区工作部际联席会议选入最佳实践案例，印发全国各地学习借鉴。

在厦门片区，覆盖国民经济和社会发展规划、土地利用总体规划和城乡总体规划，以及林业、市政、水利、海洋等专项规划审批的“多规合一”，让规划不再“打架”；项目审批“一张表”，则让建设项目申报环节由24个减少到4个。

如今，三个片区都建立了综合服务大厅，80%以上的省级行政许可事项（共253项）下放自贸试验区实施，基本实现了项目审批不出区、企业办事不出区。

体制机制创新，为自贸试验区带来良好的营商环境，各类企业如雨后春笋般涌现。截至2015年12月31日，区内共新增企业13566户，同比增长5.46倍；注册资本2807.17亿元，增长14.16倍。

企业通关更快捷

一批对标国际贸易通行规则的创新举措落地，企业通关更快速、更便捷、更便宜。

化繁为简，便利企业，在通关领域亦是如此。

2015年8月下旬，福建省国际贸易单一窗口率先在福建自贸试验区上线试运行，推出货物进出口申报关检“三个一”（一次申报、一次查验、一次放行）系统和船舶进出境联检系统等。

据测算，企业通过省“单一窗口”平台进行进出口货物申报，申报时间从 4 个小时缩短至 5 至 10 分钟；船舶进境申报时间由 36 个小时缩短为 2.5 个小时，出境时间由 36 个小时缩短为 1 个小时。这一举措，同样入选了全国自贸试验区“最佳实践案例”。

一年来，驻闽各口岸部门以自贸试验区为平台，创新监管模式。

8 月，厦门海关在全国率先启动分类监管新模式试点，辖区内保税仓储企业可同时经营保税和非保税业务，区内的仓储资源被有效盘活。

厦门片区于 2015 年 7 月在全国首创分段担保业务，保税展示交易店可根据实际销售情况按日或按笔缴付税款保证金，此举有效缓解企业一次性缴付的资金压力。2015 年底，福州片区推出了福建自贸试验区首家区外保税商品交易中心，让市民畅享“自贸时代”的购物便利。

两岸要素流动更便利

一批对台交流合作的创新举措和开放措施率先实施，两岸货物、服务、资金、人员要素流动更便利。

“之前，我们从台湾进口原材料，要享受 ECFA 项下的免税待遇，须提供纸质原产地证，快递过来至少要 3 天，现在凭电子数据就能报关了。”福州泰全电机有限公司经理赖银光说，他们是“简化 CEPA 以及 ECFA 下货物进口原产地证书提交需求”这一新举措的受益者。据福州海关统计，仅此一项新举措，2015 年就为辖区企业减免税款逾 3000 万元。

2015 年 6 月，该举措被海关总署复制推广到上海、天津、广东的自贸试验区。

过去一年，以“为创新两岸合作模式不断探路”为使命的福建自贸试验区，在两岸货物贸易、人员往来、金融合作等领域持续发力，推出了一系列独有的好政策。

在平潭片区，台湾商品被允许“先验放后报关、先上架后抽检”；对台湾小家电率先单方面采信台湾检验检测机构出具的认证结果和检测结果，办理手续从90天左右缩短到1天……通关快捷让平潭对台小额贸易市场红红火火。截至目前，已入驻商户245户，其中64%来自台湾，市场总销售额突破5亿元。

两岸旅游业合作也有实质性突破，国家旅游局出台支持福建自贸试验区扩大旅行社业开放和放宽旅游从业人员限制后，福建省随即明确了福建导游资格考试对台湾户籍居民开放。

两岸人员往来方面，除率先实施台湾居民入境免签注和试点签发电子台胞证外，“台车入闽”也在5月实现常态化。

在引进人才方面，平潭片区积极探索引进台湾专业人才参与平潭管理和建设，首批聘用了6名台湾专才。厦门片区设立两岸青年创业基地，目前已有数百家企业或项目登记入驻，为闽台的人才交流、优势互补、合作共赢开辟了一条新路。

展望2016

“十三五”开局之年，福建自贸试验区依旧是福建全面深化改革、扩大对外开放的前沿阵地。在刚落幕的省两会上，政府工作报告提出：要以制度创新为核心，建立与国际投资贸易规则相适应的体制机制，培育新型业态和功能，加快建设自由贸易试验区。

省自贸办有关负责人表示，要实现这一目标，福建自贸试验区将做到六个“突出”，即：突出统筹协调，抓紧落实正在推进的47项重点试验任务；突出先行先试，研究推出一批新的试验项目，保持在制度创新方面的领头羊地位；突出复制推广，推动区内外联动，加快发展跨境电商、保税展示交易、融资租赁等新型商业模式；突出项目带动，打造高端产业板块，推动重点业态发展，力争做大流量；突出防控风险，加强事中事后监管，研究出台福建自贸试验区风险防控底线清单；突出年度评估，强化监测，确保在福建自贸试验区“一周岁”之际，交上一份高分答卷。

福建自贸试验区：改革落地打出“时效牌”

《新华每日电讯》　2016年3月4日　记者　李慧颖　宓盈婷　付敏

据新华社福州2016年3月2日电福建自贸试验区从2015年4月21日挂牌至今，在这片实施面积118.04平方公里的区域内，140余项改革试验任务相继落地，新增企业数增长近5倍、注册资金增长8倍，对台跨境人民币贷款占全国业务总量的85%，融资租赁、跨境电商、保税展示等新业态蓬勃发展……

福建自贸试验区运行近一年，显示出改革创新的发展活力。

在这里，改革落地与“分秒”赛跑

在福建自贸试验区，时间不是以月或天计算的，而是以小时甚至分钟计算。

平潭鼎鑫盛泰贸易有限公司的许丽娟来到行政服务中心，排队10分钟后到窗口，递交已在网上提交过的初审材料，15分钟后她领到“一照一码”营业执照。“加上排队时间，只花了25分钟。”许丽娟说。

在福州保税港区1.2万平方米的“太元行”汽车运营中心展厅里，160多辆奔驰、宝马、路虎等高档进口汽车整齐排列。负责人周景说，现在最快24小时可完成进口车通关放行流程，而在其他口岸最快需要半个月。

在厦门片区，4000多家企业只要登录国际贸易“单一窗口”信息平台，就能在线上申报办理55项业务，进出口货物申报效率提高50%，船舶进境、出境申报分别由36小时缩短为2.5小时和1小时。

争分夺秒的高效率背后，是福建自贸试验区创新政府管理模式、对标国际贸易投资先进规则的改革与探索。目前自贸试验区126项创新举措相继落地，其中49项属全国首创，“一照一码”商事登记制度在全国推广，国际贸易“单一窗口”、平潭片区投资体制改革“四个一”入选全国自贸试验区最佳实践案例；简化CEPA及ECFA原产地证书提交需求和放宽海运货物直接运输判定标准的两项做法，被海关总署复制推广到全国四个自贸试验区。

与上海、广东、天津三个自贸试验区相比，福建自贸试验区体量小、基础弱、区域辐射能力不足，要奋起直追必须争当改革创新的高地。福建省自贸办有关负责人认为，自贸试验区要做的事，正是体制机制的创新。“形成一批具有福建特色、能在全国推广的创新做法，同时加快形成发展功能。”

挂牌近一年，福建自贸试验区所承担的186项重点试验任务已实施145项，41项正在全力推进。制度创新释放发展红利，截止到2016年1月底，福建自贸试验区共新增企业16201户，增长4.78倍；注册资本3189.16亿元，增长8.53倍。

在这里，自贸试验区与“海丝”战略同频共振

福建自贸试验区是连接台湾海峡东西岸的重要通道，其战略定位十分明确：要建设成为深化两岸经济合作的示范区、建设21世纪海上丝绸之路核心区，打造面向海上丝绸之路沿线国家和地区开放合作新高地。

2015年11月，台湾佳格集团年产20万吨葵花油精炼加工项目落户厦门片区，是受惠于负面清单管理模式的最大台资项目。“在自贸试验区内允许境外独资食用油脂加工，这突破了过去此类领域外商控股的限制。”企业负责人唐伟伦说。

福建自贸试验区成为吸收利用外资的新高地。截止到 2016 年 1 月底，福建自贸试验区在负面清单之外备案设立的外资企业共 883 家，占全省新设外资企业数的 97%，其中过半涉足服务业、融资租赁、电子商务等新业态企业达百余家。

福建自贸试验区努力实现海上丝绸之路建设与自贸试验区这两个国家战略的对接。2015 年 10 月，中国—东盟海产品交易所在福州片区挂牌交易。这个面向“海丝”沿线国家的大宗海产品第三方交易平台，推出电子议价交易模式，目前已发展 190 家境内外会员，成交货物 3.7 亿批次，交易总额 2410 亿元人民币。

打通“海丝”沿线国家商品贸易通道的“海丝商城”，已入驻上百家企业；首届“海丝博览会”吸引 49 个参展国家和地区，总投资 814 亿元。每周一列厦蓉欧班列和中亚国际货运班列，将开放半径拓展至更广阔的区域。

在这里，新产业与新业态迸发活力

春节刚过，平潭跨境通电子商务公司从暂租的两层小楼，搬进了新落成的海峡跨境电子商务产业园区，1000 多平方米的办公场所宽敞明亮。公司负责人阮义彬难掩喜悦：“业务增长很快，以前的办公室不够用了。”

作为自贸试验区和跨境电子商务进口试点区，平潭连接欧美、东南亚、两岸海上直航等三条跨境电商物流通道基本打通，全岛封关运作，企业物流成本和时间成本大为降低。

跨境通公司主要是为电商企业提供跨境清关与仓储服务。“从 2015 年 7 月开业第一天的 200 单业务量，到年底每天近 3000 单，”阮义彬说，“半年之内公司业务量翻了 10 多倍”。

缺乏规模体量优势的福建自贸试验区并不盲目求“大”，而是全力求

“新”，瞄准新产业、新业态、新模式。

为吸引新业态向自贸试验区靠拢，江阴整车进口口岸、中国—东盟海产品交易所、厦门风信子进口商品直购中心等一批重点平台相继建成。自贸区发展功能逐渐形成，融资租赁、跨境电商、保税展示、整车进口等新业态不断壮大。

厦门片区半年内引进19架融资租赁飞机、境外融资15亿美元，吸引近百家融资租赁公司入驻；海西最大的保税仓储基地利嘉国际物流园年初开工建设；江阴港整车进口2015年同比增长1.25倍，在全国新批口岸中居前列。

自贸试验区金融创新能力提升，厦门推出27项金融创新案例，初步建成集两岸人民币跨境贷款、清算、现钞调运与反假币为一体的两岸货币业务合作支点，2015年对台跨境人民币贷款占全国试点业务总量的85%；福州片区2015年跨境人民币业务同比增长1.4倍。

自贸东风吹 福建迈大步

《人民日报》2016 年 3 月 7 日 记者 钟自炜

八闽三月，春潮涌动。2015 年 4 月 21 日，福建自贸试验区正式挂牌、扬帆起航。如今不到一年，自贸优势发力、自贸效应展现，福建交出漂亮成绩单。

机制不断创新、开放持续提升、发展频出亮点。深谋远略下，福建以大思路绘就新篇章；融合升级中，福建用大格局赢得新空间。

改革试验田：机制创新展自贸魅力

十分钟，一次进出口货物申报便在福建自贸试验区厦门片区完成。

“以往年底正是我们物流企业最忙的时候，加班加点是再正常不过的事了。”嘉里大通物流（厦门）有限公司的报关负责人叶雅阳表示：“如今企业报关报检的流程简化了，差错率和费用也降低不少，还节约了人力成本。”申报再提速，得益于福建自贸试验区的国际贸易“单一窗口”平台，“一个界面、一次递单、一点接入、统一管理”模式下，减少了企业 30％的重复申报项目，节省了 50％的人力资源和货主每个集装箱 600 元的物流成本。

“企业是自贸试验区的绝对主角，从企业需求出发、以问题导向着眼，福建自贸试验区向改革要红利，以制度垒高地。”福建省自贸办有关负责人介绍，截至目前福建自贸试验区落地实施创新举措 126 项，其中 49 项属全国首创。前所未有的机制体制创新，在福建自贸试验区 118 平方公里的区域内，接连上演：

着眼简政放权，三个片区都建立了综合服务大厅，80%以上的省级行政许可事项已下放自贸试验区实施，企业办事基本实现不出区。企业设立全面实行“一表申报、一口受理、一照一码、一章审批、一日办结”服务模式，企业设立由29天缩短到最快1天。

聚焦提升服务，福州片区则通过全国首创的“一掌通”3A移动税务平台，让企业无论身处何地都能轻松快捷地处理各类涉税事项。平潭片区在全国率先实行商事主体名称“自助查重、自主选用”，使企业足不出户即可通过网络查询和选择名称。

推进监管创新，梳理出55个监管风险点、88条防控措施，信用信息共享平台实时公示失信被执行人，对其联动惩戒，任职、股权变更和转让质押、银行贷款、招投标等进行了限制。自贸试验区土地出让业务全程在线办理，接受社会公众查询和监管……

爱拼才会赢，主动作为的机制改革为福建发展赢得大空间；敢为人先，走在前列的制度创新更为全国提供了可复制可推广的范本——2015年10月1日，福建自贸试验区“一照一码”登记制度在全国推广实施；国际贸易“单一窗口”、平潭投资体制改革“四个一”入选全国自贸试验区最佳实践案例；福州片区简化ECFA及CEPA原产地证书提交需求和放宽海运货物直接运输判定标准的两项做法，被海关总署复制推广到四个自贸试验区；截至目前，福建自贸试验区累计已有50项改革创新成果分三批在省内其他区域推广。

机制创新，催发强大内生动力；服务追身，吸引企业纷至沓来。截至2016年1月底，福建自贸试验区新增企业16201户，增长4.78倍；注册资本3189.16亿元，增长8.53倍。

开放新平台：开放融合助互利共赢

2015年11月10日，由台湾第二大食品企业、佳格食品公司投资

1.5亿美元的葵花籽油项目在厦门奠基动工。“以前投资食用油脂加工项目只允许境内外双方合资。”项目负责人介绍，此次这样的外商独资食用油脂加工项目在我国还是首例。

项目的顺利落地，得益于自贸试验区的“外商投资负面清单管理”制度。新模式下，负面清单之外领域，内资、外资享受同样待遇，并只需实行备案制。截至2016年1月底，通过备案设立外资企业883家，占新设外资企业数的97%。

助力吸引外资的负面清单模式，正是福建自贸试验区构建全方位开放新格局的又一点睛之笔。以开放融合之姿，筑放眼世界之势，自贸试验区正成为福建吸收利用外资的新高地和聚集区。

——扩大开放领域。截至2016年1月底，引进服务领域外资企业540家，包括电子商务、文化创意、金融和类金融、旅游休闲、专业服务等。台湾医疗机构抢滩平潭片区，平潭台湾牙科医院已经对外营业。

——融入“一带一路”。加强与“海丝”沿线重点国家和地区的交流合作，福州中国—东盟海产品交易所加快形成线上与线下、电商与店铺、展示与销售相结合的区域性海产品集散中心。近100家企业与韩国、新加坡等“海丝”沿线国家和地区开展AEO（经认证经营者）互认。福州海丝商城已入驻海丝沿线国家企业上百家。厦蓉欧班列把海丝与陆丝更紧密的连在一起扩大了开放半径。

——发挥对台优势。先后推出20多项两岸经贸贸易便利化措施，两岸货物、服务、资金、人员要素流动更加便利。率先对120种台湾商品实施“源头管理、结果采信、抽检验证”快速验放模式，对台湾居民入境免签注和签发台胞电子证书。实施两岸征信查询试点、检验检疫电子证书互换。设立全国首家两岸常设仲裁机构，台湾居民到自贸试验区设立个体工商户。截至2016年1月底，自贸试验区新增台资企业553家，占新增外资总量的60.7%。

经济领头羊：多措并举促转型发展

1月21日，利嘉国际物流园在福州保税港区内正式开工。这个占地636亩、总投资约30亿元的项目，将依托江阴保税港区产业发展需求及自贸试验区政策优势，全力打造海西最大的保税仓储基地。30万平方米的利嘉国际商业城保税商品展示交易中心也于1月9日试营业，将加速构建集展示、交易、结算、电商、物流、体验式消费于一体的区域性商品保税展示交易中心、分拨中心。

新产业、新业态、新模式
在福建自贸试验区加速集聚

2015年9月，厦门太古公司完成了一笔特殊的订单。在厦门海关的协助下，公司承接了美国通用包修协议下的一台东航发动机的维修任务。敢"吃螃蟹"的勇气，源于自贸试验区的政策支持。"新机制下，我们采用'修理物品+保税仓库'监管模式。"公司负责人介绍，未来飞机发动机维修业将是企业大力发展的方向。

实体产业砥砺前行，金融业态同样孵化创新。

福州片区内，汽车金融方兴未艾。平安银行牵头设立江阴港整车进口贸易产业基金，规模100亿元。中国银行则与福州速传保税供应链公司合作，授信7亿元用于整车进口，促进整车进口逆势增长69%；截止到2015年12月底，福建自贸试验区内已有金融机构125家。同时，自贸试验区内银行加强与税务部门合作，实施银税互动助力小微企业融资。

"新常态下，结构调整、转型升级是大逻辑、大格局、大趋势。"福建省自贸办有关负责人说，"福建自贸试验区在转方式、调结构上下足功

夫，自贸试验区内政策效应开始展现、发展功能逐步形成，也为经济增长提供了有力支撑。”

面对经济下行压力，福建自贸试验区亮点频出、风景亮丽，“经济领头羊”的地位愈发明显：如今，一批功能性平台加速培育，江阴整车进口口岸、中国—东盟海产品交易所、厦门两岸青年创业创新创客基地、夏商风信子进口商品直购中心、平潭台湾商品免税市场等重点平台建设加快推进。大量企业向自贸试验区聚集，特别是融资租赁、跨境电商、保税展示等新业态大量发展，为结构优化升级注入新的活力，缓解着经济下行的压力，有效带动了投资和贸易增长。外资方面，2015年自贸试验区新增合同外资拉动全省合同外资增长53个百分点；出口方面，沿海十大出口省份只有广东、福建、浙江实现正增长，福建增长0.7%，其中自贸试验区新增出口额拉动全省出口增长0.87个百分点，为全省外贸正增长发挥主要作用。

>>政策法规篇

全国人民代表大会常务委员会关于授权国务院在中国（广东）自由贸易试验区、中国（天津）自由贸易试验区、中国（福建）自由贸易试验区以及中国（上海）自由贸易试验区扩展区域暂时调整有关法律规定的行政审批的决定

（2014 年 12 月 28 日第十二届全国人民代表大会常务委员会第十二次会议通过）

为进一步深化改革、扩大开放，加快政府职能转变，第十二届全国人民代表大会常务委员会第十二次会议决定：授权国务院在中国（广东）自由贸易试验区、中国（天津）自由贸易试验区、中国（福建）自由贸易试验区以及中国（上海）自由贸易试验区扩展区域内（四至范围附后），暂时调整《中华人民共和国外资企业法》、《中华人民共和国中外合资经营企业法》、《中华人民共和国中外合作经营企业法》和《中华人民共和国台湾同胞投资保护法》规定的有关行政审批（目录附后）。但是，国家规定实施准入特别管理措施的除外。上述行政审批的调整在三年内试行，对实践证明可行的，修改完善有关法律；对实践证明不宜调整的，恢复施行有关法律规定。

本决定自 2015 年 3 月 1 日起施行。

国务院关于同意设立中国（福建）自由贸易试验区的批复

国函〔2014〕178号

福建省人民政府、商务部：

你们关于设立中国（福建）自由贸易试验区的请示收悉。现批复如下：

一、同意设立中国（福建）自由贸易试验区。

二、中国（福建）自由贸易试验区涵盖平潭片区、厦门片区、福州片区，总面积118.04平方公里（具体四至范围见附件）。福建省人民政府要抓紧开展中国（福建）自由贸易试验区地块的落桩定界工作，经国土资源部、住房城乡建设部审核验收后报国务院备案，由商务部、国土资源部、住房城乡建设部负责发布。

三、中国（福建）自由贸易试验区内的海关特殊监管区域的实施范围和税收政策适用范围维持不变。平潭综合实验区税收优惠政策不适用于中国（福建）自由贸易试验区内其他区域。

四、福建省人民政府、商务部要会同有关部门抓紧制订《中国（福建）自由贸易试验区总体方案》报国务院。

附件：中国（福建）自由贸易试验区四至范围

国务院

2014年12月31日

附件：

中国（福建）自由贸易试验区四至范围

一、平潭片区共43平方公里

四至范围：港口经贸区块16平方公里，东至北厝路、金井三路，南至大山顶，西至海坛海峡，北至金井湾大道。高新技术产业区块 15 平方公里，东至中原六路，南至麒麟路，西至坛西大道，北至瓦瑶南路。旅游休闲区块 12 平方公里，东至坛南湾，南至山岐澳，西至寨山路，北至澳前北路。

二、厦门片区共 43.78 平方公里

四至范围：两岸贸易中心核心区 19.37 平方公里，含象屿保税区 0.6 平方公里（已全区封关）、象屿保税物流园区 0.7 平方公里（已封关面积 0.26 平方公里）。北侧、西侧、东侧紧邻大海，南侧以疏港路、成功大道、枋钟路为界。东南国际航运中心海沧港区 24.41 平方公里，含厦门海沧保税港区 9.51 平方公里（已封关面积 5.55 平方公里）。东至厦门西海域，南侧紧邻大海，西至厦漳跨海大桥，北侧以角嵩路、南海路、南海三路和兴港路为界。

三、福州片区共 31.26 平方公里

四至范围：福州经济技术开发区 22 平方公里，含福州保税区 0.6 平方公里（已全区封关）和福州出口加工区 1.14 平方公里（已封关面积 0.436 平方公里）。马江—快安片区东至红山油库，南至闽江沿岸，西至鼓山镇界，北至鼓山麓；长安片区东至闽江边，南至亭江镇东街山，西至罗长高速公路和山体，北至琯头镇界；南台岛区东至三环路，南至林浦路，西至前横南路，北面以闽江岸线为界；琅岐区东至环岛路，南至闽江码头进岛路，西至闽江边，北面以规划道路为界。福州保税港区 9.26 平方公里（已封关面积 2.34 平方公里）。A 区东至西港，南至新江公路，西至经七路，北至纬六路；B 区东至 14 号泊位，南至兴化湾，西至滩涂，北至兴林路。

国务院关于印发中国（福建）自由贸易试验区总体方案的通知

国发〔2015〕20号

各省、自治区、直辖市人民政府，国务院各部委、各直属机构：

国务院批准《中国（福建）自由贸易试验区总体方案》（以下简称《方案》），现予印发。

一、建立中国（福建）自由贸易试验区（以下简称自贸试验区），是党中央、国务院作出的重大决策，是在新形势下推进改革开放和深化两岸经济合作的重要举措，对加快政府职能转变、积极探索管理模式创新、促进贸易和投资便利化，为全面深化改革和扩大开放探索新途径、积累新经验，具有重要意义。

二、自贸试验区要当好改革开放排头兵、创新发展先行者，以制度创新为核心，贯彻“一带一路”建设等国家战略，在构建开放型经济新体制、探索闽台经济合作新模式、建设法治化营商环境等方面，率先挖掘改革潜力，破解改革难题。要积极探索外商投资准入前国民待遇加负面清单管理模式，深化行政管理体制改革，提升事中事后监管能力和水平。

三、福建省人民政府和有关部门要解放思想、改革创新，大胆实践、积极探索，统筹谋划、加强协调，支持自贸试验区先行先试。要加强组织领导，明确责任主体，精心组织好《方案》实施工作，有效防控各类风险。要及时总结评估试点实施效果，形成可复制可推广的改革经验，发挥示范带动、服务全国的积极作用。

四、根据《全国人民代表大会常务委员会关于授权国务院在中国（广东）自由贸易试验区、中国（天津）自由贸易试验区、中国（福建）自由贸易试验区以及中国（上海）自由贸易试验区扩展区域暂时调整有关法律规定的行政审批的决定》，相应暂时调整有关行政法规和国务院文件的部分规定。具体由国务院另行印发。

五、《方案》实施中的重大问题，福建省人民政府要及时向国务院请示报告。

国务院

2015年4月8日

附件：

中国（福建）自由贸易试验区总体方案

建立中国（福建）自由贸易试验区（以下简称自贸试验区）是党中央、国务院作出的重大决策，是新形势下全面深化改革、扩大开放和深化两岸经济合作采取的重大举措。为全面有效推进自贸试验区建设，制定本方案。

一、总体要求

（一）指导思想。

全面贯彻落实党的十八大和十八届二中、三中、四中全会精神，按照党中央、国务院决策部署，紧紧围绕国家战略，立足于深化两岸经济合作，立足于体制机制创新，进一步解放思想，先行先试，为深化两岸经济合作探索新模式，为加强与21世纪海上丝绸之路沿线国家和地区的交流合作拓展新途径，为我国全面深化改革和扩大开放积累新经验，发挥示范带动、服务全国的积极作用。

（二）战略定位。

围绕立足两岸、服务全国、面向世界的战略要求，充分发挥改革先行优势，营造国际化、市场化、法治化营商环境，把自贸试验区建设成为改革创新试验田；充分发挥对台优势，率先推进与台湾地区投资贸易自由化进程，把自贸试验区建设成为深化两岸经济合作的示范区；充分发挥对外开放前沿优势，建设21世纪海上丝绸之路核心区，打造面向21世纪海上丝绸之路沿线国家和地区开放合作新高地。

（三）发展目标。

坚持扩大开放与深化改革相结合、功能培育与制度创新相结合，加快政府职能转变，建立与国际投资贸易规则相适应的新体制。创新两岸合作机制，推动货物、服务、资金、人员等各类要素自由流动，增强闽台经济关联度。加快形成更高水平的对外开放新格局，拓展与21世纪海上丝绸之路沿线国家和地区交流合作的深度和广度。经过三至五年改革探索，力争建成投资贸易便利、金融创新功能突出、服务体系健全、监管高效便捷、法制环境规范的自由贸易园区。

二、区位布局

（一）实施范围。

自贸试验区的实施范围118.04平方公里，涵盖三个片区：平潭片区43平方公里，厦门片区43.78平方公里（含象屿保税区0.6平方公里、象屿保税物流园区0.7平方公里、厦门海沧保税港区9.51平方公里），福州片区31.26平方公里（含福州保税区0.6平方公里、福州出口加工区1.14平方公里、福州保税港区9.26平方公里）。

自贸试验区土地开发利用须遵守土地利用法律法规。

（二）功能划分。

按区域布局划分，平潭片区重点建设两岸共同家园和国际旅游岛，在投资贸易和资金人员往来方面实施更加自由便利的措施；厦门片区重点建设两岸新兴产业和现代服务业合作示范区、东南国际航运中心、两岸区域性金融服务中心和两岸贸易中心；福州片区重点建设先进制造业基地、21世纪海上丝绸之路沿线国家和地区交流合作的重要平台、两岸服务贸易与金融创新合作示范区。

按海关监管方式划分，自贸试验区内的海关特殊监管区域重点探索以贸易便利化为主要内容的制度创新，开展国际贸易、保税加工和保税物流等业务；非海关特殊监管区域重点探索投资体制改革，推动金融制度创新，积极发展现代服务业和高端制造业。

三、主要任务和措施

（一）切实转变政府职能。

深化行政管理体制改革。按照国际化、市场化、法治化要求，加快推进政府管理模式创新，福建省能够下放的经济社会管理权限，全部下放给自贸试验区。依法公开管理权限和流程。加快行政审批制度改革，促进审批标准化、规范化。建立健全行政审批目录制度，实行“一口受理”服务模式。完善知识产权管理和执法体制以及纠纷调解、援助、仲裁等服务机制。健全社会服务体系，将原由政府部门承担的资产评估、鉴定、咨询、认证、检验检测等职能逐步交由法律、会计、信用、检验检测认证等专业服务机构承担。

（二）推进投资管理体制改革。

改革外商投资管理模式。探索对外商投资实行准入前国民待遇加负面清单管理模式。对外商投资准入特别管理措施（负面清单）之外领域，按照内外资一致原则，外商投资项目实行备案制（国务院规定对国内投资项目保留核准的除外），由福建省办理；根据全国人民代表大会常务委员会授权，将外商投资企业设立、变更及合同章程审批改为备案管理，备案由福建省负责办理，备案后按国家有关规定办理相关手续。配合国家有关部门实施外商投资国家安全审查和经营者集中反垄断审查。强化外商投资实际控制人管理，完善市场主体信用信息公示系统，实施外商投资全周期监管，建立健全境外追偿保障机制。减少项目前置审批，推进网上并联审批。

放宽外资准入。实施自贸试验区外商投资负面清单制度，减少和取消对外商投资准入限制，提高开放度和透明度。先行选择航运服务、商贸服务、专业服务、文化服务、社会服务及先进制造业等领域扩大对外开放，积极有效吸引外资。降低外商投资性公司准入条件。稳步推进外商投资商业保理、典当行试点。完善投资者权益保障机制，允许符合条件的境外投资者自由转移其合法投资收益。

构建对外投资促进体系。改革境外投资管理方式，将自贸试验区建设成为企业“走出去”的窗口和综合服务平台。对一般境外投资项目和设立企业实行备案制，属省级管理权限的，由自贸试验区负责备案管理。确立企业及个人对外投资主体地位，支持企业在境外设立股权投资企业和专业从事境外股权投资的项目公司，支持设立从事境外投资的股权投资母基金。支持自贸试验区内企业和个人使用自有金融资产进行对外直接投资、自由承揽项目。建立对外投资合作“一站式”服务平台。加强境外投资事后管理和服务，完善境外资产和人员安全风险预警和应急保障体系。

（三）推进贸易发展方式转变。

拓展新型贸易方式。积极培育贸易新型业态和功能，形成以技术、品牌、质量、服务为核心的外贸竞争新优势。按照国家规定建设服务实体经济的国际国内大宗商品交易和资源配置平台，开展大宗商品国际贸易。按照公平竞争原则，发展跨境电子商务，完善与之相适应的海关监管、检验检疫、退税、跨境支付、物流等支撑系统。在严格执行货物进出口税收政策前提下，允许在海关特殊监管区内设立保税展示交易平台。符合条件的地区可按政策规定申请实施境外旅客购物离境退税政策。允许境内期货交易所开展期货保税交割试点。推进动漫创意、信息管理、数据处理、供应链管理、飞机及零部件维修等服务外包业务发展。开展飞机等高技术含量、高附加值产品境内外维修业务试点，建立整合物流、贸易、结算等功能的营运中心。扩大对外文化贸易和版权贸易。支持开展汽车平行进口试点，平行进口汽车应符合国家质量安全标准，进口商应承担售后服务、召回、“三包”等责任，并向消费者警示消费风险。

提升航运服务功能。探索具有国际竞争力的航运发展制度和运作模式。允许设立外商独资国际船舶管理企业。放宽在自贸试验区设立的中外合资、中外合作国际船舶企业的外资股比限制。允许外商以合资、合作形式从事公共国际船舶代理业务，外方持股比例放宽至51%，将外资经营国际船舶管理业务的许可权限下放给福建省，简化国际船舶运输经营许可流程。加快国际船舶登记制度创新，充分利用现有中资“方便旗”船税收优惠政策，促进符合条件的船舶在自贸试验区落户登记。允许自贸试验区试点海运快件国际和台港澳中转集拼业务。允许在自贸试验区内注册的大陆资本邮轮企业所属的“方便旗”邮轮，经批准从事两岸四地邮轮运输。允许中资公司拥有或控股拥有的非五星旗船，试点开展外贸集装箱在国内沿海港口和自贸试验区内港口之间的沿海捎带业务。支持推动自贸试验区内符合条件的对外开放口岸对部分国家人员实施 72 小时过境免签证政策。结合上海试点实施情况，在统筹评估政策成效基础上，研究实施启运港退税试点政策。

推进通关机制创新。建设国际贸易“单一窗口”，全程实施无纸化通关。推进自贸试验区内各区域之间通关一体化。简化《内地与香港关于建立更紧密经贸关系的安排》、《内地与澳门关于建立更紧密经贸关系的安排》以及《海峡两岸经济合作框架协议》（以下简称框架协议）下货物进口原产地证书提交需求。在确保有效监管前提下，简化自贸试验区内的海关特殊监管区域产品内销手续，促进内销便利化。大力发展转口贸易，放宽海运货物直接运输判定标准。试行企业自主报税、自助通关、自助审放、重点稽核的通关征管作业。在确保有效监管前提下，在海关特殊监管区域探索建立货物实施状态分类监管模式。允许海关特殊监管区域内企业生产、加工并内销的货物试行选择性征收关税政策。试行动植物及其产品检疫审批负面清单制度。支持自贸试验区与 21 世纪海上丝绸之路沿线国家和地区开展海关、检验检疫、认证认可、标准计量等方面的合作与交流，探索实施与 21 世纪海上丝绸之路沿线国家和地区开展贸易供应链安全与便利合作。

（四）率先推进与台湾地区投资贸易自由。

探索闽台产业合作新模式。在产业扶持、科研活动、品牌建设、市场开拓等方面，支持台资企业加快发展。推动台湾先进制造业、战略性新兴产业、现代服务业等产业在自贸试验区内集聚发展，重点承接台湾地区产业转移。取消在自贸试验区内从事农作物（粮棉油作物除外）新品种选育（转基因除外）和种子生产（转基因除外）的两岸合资企业由大陆方面控股要求，但台商不能独资。支持自贸试验区内品牌企业赴台湾投资，促进闽台产业链深度融合。探索闽台合作研发创新，合作打造品牌，合作参与制定标准，拓展产业价值链多环节合作，对接台湾自由经济示范区，构建双向投资促进合作新机制。

扩大对台服务贸易开放。推进服务贸易对台更深度开放，促进闽台服务要素自由流动。进一步扩大通信、运输、旅游、医疗等行业对台开放。支持自贸试验区在框架协议下，先行试点，加快实施。对符合条件的台商，投资自贸试验区内服务行业的资质、门槛要求比照大陆企业。允许持台湾地区身份证明文件的自然人到自贸试验区注册个体工商户，无需经过外资备案（不包括特许经营，具体营业范围由工商总局会同福建省发布）。探索在自贸试验区内推动两岸社会保险等方面对接，将台胞证号管理纳入公民统一社会信用代码管理范畴，方便台胞办理社会保险、理财业务等。探索台湾专业人才在自贸试验区内行政企事业单位、科研院所等机构任职。深入落实《海峡两岸共同打击犯罪及司法互助协议》，创新合作形式，加强两岸司法合作。发展知识产权服务业，扩大对台知识产权服务，开展两岸知识产权经济发展试点。

电信和运输服务领域开放。允许台湾服务提供者在自贸试验区内试点设立合资或独资企业，提供离岸呼叫中心业务及大陆境内多方通信业务、存储转发类业务、呼叫中心业务、国际互联网接入服务业务（为上网用户提供国际互联网接入服务）和信息服务业务（仅限应用商店）。允许台湾服务提供者在自贸试验区内直接申请设立独资海员外派机构并仅向台湾船东所属的商船提供船员派遣服务，无须事先成立船舶管理公司。对台湾投资者在自贸试验区内设立道路客货运站（场）项目和变更的申请，以及在自贸试验区内投资的生产型企业从事货运方面的道路运输业务立项和变更的申请，委托福建省审核或审批。

商贸服务领域开放。在自贸试验区内，允许申请成为赴台游组团社的3家台资合资旅行社试点经营福建居民赴台湾地区团队旅游业务。允许台湾导游、领队经自贸试验区旅游主管部门培训认证后换发证件，在福州市、厦门市和平潭综合实验区执业。允许在自贸试验区内居住一年以上的持台湾方面身份证明文件的自然人报考导游资格证，并按规定申领导游证后在大陆执业。允许台湾服务提供者以跨境交付方式在自贸试验区内试点举办展览，委托福建省按规定审批在自贸试验区内举办的涉台经济技术展览会。

建筑业服务领域开放。在自贸试验区内，允许符合条件的台资独资建筑业企业承接福建省内建筑工程项目，不受项目双方投资比例限制。允许取得大陆一级注册建筑师或一级注册结构工程师资格的台湾专业人士作为合伙人，按相应资质标准要求在自贸试验区内设立建筑工程设计事务所并提供相应服务。台湾服务提供者在自贸试验区内设立建设工程设计企业，其在台湾和大陆的业绩可共同作为个人业绩评定依据，但在台湾完成的业绩规模标准应符合大陆建设项目规模划分标准。台湾服务提供者在自贸试验区内投资设立的独资建筑业企业承揽合营建设项目时，不受建设项目的合营方投资比例限制。台湾服务提供者在自贸试验区内设立的独资物业服务企业，在申请大陆企业资质时，可将在台湾和大陆承接的物业建筑面积共同作为评定依据。

产品认证服务领域开放。在强制性产品认证领域，允许经台湾主管机关确认并经台湾认可机构认可的、具备大陆强制性产品认证制度相关产品检测能力的台湾检测机构，在自贸试验区内与大陆指定机构开展合作承担强制性产品认证检测任务，检测范围限于两岸主管机关达成一致的产品，产品范围涉及制造商为台湾当地合法注册企业且产品在台湾设计定型、在自贸试验区内加工或生产的产品。允许经台湾认可机构认可的具备相关产品检测能力的台湾检测机构在自贸试验区设立分支机构，并依法取得资质认定，承担认证服务的范围包括食品类别和其他自愿性产品认证领域。在自愿性产品认证领域，允许经台湾认可机构认可的具备相关产品检测能力的台湾检测机构与大陆认证机构在自贸试验区内开展合作，对台湾本地或在自贸试验区内生产或加工的产品进行检测。台湾服务提供者在台湾和大陆从事环境污染治理设施运营的实践时间，可共同作为其在自贸试验区内申请企业环境污染治理设施运营资质的评定依据。

工程技术服务领域开放。允许台湾服务提供者在自贸试验区内设立的建设工程设计企业聘用台湾注册建筑师、注册工程师，并将其作为本企业申请建设工程设计资质的主要专业技术人员，在资质审查时不考核其专业技术职称条件，只考核其学历、从事工程设计实践年限、在台湾的注册资格、工程设计业绩及信誉。台湾服务提供者在自贸试验区内设立的建设工程设计企业中，出任主要技术人员且持有台湾方面身份证明文件的自然人，不受每人每年在大陆累计居住时间应当不少于 6 个月的限制。台湾服务提供者在自贸试验区内设立的建筑业企业可以聘用台湾专业技术人员作为企业经理，但须具有相应的从事工程管理工作经历；可以聘用台湾建筑业专业人员作为工程技术和经济管理人员，但须满足相应的技术职称要求。台湾服务提供者在自贸试验区内投资设立的建筑业企业申报资质应按大陆有关规定办理，取得建筑业企业资质后，可依规定在大陆参加工程投标。台湾服务提供者在自贸试验区内设立的建筑业企业中，出任工程技术人员和经济管理人员且持有台湾方面身份证明文件的自然人，不受每人每年在大陆累计居住时间应当不少于 3 个月的限制。允许台湾建筑、规划等服务机构执业人员，持台湾相关机构颁发的证书，经批准在自贸试验区内开展业务。允许通过考试取得大陆注册结构工程师、注册土木工程师（港口与航道）、注册公用设备工程师、注册电气工程师资格的台湾专业人士在自贸试验区内执业，不受在台湾注册执业与否的限制，按照大陆有关规定作为福建省内工程设计企业申报企业资质时所要求的注册执业人员予以认定。

专业技术服务领域开放。允许台湾会计师在自贸试验区内设立的符合《代理记账管理办法》规定的中介机构从事代理记账业务。从事代理记账业务的台湾会计师应取得大陆会计从业资格，主管代理记账业务的负责人应当具有大陆会计师以上（含会计师）专业技术资格。允许取得大陆注册会计师资格的台湾专业人士担任自贸试验区内合伙制会计师事务所合伙人，具体办法由福建省制定，报财政部批准后实施。允许符合规定的持台湾方面身份证明文件的自然人参加护士执业资格考试，考试成绩合格者发给相应的资格证书，在证书许可范围内开展业务。允许台湾地区其他医疗专业技术人员比照港澳相关医疗专业人员按照大陆执业管理规定在自贸试验区内从事医疗相关活动。允许取得台湾药剂师执照的持台湾方面身份证明文件的自然人在取得大陆《执业药师资格证书》后，按照大陆《执业药师注册管理暂行办法》等相关文件规定办理注册并执业。

上述各领域开放措施在框架协议下实施，并且只适用于注册在自贸试验区内的企业。

推动对台货物贸易自由。积极创新监管模式，提高贸易便利化水平。建立闽台通关合作机制，开展货物通关、贸易统计、原产地证书核查、“经认证的经营者”互认、检验检测认证等方面合作，逐步实现信息互换、监管互认、执法互助。完善自贸试验区对台小额贸易管理方式。支持自贸试验区发展两岸电子商务，允许符合条件的台商在自贸试验区内试点设立合资或独资企业，提供在线数据处理与交易处理业务（仅限于经营类电子商务），申请可参照大陆企业同等条件。检验检疫部门对符合条件的跨境电商入境快件采取便利措施。除国家禁止、限制进口的商品，废物原料、危险化学品及其包装、大宗散装商品外，简化自贸试验区内进口原产于台湾商品有关手续。对台湾地区输往自贸试验区的农产品、水产品、食品和花卉苗木等产品试行快速检验检疫模式。进一步优化从台湾进口部分保健食品、化妆品、医疗器械、中药材的审评审批程序。改革和加强原产地证签证管理，便利证书申领，强化事中事后监管。

促进两岸往来更加便利。推动人员往来便利化，在自贸试验区实施更加便利的台湾居民入出境政策。对在自贸试验区内投资、就业的台湾企业高级管理人员、专家和技术人员，在项目申报、入出境等方面给予便利。为自贸试验区内台资企业外籍员工办理就业许可手续提供便利，放宽签证、居留许可有效期限。对自贸试验区内符合条件的外籍员工，提供入境、过境、停居留便利。自贸试验区内一般性赴台文化团组审批权下放给福建省。加快落实台湾车辆在自贸试验区与台湾之间便利进出境政策，推动实施两岸机动车辆互通和驾驶证互认，简化临时入境车辆牌照手续。推动厦门—金门和马尾—马祖游艇、帆船出入境简化手续。

（五）推进金融领域开放创新。

扩大金融对外开放。建立与自贸试验区相适应的账户管理体系。完善人民币涉外账户管理模式，简化人民币涉外账户分类，促进跨境贸易、投融资结算便利化。自贸试验区内试行资本项目限额内可兑换，符合条件的自贸试验区内机构在限额内自主开展直接投资、并购、债务工具、金融类投资等交易。深化外汇管理改革，将直接投资外汇登记下放银行办理，外商直接投资项下外汇资本金可意愿结汇，进一步提高对外放款比例。提高投融资便利化水平，统一内外资企业外债政策，建立健全外债宏观审慎管理制度。允许自贸试验区内企业、银行从境外借入本外币资金，企业借入的外币资金可结汇使用。探索建立境外融资与跨境资金流动宏观审慎管理政策框架，支持企业开展国际商业贷款等各类境外融资活动。放宽自贸试验区内法人金融机构和企业在境外发行人民币和外币债券的审批和规模限制，所筹资金可根据需要调回自贸试验区内使用。支持跨国公司本外币资金集中运营管理。探索在自贸试验区内设立单独领取牌照的专业金融托管服务机构，允许自贸试验区内银行和支付机构、托管机构与境外银行和支付机构开展跨境支付合作。构建跨境个人投资者保护制度，严格投资者适当性管理。强化风险防控，实施主体监管，建立合规评价体系，以大数据为依托开展事中事后管理。

拓展金融服务功能。推进利率市场化，允许符合条件的金融机构试点发行企业和个人大额可转让存单。研究探索自贸试验区内金融机构（含准金融机构）向境外转让人民币资产、销售人民币理财产品，多渠道探索跨境资金流动。推动开展跨境人民币业务创新，推进自贸试验区内企业和个人跨境贸易与投资人民币结算业务。在完善相关管理办法、加强有效监管前提下，允许自贸试验区内符合条件的中资银行试点开办外币离岸业务。支持自贸试验区内法人银行按有关规定开展资产证券化业务。创新知识产权投融资及保险、风险投资、信托等金融服务，推动建立知识产权质物处置机制。经相关部门许可，拓展自贸试验区内融资租赁业务经营范围、融资渠道，简化涉外业务办理流程。统一内外资融资租赁企业准入标准、设立审批和事中事后监管，允许注册在自贸试验区内由福建省有关主管部门准入的内资融资租赁企业享受与现行内资试点企业同等待遇。支持自贸试验区内设立多币种的产业投资基金，研究设立多币种的土地信托基金等。支持符合条件的自贸试验区内机构按照规定双向投资于境内外证券期货市场。在合法合规、风险可控前提下，逐步开展商品场外衍生品交易。支持厦门两岸区域性金融服务中心建设。支持境内期货交易所根据需要在平潭设立期货交割仓库。

推动两岸金融合作先行先试。在对台小额贸易市场设立外币兑换机构。允许自贸试验区银行业金融机构与台湾同业开展跨境人民币借款等业务。支持台湾地区的银行向自贸试验区内企业或项目发放跨境人民币贷款。对自贸试验区内的台湾金融机构向母行（公司）借用中长期外债实行外债指标单列，并按余额进行管理。在框架协议下，研究探索自贸试验区金融服务业对台资进一步开放，降低台资金融机构准入和业务门槛，适度提高参股大陆金融机构持股比例，并参照大陆金融机构监管。按照国家区域发展规划，为自贸试验区内台资法人金融机构在大陆设立分支机构开设绿色通道。支持在自贸试验区设立两岸合资银行等金融机构。探索允许台湾地区的银行及其在大陆设立的法人银行在福建省设立的分行参照大陆关于申请设立支行的规定，申请在自贸试验区内设立异地（不同于分行所在城市）支行。台湾地区的银行在大陆的营业性机构经营台资企业人民币业务时，服务对象可包括被认定为视同台湾投资者的第三地投资者在自贸试验区设立的企业。在符合相关规定前提下，支持两岸银行业在自贸试验区内进行相关股权投资合作。研究探索台湾地区的银行在自贸试验区内设立的营业性机构一经开业即可经营人民币业务。在框架协议下，允许自贸试验区内大陆的商业银行从事代客境外理财业务时，可以投资符合条件的台湾金融产品；允许台资金融机构以人民币合格境外机构投资者方式投资自贸试验区内资本市场。研究探索放宽符合条件的台资金融机构参股自贸试验区证券基金机构股权比例限制。

研究探索允许符合条件的台资金融机构按照大陆有关规定在自贸试验区内设立合资基金管理公司，台资持股比例可达50%以上。研究探索允许符合设立外资参股证券公司条件的台资金融机构按照大陆有关规定在自贸试验区内新设立2家两岸合资的全牌照证券公司，大陆股东不限于证券公司，其中一家台资合并持股比例最高可达51%，另一家台资合并持股比例不超过49%、且取消大陆单一股东须持股49%的限制。支持符合条件的台资保险公司到自贸试验区设立经营机构。支持福建省股权交易场所拓展业务范围，为台资企业提供综合金融服务。加强两岸在金融纠纷调解、仲裁、诉讼及金融消费者维权支持方面的合作，健全多元化纠纷解决渠道。

（六）培育平潭开放开发新优势。

推进服务贸易自由化。赋予平潭制定相应从业规范和标准的权限，在框架协议下，允许台湾建筑、规划、医疗、旅游等服务机构执业人员，持台湾有关机构颁发的证书，按规定范围在自贸试验区内开展业务。探索在自贸试验区内行政企事业单位等机构任职的台湾同胞试行两岸同等学力、任职资历对接互认，研究探索技能等级对接互认。对台商独资或控股开发的建设项目，借鉴台湾的规划及工程管理体制。

推动航运自由化。简化船舶进出港口手续，对国内航行船舶进出港海事实行报告制度。支持简化入区申报手续，探索试行相关电子数据自动填报。探索在自贸试验区内对台试行监管互认。对平潭片区与台湾之间进出口商品原则上不实施检验（废物原料、危险化学品及其包装、大宗散装货物以及国家另有特别规定的除外），检验检疫部门加强事后监管。

建设国际旅游岛。加快旅游产业转型升级，推行国际通行的旅游服务标准，开发特色旅游产品，拓展文化体育竞技功能，建设休闲度假旅游目的地。研究推动平潭实施部分国家旅游团入境免签政策，对台湾居民实施更加便利的入出境制度。平潭国际旅游岛建设方案另行报批。

四、保障机制

（一）实行有效监管。

围网区域监管。对自贸试验区内的海关特殊监管区域，比照中国（上海）自由贸易试验区内的海关特殊监管区域有关监管模式，实行“一线放开”、“二线安全高效管住”的通关监管服务模式，推动海关特殊监管区域整合优化。对平潭片区按照“一线放宽、二线管住、人货分离、分类管理”原则实施分线管理。除废物原料、危险化学品及其包装、散装货物外，检验检疫在一线实施“进境检疫，适当放宽进出口检验”模式，在二线推行“方便进出，严密防范质量安全风险”的检验检疫监管模式。

全区域监管。建立自贸试验区内企业信用信息采集共享和失信联动惩戒机制，开展使用第三方信用服务机构的信用评级报告试点。完善企业信用信息公示系统，实施企业年度报告公示、经营异常名录和严重违法企业名单制度，建立相应的激励、警示、惩戒制度。建立常态化监测预警、总结评估机制，落实企业社会责任，对自贸试验区内各项业务实施有效监控。加强监管信息共享和综合执法。构筑以商务诚信为核心，覆盖源头溯源、检验检疫、监管、执法、处罚、先行赔付等方面的全流程市场监管体系。建立各部门监管数据和信息归集、交换、共享机制，切实加强事中事后动态监管。整合执法主体，形成权责统一、权威高效的综合执法体制。提高知识产权行政执法与海关保护的协调性与便捷性，建立知识产权执法协作调度中心和专利导航产业发展工作机制。完善金融监管措施，逐步建立跨境资金流动风险监管机制，完善风险监控指标，对企业跨境收支进行全面监测评价，实行分类管理。做好反洗钱、反恐怖融资工作，防范非法资金跨境、跨区流动。探索在自贸试验区内建立有别于区外的金融监管协调机制，形成符合自贸试验区内金融业发展特点的监管体制。健全符合自贸试验区内金融业发展实际的监控指标，实现对自贸试验区内金融机构风险可控。

（二）健全法制保障。

全国人民代表大会常务委员会已经授权国务院，暂时调整《中华人民共和国外资企业法》、《中华人民共和国中外合资经营企业法》、《中华人民共和国中外合作经营企业法》和《中华人民共和国台湾同胞投资保护法》规定的有关行政审批，自 2015 年 3 月 1 日至 2018 年 2 月 28 日试行。自贸试验区需要暂时调整实施有关行政法规、国务院文件和经国务院批准的部门规章的部分规定的，按规定程序办理。各有关部门要支持自贸试验区在对台先行先试、拓展与 21 世纪海上丝绸之路沿线国家和地区交流合作等方面深化改革试点，及时解决试点过程中的制度保障问题。福建省要通过地方立法，建立与试点要求相适应的自贸试验区管理制度。

（三）完善税收环境。

自贸试验区抓紧落实好现有相关税收政策，充分发挥现有政策的支持促进作用。中国（上海）自由贸易试验区已经试点的税收政策原则上可在自贸试验区进行试点，其中促进贸易的选择性征收关税、其他相关进出口税收等政策在自贸试验区内的海关特殊监管区域进行试点。自贸试验区内的海关特殊监管区域实施范围和税收政策适用范围维持不变。平潭综合实验区税收优惠政策不适用于自贸试验区内其他区域。此外，在符合税制改革方向和国际惯例，以及不导致利润转移和税基侵蚀前提下，积极研究完善适应境外股权投资和离岸业务发展的税收政策。

（四）组织实施。

在国务院的领导和统筹协调下，由福建省根据试点内容，按照总体筹划、分步实施、率先突破、逐步完善的原则组织实施。各有关部门要大力支持，加强指导和服务，共同推进相关体制机制创新，在实施过程中要注意研究新情况，解决新问题，总结新经验，重大事项要及时报告国务院，努力推进自贸试验区更好更快发展。

（五）评估推广机制。

自贸试验区要及时总结改革创新经验和成果。商务部、福建省人民政府要会同相关部门，对自贸试验区试点政策执行情况进行综合和专项评估，必要时委托第三方机构进行独立评估，并将评估结果报告国务院。对试点效果好且可复制可推广的成果，经国务院同意后推广到全国其他地区。

商务部关于支持自由贸易试验区创新发展的意见

商资发［2015］313号

天津市、上海市、福建省、广东省商务主管部门：

为落实党中央、国务院部署，积极推进自由贸易试验区（以下简称自贸试验区）建设，发挥自贸试验区改革开放排头兵、创新发展先行者的作用，现提出以下意见：

一、统筹协调方案实施

（一）积极发挥国务院自由贸易试验区工作部际联席会议统筹协调职能，做好联席会议办公室工作，会同有关部门按照任务分工支持自贸试验区推进方案全面落实；对于自贸试验区在发展过程中遇到的问题，及时协调有关部门研究解决，重大问题提请联席会议协调；组织开展改革开放试点事项的总结评估，会同有关部门提出向全国复制推广的建议。

二、促进对外贸易转型升级

（二）支持在自贸试验区试点设立加工贸易采购、分拨和结算中心，鼓励跨国公司开展离岸结算业务，促进加工贸易转型升级。

（三）依托自贸试验区产业集群优势，支持区内企业开展航空维修等面向国内外市场的高技术含量、高附加值的检测维修业务。

（四）支持自贸试验区发展跨境电子商务，在总结评估中国（杭州）跨境电子商务综合试验区试点情况的基础上，将海关监管、检验检疫、进出口税收和结售汇等方面的政策，优先向自贸试验区复制推广，促进跨境电子商务健康快速发展。

（五）促进自贸试验区内设立的外贸综合服务企业健康规范发展，建立重点企业联系制度，在有效防范各类监管风险的前提下，向符合条件的重点外贸综合服务企业提供快速通关、简易退税和财政金融等支持，提高企业综合竞争力。

（六）在自贸试验区推进自动进口许可证通关作业无纸化试点和电子许可证的推广工作，建立和完善电子许可证应用服务系统，推动国际贸易单一窗口的建设。

（七）充分发挥自贸试验区现代服务业集聚作用，认定一批特色服务出口基地，开展服务贸易统计试点，培育一批创新发展的服务贸易龙头企业和具备较强国际竞争力的服务品牌。积极发展服务外包业务，研究将服务外包示范城市的支持政策扩大至自贸试验区。

（八）支持上海市牵头在上海自贸试验区推进亚太示范电子口岸网络建设，尽快启动亚太示范电子口岸网络运营中心，加强国际贸易互联互通。

（九）支持天津市牵头在天津自贸试验区加快建设亚太经济合作组织绿色供应链合作网络天津示范中心，探索建立绿色供应链管理体系，鼓励开展绿色贸易。

（十）支持福建自贸试验区探索创新管理方式和监管模式，促进对台小额贸易规范发展，会同有关部门建立工作协调机制，及时总结评估、加强风险防范。

三、降低投资准入门槛

（十一）支持自贸试验区所在地省级人民政府进一步简政放权，在法定职权范围内可依照法定程序，将省级商务部门外商投资、对外投资、融资租赁、典当、拍卖等管理权限委托给自贸试验区管理机构。商务部将做好业务指导和有关技术支持服务。

（十二）放宽自贸试验区内外商投资企业申请直销经营许可资质的条件，取消外国投资者需具备 3 年以上在中国境外从事直销活动经验的要求。

（十三）支持自贸试验区开展商业保理试点，探索适合商业保理发展的外汇管理模式，积极发展国际保理业务，充分发挥商业保理在扩大出口、促进流通、解决中小企业融资难等方面的积极作用。

（十四）允许外国投资者在自贸试验区投资设立典当企业，设立条件、监督管理与内资典当企业保持一致，参照《典当管理办法》进行管理。

（十五）支持自贸试验区内企业加大融资租赁业务创新力度，允许符合条件的融资租赁公司设立专业子公司；支持融资租赁公司在符合相关规定的前提下，设立项目公司经营大型设备、成套设备等融资租赁业务，并开展境内外租赁业务。允许注册在自贸试验区内的内资融资租赁企业享受与现行内资融资租赁试点企业同等待遇。

（十六）允许外国投资者以独资形式在自贸试验区内设立企业，从事加油站的建设、经营，不受门店数量的限制。

（十七）研究支持广东自贸试验区在《内地与香港/澳门关于建立更紧密经贸关系的安排》框架下，进一步取消或放宽对港澳服务提供者的资质要求、持股比例、经营范围等准入限制。

四、完善市场竞争环境

（十八）支持自贸试验区开展汽车平行进口，建立多渠道、多元化汽车流通模式。试点企业可以向商务部申领汽车产品自动进口许可证。

（十九）指导自贸试验区开展大宗商品现货交易试点，建立完善制度规则，加强风险防范，推动大宗商品现货交易和资源配置平台建设。

（二十）在自贸试验区内试点开展融资租赁管理改革，统一内外资融资租赁企业的管理模式，建立统一的现场监管、机构约谈、信息报送及核查等监管制度，探索建立登记备案、经营异常名录管理、监管评级等制度。

（二十一）支持自贸试验区开展外商投资统计改革试点，实施外商投资统计直报。

（二十二）指导自贸试验区建立健全外商投资投诉受理机构，创新涉及政府行为的投资纠纷解决机制，不断提高外国投资者在华投资保护水平。

（二十三）支持自贸试验区建设“走出去”综合信息服务平台，利用政府、商协会、企业、金融机构、中介组织等渠道，及时发布相关政策，提供市场需求、项目合作等信息资源，为区内企业“走出去”提供综合信息服务。

（二十四）支持自贸试验区配合商务部开展经营者集中反垄断审查工作。受商务部委托，督促达到国务院规定申报标准的企业向商务部进行经营者集中申报，对发现的应申报而未申报或未获批准而启动实施的经营者集中向商务部报告，在本区域内协助商务部开展案件调查工作，协助商务部对禁止性、附加限制性条件的经营者集中案件进行监督和执行。

（二十五）指导自贸试验区建立产业安全预警体系，以《对外贸易法》为依据，结合自贸试验区的开放特点，以“四体联动”机制为基础，创建与之相适应的预警体系，在扩大开放的同时，保障我国产业安全。

五、做好试点总结评估

（二十六）天津市、上海市、福建省、广东省商务主管部门要坚决贯彻简政放权、放管结合、优化服务的要求，支持自贸试验区以市场为导向，先行先试，大胆创新，扎实推进商务领域各项试点任务的实施，及时总结评估试点成效。

商务部

2015 年 8 月 25 日

中国人民银行关于金融支持中国（福建）自由贸易试验区建设的指导意见

银发〔2015〕373号

中国人民银行福州中心支行，厦门市中心支行；国家开发银行，各政策性银行、国有商业银行、股份制商业银行，中国邮政储蓄银行：

为贯彻落实党中央、国务院关于建设中国（福建）自由贸易试验区（以下简称自贸试验区）的战略部署，促进自贸试验区跨境贸易和投融资便利化，支持自贸试验区实体经济发展，根据《国务院关于印发中国（福建）自由贸易试验区总体方案的通知》（国发〔2015〕20号），提出以下意见。

一、总体原则

（一）坚持金融服务实体经济。以深化两岸金融合作为主线，突出特点，促进贸易投资便利化，推动经济转型升级，为两岸经贸合作和21世纪海上丝绸之路核心区建设提供金融支持。

（二）坚持改革创新，先行先试。在总结和借鉴上海自贸试验区成功经验基础上，积极探索准入前国民待遇加负面清单管理模式，简政放权，着力推进人民币跨境使用、人民币资本项目可兑换和外汇管理等领域改革创新，推动市场要素双向流动。

（三）坚持风险可控。稳妥有序组织金融开放创新工作，先易后难、稳步推进，成熟一项、推进一项，及时总结评估，完善金融风险防控体系。

二、扩大人民币跨境使用

（四）银行业金融机构可按规定凭自贸试验区内企业提交的收付款指令，为其直接办理跨境投资人民币结算业务。银行业金融机构按负面清单管理模式为区内企业提供直接投资项下人民币结算服务。

（五）在宏观审慎管理框架下，自贸试验区银行业金融机构可与台湾地区金融同业按一定比例跨境拆入人民币短期借款，向台湾地区金融同业跨境拆出短期人民币资金。

（六）支持自贸试验区内非银行金融机构和企业在外债宏观审慎管理框架下从境外借用人民币资金，资金运用应符合国家宏观调控和产业政策规定，用于自贸试验区建设，不得用于投资有价证券、理财产品、衍生产品，不得用于委托贷款。

（七）支持自贸试验区内金融机构和企业按规定在境外发行人民币债券，所筹资金可根据需要调回区内使用。自贸试验区内企业的境外母公司可按规定在境内发行人民币债券。

（八）支持在自贸试验区内设立跨境人民币投资基金，按注册地管理，开展跨境人民币双向投资业务。

（九）支持自贸试验区内开展人民币计价结算的跨境租赁资产交易。支持区内租赁公司开展跨境资产转让。支持符合条件的自贸试验区金融租赁公司在境内发行、交易金融债券；支持符合条件的自贸试验区非金融租赁公司在银行间市场发行非金融企业债务融资工具。

（十）自贸试验区内符合条件的跨国公司可根据自身经营需要备案开展集团内跨境双向人民币资金池业务，为其境内外关联企业提供经常项下人民币集中收付业务。

（十一）支持自贸试验区内符合条件的企业按规定开展人民币境外证券和境外衍生品等投资业务。允许区内银行业金融机构按照银行间市场等相关政策规定和我国金融市场对外开放的整体部署为境外机构办理人民币衍生品业务。允许区内个体工商户根据业务需要向境外关联经营主体贷出人民币资金。

（十二）支持自贸试验区个人开展经常项下、投资项下跨境人民币结算业务。在区内居住或就业并符合条件的境内个人可按规定开展跨境贸易、其他经常项下人民币结算业务，研究开展包括证券投资在内的各类人民币境外投资。在区内居住或就业并符合条件的境外个人可按规定开展跨境贸易、其他经常项下人民币结算业务以及包括证券投资在内的各类境内投资。

三、深化外汇管理改革

（十三）促进贸易投资便利化。在真实合法交易基础上，进一步简化流程，自贸试验区内货物贸易外汇管理分类等级为A类的企业，货物贸易收入无需开立待核查账户，允许选择不同银行办理经常项目提前购汇和付汇。简化直接投资外汇登记手续，直接投资外汇登记下放银行办理，外商投资企业外汇资本金实行意愿结汇。放宽区内机构对外放款管理，进一步提高对外放款比例。允许区内符合条件的融资租赁收取外币租金。

（十四）实行限额内资本项目可兑换。在自贸试验区内注册的、负面清单外的境内机构，按照每个机构每自然年度跨境收入和跨境支出均不超过规定限额（暂定等值1000万美元，视宏观经济和国际收支状况调节），自主开展跨境投融资活动。限额内实行自由结售汇。符合条件的区内机构应在自贸试验区所在地外汇分局辖内银行开立资本项目——投融资账户，办理限额内可兑换相关业务。

（十五）推动外债宏观审慎管理。逐步统一境内机构外债政策。自贸试验区内机构借用外债采取比例自律管理，允许区内机构在净资产的一定倍数（暂定1倍，视宏观经济和国际收支状况调节）内借用外债，企业外债资金实行意愿结汇。

（十六）支持发展总部经济和结算中心。放宽跨国公司外汇资金集中运营管理准入条件。进一步简化资金池管理，允许银行审核真实、合法的电子单证，为企业办理集中收付汇、轧差结算业务。

（十七）支持银行发展人民币与外汇衍生产品服务。注册在自贸试验区内的银行机构，对于境外机构按照规定能够开展即期结售汇交易的业务，可以办理人民币与外汇衍生产品交易，并纳入银行结售汇综合头寸管理。

四、拓展金融服务

（十八）探索建立与自贸试验区相适应的账户管理体系，为符合条件的自贸试验区内主体，办理跨境经常项下结算业务、政策允许的资本项下结算业务、经批准的自贸试验区资本项目可兑换先行先试业务，促进跨境贸易、投融资结算便利化。

（十九）支持符合条件的企业依法申请互联网支付业务许可开展业务。允许自贸试验区内注册设立的台资非金融企业，依法申请支付业务许可。福建省内银行业金融机构可与自贸试验区内持有《支付业务许可证》且许可业务范围包括互联网支付的支付机构合作，按照有关管理政策为跨境电子商务（货物贸易或服务贸易）提供跨境本外币支付结算服务。

（二十）创建金融集成电路（IC）卡“一卡通”示范区。完善自贸试验区金融集成电路卡应用环境，加大销售终端（POS）、自动柜员机（ATM）等机具的非接触受理改造力度。大力拓展金融集成电路卡和移动金融在自贸试验区生活服务、公共交通、社会保障等公共服务领域的应用，通过提升现代金融服务水平改善民生。

五、深化两岸金融合作

（二十一）支持自贸试验区在海峡两岸金融合作中发挥先行先试作用。支持自贸试验区在两岸货币合作方面探索创新。允许符合条件的银行机构为境外企业和个人开立新台币账户，允许金融机构与台湾地区银行之间开立新台币同业往来账户办理多种形式结算业务，试点新台币区域性银行间市场交易。支持厦门片区完善两岸货币现钞调运机制。

（二十二）支持建立自贸试验区金融改革创新与厦门两岸区域性金融服务中心建设的联动机制，深化两岸金融合作。

（二十三）支持自贸试验区在两岸金融同业民间交流合作基础上，完善两岸金融同业定期会晤机制，促进两岸金融合作与发展。完善两岸反洗钱、反恐融资监管合作和信息共享机制。

六、完善金融监管

（二十四）办理自贸试验区业务的金融机构应遵循“展业三原则”，建立健全内控制度并报金融监管部门备案，完善业务的真实性、合规性审查机制。

（二十五）办理自贸试验区业务的金融机构开展创新业务，应具有真实合法交易基础，不得使用虚假合同等凭证或虚构交易办理业务。

（二十六）办理自贸试验区业务的金融机构和支付机构应按照法律法规要求切实履行反洗钱、反恐融资、反逃税等义务，全面监测跨境、跨区资金流动，按规定及时报送大额和可疑交易报告。

（二十七）办理自贸试验区业务的金融机构，应按规定办理国际收支统计等相关业务申报，配合金融监管部门，全面监测分析跨境资金流动，健全和落实单证留存制度。

（二十八）中国人民银行和国家外汇管理局授权派出机构，按照宏观审慎管理要求，探索在自贸试验区内建立和完善跨境资金流动风险监测预警指标体系，防止跨境资金大进大出，加强监管，制定相关应急预案，必要时采取临时性管制措施。探索主体监管，实施分类管理，建立和完善系统性风险预警、防范和化解体系，守住不发生系统性、区域性金融风险底线。加强与金融监管部门的沟通协调，建立信息共享机制。加强对自贸试验区内金融机构信息安全管理，明确管理部门和管理职责。

（二十九）加强金融消费权益保护。自贸试验区内金融机构要完善客户权益保护机制，负起保护消费者的主体责任。建立健全区内金融消费权益保护工作体系。加强与金融监管、行业组织和司法部门相互协作，探索构建和解、专业调解、仲裁和诉讼在内的多元化金融纠纷解决机制。加强自贸试验区金融创新产品相关知识普及，重视风险教育，提高消费者的风险防范意识和自我保护能力。

（三十）中国人民银行和国家外汇管理局授权派出机构，加强与有关金融监管部门派出机构的沟通，按照宏观审慎、风险可控、稳步推进的原则，依据本意见制定实施细则和操作规程，报中国人民银行总行备案。

中国人民银行

2015 年 12 月 9 日

财政部　海关总署　国家税务总局
关于中国（福建）自由贸易试验区
有关进口税收政策的通知

财关税〔2015〕22号

福建省财政厅、国家税务局，福州海关、厦门海关：

为贯彻落实《中国（福建）自由贸易试验区总体方案》中的相关政策，现就中国（福建）自由贸易试验区（以下简称自贸试验区）有关进口税收政策通知如下：

一、中国（上海）自由贸易试验区已经试点的进口税收政策原则上可在自贸试验区进行试点。

二、选择性征收关税政策在自贸试验区内的海关特殊监管区域进行试点，即对设在自贸试验区海关特殊监管区域内的企业生产、加工并经“二线”销往内地的货物照章征收进口环节增值税、消费税，根据企业申请，试行对该内销货物按其对应进口料件或按实际报验状态征收关税的政策。

三、在严格执行货物进出口税收政策前提下，允许在自贸试验区海关特殊监管区域内设立保税展示交易平台。

四、在确保有效监管前提下，在自贸试验区海关特殊监管区域探索建立货物实施状态分类监管模式。

五、自贸试验区内的海关特殊监管区域实施范围和税收政策适用范围维持不变。平潭综合实验区税收优惠政策不适用于自贸试验区内其他区域。

本通知自自贸试验区挂牌成立之日起执行。

财政部　海关总署　国家税务总局

2015年5月20日

工商总局关于支持中国（福建）自由贸易试验区建设的若干意见

工商企注字〔2015〕57号

福建省工商行政管理局：

建立中国（福建）自由贸易试验区（下称“福建自贸试验区”）是国家战略需要，是新形势下全面深化改革和扩大开放、促进两岸融合发展的重大举措。福建自贸试验区肩负着我国在新时期更加深入参与国际竞争、全面提高开放型经济水平、加快转变经济发展方式、探索体制机制创新和两岸经济合作新模式的重要使命。为充分发挥工商行政管理职能作用，大力支持福建自贸试验区建设发展，实现以开放促发展、促改革、促创新，形成可复制、可推广的经验，根据福建自贸试验区的实际需要，本着改革创新、先试先行的原则，提出如下意见：

一、支持福建自贸试验区开展企业名称登记制度改革试点。除涉及前置审批事项或者企业名称核准与企业设立登记不在同一机关的以外，企业名称可以不再实行预先核准，申请人可以在办理企业设立登记时一并申请企业名称登记，也可以自主申报企业名称。申请人自行登录查询比对系统，确认其拟使用企业名称不违反企业名称规则，即可自主申报，并对申报的名称承担相应法律责任。探索通过立法途径创新名称争议处理机制，授权登记机关通过便捷、高效程序裁决名称争议，依法保护当事人合法权益。同时，强化纠正不适宜企业名称措施，对于登记机关认定为不适宜的企业名称，或者根据名称争议裁决、判决结果应当予以纠正的企业名称，登记机关应当责令企业限期改正。对于拒不改正的，登记机关可以直接在企业名称数据库中删除该企业名称，暂以企业注册号代替，并将该企业以注册号纳入企业经营异常名录，通过企业信用信息公示系统予以公示。

二、支持福建自贸试验区开展企业集团登记制度改革。允许子公司达到三家的企业设立集团，不受注册资本最低限额条件限制，直接申请在企业名称中使用“集团”或者“（集团）”字样，无需向其登记机关申请颁发企业集团登记证。

三、支持福建自贸试验区开展“三证合一”登记制度改革。支持福建自贸试验区实行营业执照、组织机构代码证、税务登记证“三证合一”“一照三号”登记制度，按照“一窗受理、一表申报、并联审批、核发一照”的模式，在营业执照上加载组织机构代码和税务登记号，条件成熟后，实行“一照一号”登记制度。

四、支持福建自贸试验区推行电子营业执照和全程电子化登记管理。建立网上申请、网上受理、网上审核、网上公示、网上发照的全程电子化登记模式，实行商事主体登记材料电子归档，不再进行纸质材料归档，商事主体登记材料电子档案与纸质档案具有同等的法律效力。

五、支持福建在自贸试验区内探索简化和完善外商投资企业注销流程，试行对未开业企业以及无债权债务企业实行简易注销程序。

六、支持福建自贸试验区开展台湾居民个体工商户的登记注册工作，依法确定营业范围。

七、支持对福建自贸试验区内广告企业从事户外广告经营发布活动免予审批，允许福建自贸试验区内台资企业在设置户外广告时使用繁体字。

八、授予福建自贸试验区工商部门依法应当由国家工商行政管理总局登记注册的住所在福建自贸试验区的企业登记管辖权。

九、授予福建自贸试验区县级以上工商部门外资登记管理权。福建自贸试验区县级以上工商部门负责辖区内由本级人民政府及其授权部门批准设立及备案的外商投资企业的登记注册和监督管理。

十、支持福建自贸试验区建立企业信息互联共享“一张网”。以企业户籍为基础，完善企业信用信息记录，加强信用信息归集、存储和共享。加强企业信息公示工作，有效扩大社会监督。

十一、支持福建探索建立自贸试验区企业新型日常监管制度。强化企业自我管理、行业组织自律和第三方机构的专业监督，尽快建立以随机抽查为重点，专项任务检查、举报移送案件核查、无照经营查处、商品质量抽检等多种监管方式并用的新型日常监管制度，努力形成“企业自治、行业自律、社会监督、政府监管”的社会共治监管新格局。

十二、支持福建自贸试验区建立失信联合惩戒机制。切实加强信用监管，严格落实企业信息公示、经营异常名录、严重违法企业名单等制度。发挥信用约束作用，实现“一处违法、处处受限”。探索综合执法模式，推进行政执法与刑事司法衔接工作，形成协同监管合力。推进运用大数据加强市场主体监管工作，加快市场监管风险防控系统建设。

请你局在福建省委、省政府的领导下，认真组织实施上述意见。执行中如有重大问题和情况应及时报告总局。

工商总局

2015 年 4 月 29 日

海关总署关于印发支持和促进中国（福建）自由贸易试验区建设发展若干措施的通知

署加发〔2015〕115号

福州、厦门海关：

设立中国（福建）自由贸易试验区，是党中央、国务院作出的重大决策，是新形势下推进改革开放和深化两岸经济合作的重要举措，对加快政府职能转变、积极探索管理模式创新、促进贸易和投资便利化，为全面深化改革和扩大开放探索新途径、积累新经验，具有重要意义。

为贯彻落实党中央、国务院决策部署，支持和促进中国（福建）自由贸易试验区建设和发展，总署结合海关工作实际，研究制定了《海关总署关于支持和促进中国（福建）自由贸易试验区建设发展的若干措施》，现印发你们，请认真组织学习，抓好贯彻落实。

一、要解放思想、改革创新、积极探索、加强协调、相互借鉴，支持自贸试验区先行先试。边实践、边改革、边创新，不断丰富和完善支持措施，细化相关海关监管办法。

二、坚持“放得开”和“管得好”相结合，既要有效落实支持措施，积极创新、先行先试，又要依法依规做到安全高效管住，切实防控各类风险。

三、要根据《中国（福建）自由贸易试验区总体方案》要求，按照有利于安全高效管住、促进贸易便利化原则，在创新模式、优化流程、简化手续、提高效率等方面自主创新海关监管制度，积累可复制可推广的经验。涉及有关政策性问题的，须报经总署同意后再先行先试。

特此通知。

附件：《海关总署关于支持和促进中国（福建）自由贸易试验区建设发展的若干措施》

海关总署

2015年5月4日

附件：

海关总署关于支持和促进中国（福建）自由贸易试验区建设发展的若干措施

为贯彻落实《国务院关于印发中国（福建）自由贸易试验区总体方案的通知》（国发〔2015〕20号）和《国务院关于印发落实“三互”推进大通关建设改革方案的通知》（国发〔2014〕68号）、《国务院关于改进口岸工作支持外贸发展的若干意见》（国发〔2015〕16号）精神，积极支持中国（福建）自由贸易试验区（以下简称“自贸试验区”）更好地贯彻“一带一路”等国家战略，构建开放型经济新体制，促进外贸发展转型升级，探索闽台经济合作新模式，建设法治化营商环境。进一步转变职能、创新制度、把好国门、做好服务，现制定如下支持措施：

一、创新海关监管制度，促进自贸试验区贸易便利化

（一）全面复制推广上海自贸试验区海关监管创新制度。

深化复制推广上海自贸试验区海关监管创新制度工作，对自贸试验区内符合条件的企业，实施工单式核销、简化通关随附单证、集中汇总纳税、仓储企业联网监管等制度。继续开展海关监管制度创新，积累更多经验，进一步提升自贸试验区通关便利化水平。

（二）深化自贸试验区通关一体化改革。

深化海关区域通关一体化改革，强化海关间协作，实现跨地区海关互联互通、互认共享，简化通关手续，提高通关效率。

（三）落实“三互”提高自贸试验区通关效率。

积极推进国际贸易“单一窗口”建设，实现信息的共享共用。深化关检合作“三个一”改革，全面推进“一站式作业”改革。整合监管设施资源，推动共建共享共用。推进口岸部门综合执法试点。

（四）创新监管查验机制。

进一步优化监管执法流程，逐步由“串联执法”转为“并联执法”。

完善查验办法，增强查验针对性和有效性。提高非侵入、非干扰式查验比例。对查验没有问题的免除企业吊装、移位、仓储等费用。

（五）创新加工贸易监管制度。

实行“一次备案多次使用”制度，加工贸易企业办理一次备案，即可开展保税加工、保税物流、保税服务等多元化业务。实施中介机构协助海关稽查、保税核查和核销制度。支持资信良好、管理规范的加工贸易企业开展自核单耗管理试点。支持开展出境加工业务试点。允许自贸试验区海关特殊监管区域（含平潭片区，下同）内企业利用超过监管年限的生产设备开展委托加工业务，促进区域内外企业联动发展。

（六）创新企业管理制度。

建立企业协调员制度，畅通海关与企业沟通联系渠道。实施与国际海关的“经认证的经营者”互认管理，便利企业境内外通关。实施企业注册登记改革，实行“一地注册全国申报”，取消自贸试验区报关企业行政许可。实行企业信用信息公开，开展企业自律管理试点。

（七）推进海关税收征管方式改革。

试行企业自主报税、自助通关、自助审放、重点稽核的通关征管模式。创新担保方式，以企业为管理单元，探索建立与企业责、权、利和风险（或信用）等级相一致的征纳方式；依托关银信息互通，实现涉税担保信息化管理，逐步建立涵盖所有涉税担保业务、所有通关现场的税收总担保制度。优化海关行政裁定制度实施。试行预归类决定全国互认。

（八）试行企业“主动披露”制度。

对企业主动报告海关未发现的违规情事，可依法视情从轻、减轻或不予行政处罚，引导企业守法诚信、规范经营，营造守法便利、违法惩戒的良好环境。

二、拓展海关特殊监管区域功能，促进试验区稳增长调结构

（九）实施内销选择性征收关税政策。

对自贸试验区海关特殊监管区域内企业生产、加工并内销的货物，实施选择性征收关税政策，鼓励加工贸易企业向海关特殊监管区域集中，

促进区域内企业更好地开拓国内市场、扩大内销。

（十）加快海关特殊监管区域整合优化。

支持自贸试验区内海关特殊监管区域转型为综合保税区。支持现有海关特殊监管区域根据发展需要扩大面积。支持符合条件地区新设综合保税区和保税物流中心。完善海关特殊监管区域政策措施，推进功能拓展和改革创新，促进保税加工、保税物流和保税服务多元化发展。支持在海关特殊监管区域内开展保税货物质押融资业务。

（十一）推动区内外联动发展。

推广保税货物区间结转监管模式，允许保税货物在跨关区海关特殊监管区域间流转时，实行分送集报和企业自行运输。支持海关特殊监管区域内外企业生产加工、物流和服务业深度融合。完善自贸试验区内海关协调配合机制，实现区内外政策衔接、监管联动、服务高效。

三、支持新兴贸易业态发展，促进自贸试验区改革创新

（十二）支持跨境电子商务发展。

支持发展跨境电子商务，建立海关监管系统与跨境电子商务平台互联互通机制，加强信息共享。探索建立跨境电子商务平台运营主体、外贸综合服务企业、物流服务企业集中代理报关、纳税的机制。进一步完善跨境电子商务管理模式，优化通关流程，促进跨境电子商务健康快速发展。

（十三）支持开展研发设计、检测维修和服务外包业务试点。

积极支持在自贸试验区海关特殊监管区域内开展研发设计和高技术含量、高附加值产品的境内外维修等保税服务业务，支持自贸试验区开展飞机等高技术含量、高附加值产品境内外的维修业务试点，促进生产性服务业发展。

（十四）支持开展期货保税交割业务。

支持国内期货交易所在自贸试验区海关特殊监管区域内开展期货保税交割业务，根据发展需要适时扩大期货保税交割品种，拓展仓单质押融资功能。

（十五）支持开展保税展示业务。

支持在自贸试验区海关特殊监管区域内设立保税展示交易平台。允许符合条件的试验区内企业在有效担保前提下，在本关区内开展区域外保税货物展示交易。

（十六）支持融资租赁业务发展。

对注册在自贸试验区海关特殊监管区域内的融资租赁企业进出口飞机、船舶和海洋工程结构物等大型设备，在执行现行相关税收政策前提下，根据物流实际需要，实行海关异地委托监管。

四、支持闽台经贸合作，促进对台贸易便利化

（十七）促进对台贸易便利化。

简化《内地与香港关于建立更紧密经贸关系的安排》、《内地与澳门关于建立更紧密经贸关系的安排》以及《海峡两岸经济合作框架协议》下货物进口原产地证书提交需求，对于海关已收到出口方传输的原产地证书电子数据的货物，进口企业进口申报时免于提交纸质原产地证书。完善自贸试验区对台小额贸易管理方式，进一步提高对台贸易通关便利化水平。放宽海运货物直接运输判定标准，允许通过查验集装箱封志的方式判定《海峡两岸经济合作框架协议》项下经第三方中转货物是否符合直接运输要求。

（十八）支持航运业务发展，便利两岸往来。

支持两岸海运快件业务发展，允许自贸试验区试点海运快件国际和台港澳中转集拼业务。允许自贸试验区符合条件的船舶开展外贸集装箱在国内沿海港口和自贸试验区内港口之间的沿海捎带业务试点。支持实施启运港退税试点政策。支持开展汽车平行进口试点。简化厦门—金门和马尾—马祖游艇、帆船出入境通关手续，为台湾车辆在自贸试验区与台湾之间进出提供通关便利。

（十九）支持产业集聚发展。

简化自贸试验区海关特殊监管区域产品内销手续，促进内销便利化。在自贸试验区海关特殊监管区域探索实施货物状态分类监管模式。促进

台湾先进制造业、战略性新兴产业、现代服务业等产业在自贸试验区内集聚发展，积极支持承接台湾地区产业转移。支持动漫创意、信息管理、数据处理、供应链管理、飞机及零部件维修等服务外包业务发展。鼓励跨国公司在自贸试验区内设立研发中心、销售中心、物流中心、结算中心和营运中心。

（二十）支持平潭建设闽台合作窗口。

支持平潭继续探索创新“一线放宽、二线管住、人货分离、分类管理”的监管模式。支持平潭发展两岸合作服务业，为两岸会展业合作提供更加便捷的通关服务。开展两岸海上客运航线客带货业务试点，促进台湾小商品交易市场做大做强。支持平潭举办大型国际赛事并提供便利通关环境。积极推进在平潭按规定设立口岸离境免税店和两岸直航船舶运输工具免税店。简化进出平潭的台湾车辆通关手续。支持平潭建设国际旅游岛。

（二十一）支持21世纪海上丝绸之路建设。

支持自贸试验区与21世纪海上丝绸之路沿线国家和地区开展通关事务合作与交流，探索实施与21世纪海上丝绸之路沿线国家和地区开展贸易供应链安全与便利合作。加强与东盟成员国海关、商业协会合作，推动原产地认证联网核查，实现东盟产品进口的快速通关。

（二十二）提升两岸海关合作水平。

建立闽台通关合作机制，开展货物通关、贸易统计、原产地证书核查、“经认证的经营者”互认等方面合作，逐步实现信息互换、监管互认、执法互助。授权福州原产地管理办公室统一开展《海峡两岸经济合作框架协议》项下原产地证书核查。

五、培育法治化营商环境，维护自贸试验区贸易秩序公平公正

（二十三）依法实施知识产权保护，维护企业创新成果。

加大对试验区内企业知识产权海关保护力度，助推企业提升创新能力和核心竞争力，支持试验区国内外知识产权资源集聚，有效打击侵权违法行为。

（二十四）依法开展风险防控，维护国家意识形态安全。

坚持社会主义先进文化前进方向。加强实际监管，有效防控风险，防止自贸试验区内渗入和滋生对中国政治、经济、文化、道德有害的印刷品、音像制品及其他信息载体。

（二十五）依法打击走私，维护自贸试验区健康发展环境。

根据自贸试验区发展运行特点，加强执法统一性和规范性，营造法治化营商环境。认真研究可能出现的风险隐患，确保安全高效管住，精、准、狠地打击走私等违法犯罪活动，促进自贸试验区健康发展。

海关总署办公厅

2015 年 5 月 4 日

国家旅游局关于支持中国（福建）自由贸易试验区旅游业开放意见的函

旅函〔2015〕11号

福建省人民政府：

为响应中央关于设立福建自贸区的战略决策，推动福建自贸区对外开放和合作水平的进一步提升，努力把福建自贸区建设成为两岸旅游合作先行示范区，21世纪海上丝绸之路旅游核心区，对自贸区内旅游业的进一步开放提出意见如下：

一、支持福建自贸区旅游业对外开放

1. 扩大旅行社业开放。在上海自贸区的基础上，进一步增加经营出境游外资旅行社数量，创新管理体制，支持创新对旅行社经营的事中、事后监管模式。支持在福建自贸区内设立的外资合资旅行社经营大陆居民出国（境）（不包括赴台湾地区）的团队旅游业务；允许3家台资合资旅行社试点经营福建居民赴台湾地区团队旅游业务。

2. 放宽旅游从业人员限制。支持台湾合法导游、领队经自贸区旅游主管部门培训认证后，换发证件，在自贸区所在设市区（或试验区）执业。支持在自贸区内居住一年以上的台籍居民报考导游资格证，并按规定申领导游证后在大陆执业。

二、提升旅游及相关领域整体开放水平

3. 支持平潭建设国际旅游岛。推行国际通行的旅游服务标准，加快旅游要素转型升级，开发特色旅游产品，拓展文化体育竞技功能，建设休闲度假旅游目的地。在改革试验、资金安排、规划及实施、国际旅游市场拓展、人才培养和队伍建设等方面给予大力支持。会同有关方面，支持平潭离岛旅客购物免税、境外旅客购物离境退税政策落地。

4. 促进整体开放带动旅游发展。根据上海自贸区经验，特色医疗、娱乐演艺、职业教育、旅游装备等领域地进一步开放将有利于形成新的特色旅游区域，进而提升区域旅游竞争力。因此要积极推动相关领域开放，实现整个服务贸易发展水平的提升。

5. 推动实施旅游便利化措施。人员往来便利是旅游业开放程度的重要体现。积极争取海关、交通、公安等管理部门进一步优化管理措施，推动人员流动便利化，实现自贸区口岸过境免签或自贸区所在省市长时间停留等更加便捷地签注措施；推动与旅游业相关的邮轮、游艇等旅游运输工具出行的便利化，重点突破在口岸通关、监管查验、码头设置、牌照互认、航行区域规划等方面的政策难点。

三、推动相关制度创新

6. 探索实现区内区外联动。旅游业不同于工业和一般商业服务，特别是代表竞争优势的新业态更需突破自贸区范围的限制。为此应将在区内注册区外服务作为制度创新加以重视。支持邮轮、度假区、低空飞行等领域的企业纳入自贸区框架管理。

7. 鼓励旅游金融创新。自贸区是金融创新的高地。充分利用自贸区金融国际化水平高、人才集聚效应明显的特点，推动旅游金融产品创新，开拓适合旅游业特点的对外投资、融资、并购多种渠道，提升旅游产业的国际化和现代化水平。

国家旅游局

2015 年 3 月 19 日

交通运输部关于在国家自由贸易试验区试点若干海运政策的公告

为贯彻落实国务院印发的关于广东、天津、福建自由贸易试验区总体方案以及关于进一步深化上海自由贸易试验区改革开放方案，推进上述自由贸易试验区（以下称“自贸区”）海运试点政策顺利实施，现将有关事项公告如下：

一、经国务院交通运输主管部门批准，外商可在自贸区设立股比不限的中外合资、合作企业，经营进出中国港口的国际船舶运输业务；其中，在上海自贸区可设立外商独资企业，在广东自贸区可设立港澳独资企业。相关要求和办理程序，按照《中华人民共和国国际海运条例》和《中华人民共和国国际海运条例实施细则》有关规定执行。

二、经国务院交通运输主管部门批准，在自贸区设立的中外合资、合作企业可以经营公共国际船舶代理业务，外资股比放宽至51%；在自贸区设立的外商独资企业可以经营国际海运货物装卸、国际海运集装箱站和堆场业务。相关要求和办理程序，按照《中华人民共和国国际海运条例》和《中华人民共和国国际海运条例实施细则》有关规定执行。

三、经自贸区所在地省级交通运输主管部门批准，在自贸区设立的外商独资企业可以经营国际船舶管理业务。自贸区所在地省级交通运输主管部门参照《中华人民共和国国际海运条例》第九条、第十条和《中华人民共和国国际海运条例实施细则》第八条的相关规定办理审批程序，并将审批结果向国务院交通运输主管部门备案。

四、在自贸区设立的中外合资、合作国际船舶运输企业，其董事会主席和总经理由中外合资、合作的双方协商确定。

五、在自贸区设立外商投资企业经营国际船舶运输业务，设立中外合资、合作企业经营公共国际船舶代理业务，或设立外商独资企业经营国际船舶管理业务、国际海运货物装卸业务、国际海上集装箱站和堆场业务，本公告未作规定的，适用《中华人民共和国中外合资经营企业法》、《中华人民共和国中外合作经营企业法》以及《中华人民共和国外资企业法》的有关规定。

六、注册在境内的中资航运公司可利用其全资或控股拥有的非五星红旗国际航行船舶，经营以自贸区开放港口为国际中转港的外贸进出口集装箱在国内沿海对外开放港口与自贸区开放港口之间的捎带业务。从事上述业务时，应向国务院交通主管部门备案。相关备案办理程序见附件。

七、中资航运公司不得擅自将经备案开展试点业务的船舶转租他人。除依照本公告备案的船舶外，其他任何非五星红旗船舶，不得承运中国港口间的集装箱货物，包括不得承运在国内一港装船、经国内另一港中转出境，或者经国内一港中转入境、在国内另一港卸船的外贸集装箱货物。

特此公告。

附件：1.《中资非五星红旗国际航行船舶试点沿海捎带业务备案办理程序》（略）

2.《中资非五星红旗国际航行船舶试点沿海捎带业务备案表》（略）

3.《中资非五星红旗国际航行船舶试点沿海捎带业务备案证明书》（略）

交通运输部

2015 年 6 月 1 日

福建省人民代表大会常务委员会关于颁布施行《中国（福建）自由贸易试验区条例》的公告

《中国（福建）自由贸易试验区条例》已由福建省第十二届人民代表大会常务委员会第二十二次会议于2016年4月1日通过，现予公布。本条例自公布之日起施行。

福建省人民代表大会常务委员会

2016年4月1日

附件：

中国（福建）自由贸易试验区条例

（2016年4月1日福建省第十二届人民代表大会常务委员会第二十二次会议通过）

第一章　总则

第一条　为了推进和保障中国（福建）自由贸易试验区建设，根据有关法律、法规和国务院批准的《中国（福建）自由贸易试验区总体方案》，结合本省实际，制定本条例。

第二条　本条例适用于经国务院批准设立的中国（福建）自由贸易试验区（以下简称自贸试验区），包括福州片区、厦门片区和平潭片区（以下简称片区）。根据自贸试验区建设与发展的需要，报经国务院批准的自贸试验区扩展区域，适用本条例。

第三条　自贸试验区应当围绕立足两岸、服务全国、面向世界的战略要求，以制度创新为核心，坚持扩大开放与深化改革相结合，强化功能培育，加快政府职能转变，建立与国际投资贸易规则相适应的制度与监管模式，建设国际化、市场化、法治化的营商环境。

第四条　自贸试验区应当成为投资开放、贸易便利、金融创新功能突出、服务体系健全、监管高效便捷、法治环境规范的自由贸易园区，在服务经济转型发展、对台合作和21世纪海上丝绸之路核心区建设中发挥示范引领作用。

第五条　片区应当根据发展定位和目标，优势互补，错位发展，加强协作，相互促进。福州片区重点建设先进制造业基地、21世纪海上丝绸之路沿线国家和地区交流合作的重要平台、两岸服务贸易与金融创新合作示范区；厦门片区重点建设两岸新兴产业和现代服务业合作示范区、东南国际航运中心、两岸区域性金融服务中心和两岸贸易中心；平潭片区重点建设两岸共同家园和国际旅游岛。

第六条　自贸试验区建立鼓励改革创新、允许试错、宽容失败的机制，完善以支持改革创新为导向的考核评价体系，充分激发创新活力。

第二章　管理体制

第七条　按照统筹管理、分级负责、精干高效的原则，建立权责明确、部门协调、运行高效的自贸试验区管理体制。

第八条　自贸试验区工作领导小组负责领导组织、统筹协调自贸试验区建设发展工作。领导小组的办事机构设在省人民政府商务主管部门，承担领导小组日常工作，履行下列职责：（一）组织实施总体方案，协调推进各项试验任务；（二）拟定总体发展规划，指导、督促片区和有关部门完善发展规划并落实阶段性改革任务；（三）指导片区制定有关行政管理制度和政策措施，建立片区联动合作机制；（四）依法组织国家安全审查、反垄断审查等有关工作；（五）组织片区开展评估工作；（六）建立信息发布制度；（七）领导小组交办的其他事务。

第九条　片区所在设区的市和平潭综合实验区成立片区工作领导小

组，负责研究制定促进片区改革创新的政策措施，加强对片区发展中重大问题的协调，统筹推进片区的改革发展工作。

第十条　省人民政府在自贸试验区各片区设立派出机构（以下简称片区管理机构），负责片区具体事务，履行下列职责：（一）组织落实片区各项试验任务；（二）组织实施片区发展规划，统筹片区产业布局和重大项目引进与建设；（三）制定实施片区行政管理制度，组织开展片区内行政许可、行政处罚、公共服务等行政事务；（四）组织实施片区综合监管工作；（五）协调有关部门在片区内的行政工作；（六）做好信息管理、发布工作，为社会提供咨询和服务；（七）依法行使的其他职责。

第十一条　省人民政府和片区所在设区的市人民政府及其有关部门、平潭综合实验区应当遵循简政放权、高效便捷的原则，将经济社会管理权限依照法定程序授权或者委托给片区管理机构。海关、检验检疫、边检、海事、税务等部门在片区设立的工作机构，应当推进自贸试验区改革创新工作。

第十二条　自贸试验区建立顾问工作制度，为自贸试验区建设提供智力支持和决策参考。

第十三条　自贸试验区建立综合统计制度，及时统计相关数据，分析预测区内经济社会的运行情况。

第十四条　自贸试验区工作领导小组办事机构会同有关部门建立综合评估机制，对试点政策执行情况进行综合和专项评估，必要时委托第三方机构进行独立评估，及时复制推广改革创新经验。

第十五条　省人民政府有关部门、片区所在设区的市人民政府有关部门推进自贸试验区改革创新工作的情况，纳入政府绩效管理。

第十六条　除法律、法规规定的检查和评比项目以外，取消对自贸试验区企业的检查和评比项目。除法律、法规规定的行政事业性收费项目外，自贸试验区内的行政事业性收费一律免收。

第三章　投资开放

第十七条　自贸试验区外商投资实行准入前国民待遇加负面清单的

管理模式。负面清单之外的领域，按照内外资一致的原则，外商投资项目实行备案制，但国务院规定对国内投资项目保留核准的除外。负面清单之内的领域，按照特别管理措施的要求实行准入管理。外商投资企业的设立和变更实行备案管理。

第十八条　自贸试验区建立与国际惯例相衔接的商事登记制度，简化企业设立登记程序，营造宽松便捷的市场准入环境。片区管理机构建立综合行政服务平台，统一受理涉及企业管理的行政事务，实施综合审批制度，推进投资体制改革。

第十九条　自贸试验区简化区内企业境外员工就业许可审批，对符合条件的境外员工，提供过境、入境、停居留便利。推动区内符合条件的对外开放口岸实施更加便利的过境免签证政策。自贸试验区为区内企业员工提供办理出国出境证件便利。

第二十条　自贸试验区鼓励企业开展多种形式的境外投资，对一般境外投资项目和设立企业实行备案制。支持企业扩大对21世纪海上丝绸之路沿线国家和地区的投资，在产业合作、基地建设、融资保障、外汇管理等方面创新机制，完善境外投资合作的管理和服务，建立风险预警和应急处置机制。

第四章　贸易便利

第二十一条　自贸试验区内深化通关一体化改革，创新通关、查验、税收征管机制，促进区内通关便利，推进自贸试验区与进出境口岸间以及其他海关特殊监管区域货物流转监管制度创新。

第二十二条　自贸试验区建立“一点接入、一次申报、一次办结”的国际贸易“单一窗口”制度，加快建设电子口岸，形成区内海关、检验检疫、海事、边检、外汇、税务和商务等跨部门的综合管理服务平台。企业可以通过综合管理服务平台一次性递交口岸监管部门需要的标准化电子信息，口岸监管部门应当将处理结果通过平台向企业反馈。

第二十三条　自贸试验区内海关特殊监管区域与境外之间为“一线”管理，区内海关特殊监管区域与境内区外之间为“二线”管理，按照

“一线放开、二线安全高效管住”的原则，在区内建立与国际国内贸易发展需求相适应的监管模式。海关特殊监管区域实行货物实施状态分类监管，推进动植物及其产品检疫审批负面清单制度。

第二十四条　自贸试验区培育新型贸易业态和功能，形成以技术、品牌、质量、服务、文化为核心的贸易竞争优势。支持自贸试验区企业开展保税展示交易，符合条件的企业可以将保税展示交易业务扩展至全省。发展飞机等跨境高端维修业态。促进文化出版、生物技术、信息软件、创意设计、影视动漫等产业升级发展。

第二十五条　自贸试验区支持企业发展跨境电子商务，完善海关监管、检验检疫、税收征退、跨境支付、信息物流等支撑系统，提供便捷高效的配套服务。

第二十六条　加强自贸试验区航运产业集聚区的发展，创新具有国际竞争力的航运发展制度和运作模式。国际船舶管理、国际远洋航运、国际航空运输服务、航运金融等领域对境外投资者扩大开放，放宽外资股权比例限制，允许设立外商独资国际船舶管理企业，推进国际船舶登记制度创新。简化船舶进出自贸试验区港口手续，推动相关电子数据自动填报。

第二十七条　自贸试验区支持建立国际国内大宗商品交易和资源配置平台。支持企业在区内建立整合物流、贸易、结算等功能的营运中心，发展总部经济和转口贸易。

第二十八条　自贸试验区在口岸通关、认证认可、标准计量等方面，加强与21世纪海上丝绸之路沿线国家和地区的合作，提升贸易水平。

第五章　金融财税创新

第二十九条　自贸试验区内创造条件稳步推进人民币资本项目可兑换、利率市场化、人民币跨境使用和外汇管理等方面的改革创新。

第三十条　自贸试验区应当探索本外币账户管理新模式，区内机构和个人可以通过各类本外币账户办理经常项下和政策允许的资本项下结算业务。简化人民币涉外账户分类，促进跨境贸易、投融资结算便利化。

开展跨境人民币业务创新，推进区内企业和个人跨境贸易与投资人民币结算业务，发展跨境人民币资金池业务。支持金融机构按照有关规定，为跨境电子商务提供跨境本外币支付结算服务。

第三十一条　自贸试验区内试行资本项目限额内可兑换，符合条件的区内机构可以在限额内自主开展直接投资、并购、债务工具、金融类投资等交易，统一内外资企业外债政策，提高投融资便利化水平。支持企业开展国际商业贷款等各类境外融资活动。支持企业本外币资金集中运营管理。

第三十二条　自贸试验区统一内外资融资租赁企业准入标准、设立审批和事中事后监管，支持企业拓展融资租赁经营范围、融资渠道，推进融资租赁证券化，发展工程建设、飞机、船舶等大型设备保税融资租赁，建设区域性融资租赁集聚区。

第三十三条　在完善监管法规的前提下，允许自贸试验区内符合条件的金融机构试点发行企业和个人大额可转让存单、开办外币离岸业务，逐步开展商品场外衍生品交易。

第三十四条　自贸试验区支持各类金融机构和互联网金融的发展。支持在区内建立金融交易和服务平台，提供登记、托管、交易和清算等服务。

第三十五条　金融管理部门应当完善自贸试验区金融风险监测、评估、防范和处置制度，健全风险监控指标和分类规则，建立跨境资金流动风险全面监管机制。

第三十六条　自贸试验区应当实施促进投资、贸易和金融的有关税收政策，并按照国家规定进行税收政策试点。海关特殊监管区实行内销货物选择性征税，符合条件的区域实施境外旅客购物离境退税制度，落实“方便旗”船舶税收优惠和启运港退税政策。遵循税制改革原则和国际惯例，研究完善适应境外股权投资和离岸业务发展的税收政策。

第三十七条　税务部门应当在自贸试验区建立便捷的税务服务体系，开展税收征管现代化试点，推行联合办税，逐步实现跨区域税务便利化。

第六章　闽台交流与合作

第三十八条　自贸试验区按照同等优先、适当放宽的原则，推进闽台合作机制创新。自贸试验区探索闽台产业合作新模式，推进闽台合作研发创新，合作打造品牌，合作参与制定标准，拓展产业链多环节合作。在产业扶持、科研活动、品牌建设、知识产权、市场开拓等方面，支持台资企业加快发展。

第三十九条　自贸试验区推动对台服务贸易自由，在电信和运输服务、商贸服务、建筑业服务、产品认证服务、工程技术服务、专业技术服务等领域对台开放，取消或者放宽对台湾地区企业和居民的资质要求、股权比例限制、经营范围等准入限制措施，推进闽台服务行业管理标准和规则相衔接，促进闽台服务要素便捷流动。

第四十条　自贸试验区推动对台货物贸易自由，建立闽台通关合作机制，在货物通关、贸易统计、标准计量、原产地证书核查、检验检测认证、运输工具查验等方面开展合作，逐步实现信息互换、监管互认、执法互助。自贸试验区在风险可控的前提下，对原产于台湾地区的常规商品简化进口检验检疫手续，农产品、水产品、食品和花卉苗木等产品可以试行快速检验检疫模式。

第四十一条　自贸试验区支持两岸金融机构先行先试，创新合作机制，开展跨境人民币借贷款、外币兑换和股权交易等业务，设立两岸合资银行、合资全牌照证券公司等金融机构。境外企业和个人可以开立新台币账户，金融机构与台湾地区银行之间可以开立新台币同业往来账户，办理多种形式结算业务，发展新台币区域性银行间市场交易。

第四十二条　自贸试验区实施更加灵活便利的两岸居民入出境政策。简化台湾地区车辆进出境手续，完善配套服务，为台湾地区车辆进出提供便利。

第四十三条　推动自贸试验区将台胞证号纳入公民统一社会信用代码管理体系进行服务，为台胞提供医疗保险、养老保险等社会保障方面的便利，支持台湾地区人才在自贸试验区学习、就业、创业和居住。

第四十四条　自贸试验区建立两岸青年创业创新基地，完善创业创新扶持体系，为两岸青年创业创新提供项目对接、创客空间建设、融资担保等方面的支持。

第四十五条　平潭片区可以根据改革试点任务要求，探索实行更加开放的涉台投资贸易试验措施。

第七章　综合监管

第四十六条　自贸试验区创新行政管理方式，完善管理规则，注重事中事后监管，推动形成行政监管、行业自律、社会监督、公众参与的综合监管体系。自贸试验区制定重大监管规则时，应当通过影响分析、专家论证、征求利益相关人意见以及公开征求意见等方式听取各方意见。

第四十七条　自贸试验区建设统一的监管信息共享平台，整合监管信息资源，推动全程动态监管，提高联合监管和协同服务的效能。片区管理机构和有关部门应当及时主动提供信息，参与信息交换和共享。

第四十八条　建立自贸试验区内市场主体信用信息记录、公开、共享和使用制度，推行守信激励和失信惩戒联动机制。建立企业年度报告公示制度和企业经营异常名录制度。公民、法人和其他组织可以查阅企业公示信息，有关部门应当提供便利。

第四十九条　片区管理机构建立多部门合作协调、联动执法的工作机制，实施集中统一的综合行政执法。

第五十条　自贸试验区应当配合国家有关部门实施外商投资国家安全审查。

第五十一条　自贸试验区建立反垄断工作机制。对涉及区内企业的垄断行为，依法开展调查和执法。

第五十二条　自贸试验区应当加强环境保护工作，严格查处违反环境保护法律法规的违法行为。自贸试验区可以对区内企业采用国际通行的能源管理体系标准、先进环保设备技术和自愿签订环境协议等方面制定鼓励政策。

第五十三条　自贸试验区建立风险防控和预警体系，完善突发事件应急预案及处置机制，确保改革试验合理可控。

第八章　人才保障

第五十四条　自贸试验区实行更加开放的人才培养和引进政策，引进优质教育资源，开展教育综合改革试验，建立更加开放便利的境外学历、学位、执业资格、资质、技能等级认定机制，引导人才聚集。

第五十五条　自贸试验区应当提供规范有序、公开透明、便捷高效的人才公共服务。鼓励境外人力资源服务机构参与区内人才开发，提供市场化、专业化、个性化和多样化的服务。

第五十六条　自贸试验区建立以用人主体认可、业内认同和业绩薪酬为导向的综合人才评价机制，简化认定程序，加强高层次人才和急需人才的引进工作。鼓励和支持自贸试验区内国家机关、事业单位以聘任制等形式引进高层次人才和急需人才。

第五十七条　自贸试验区建立高层次人才特殊保障制度，为符合条件的人才提供住房、配偶安置、子女入学、医保社保、便利往来等方面的服务。高层次人才和团队创办或者领办且具有重大经济社会效益的创新创业项目，优先给予投融资便利、财政资助等方面的支持。

第五十八条　自贸试验区建立人才奖励制度，采取措施激励各类人才创新创业，对有重大贡献的人才给予表彰奖励。

第九章　法治环境

第五十九条　自贸试验区改革创新需要暂时调整或停止适用有关法律、行政法规、部门规章的部分规定的，有关部门应当及时提出意见，依法定程序争取国家支持自贸试验区先行先试。

第六十条　自贸试验区内各类市场主体的平等地位和发展权利受法律保护，在监管、税收和政府采购等方面享有公平待遇。

第六十一条　自贸试验区内劳动者平等就业、取得报酬、休息休假、劳动保障、接受职业技能培训、享受社会保险和福利、参与企业民主管理等权利，受法律保护。发挥工会在维护职工权益、促进劳动关系和谐稳定方面的作用。

第六十二条　自贸试验区加强知识产权保护工作，完善与国际接轨的知识产权管理体制机制和保护制度，优化知识产权行政保护与司法保护的衔接机制。

第六十三条　自贸试验区实行相对集中行政复议权制度，属于相对集中行政复议权范围的行政复议案件，申请人可以向片区管理机构申请行政复议。

第六十四条　自贸试验区内建立民商事纠纷多元化解决机制。借鉴国际商事仲裁惯例，完善仲裁规则，提高商事纠纷仲裁的国际化程度。支持专业调解机构借鉴国际先进规则，完善调解制度，及时合理地化解各类纠纷。在自贸试验区依法设立的司法机构，公正高效地保障中外当事人合法权益。

第十章　附则

第六十五条　本条例自公布之日起施行。

福建省人民政府关于推广福建自贸试验区首批可复制创新成果的通知

闽政〔2015〕25号

各设区市人民政府、平潭综合实验区管委会，省人民政府各部门、各直属机构，中央驻闽各机构：

福建自贸试验区设立以来，福州、厦门、平潭综合实验区和省有关部门积极推进体制机制创新，形成了一批可复制推广的改革创新成果。经省政府批准，福建自贸试验区首批18项改革创新成果分批、分期在省内其他区域推广。现就有关事项通知如下：

一、复制推广主要内容

（一）在全省复制推广的改革事项（4项）

1. 企业设立“一表申报”制度；

2. 企业注册“三证合一、一照一码”登记制度；

3. 推行“一掌通”3A移动税务平台；

4. 推行电子营业执照，加盖登记机关电子印章，赋予企业“电子身份”，方便企业商务交易、办理行政事务手续。

（二）在福建自贸试验区内复制推广的改革事项（10项）

1. 实行商事主体名称“自主查重、自主选用”；

2. 实行企业联络地址登记制度；

3. 企业设立实行“一章审批、印章即刻、当日办结”的服务模式；

4. 创新台湾输大陆商品快速验放机制。除国家禁止、限制进口的商品、废物原料、危险化学品及其包装、散装商品外，区内进口原产于台湾的工业品简化手续；

5. 试行“台商协会总担保制度”；

6. 海关、国检“一站式”查验平台；

7. 实施卡口智能化管理。对智能化卡扣识别条形码系统进行改造，实现车辆过卡自动比对、自动识别、自动验放等智能化管理；

8. 建设自贸试验区综合服务平台，为企业提供投资设立、工商变更、纳税服务、社保缴交、海关检验检疫登记、进出口经营权备案、“多规合一”申报、信用查询、公章刻制、报关、报检、金融服务等全方位、“一站式”服务（办事审批不出区）；

9. 创新区域管理，推行“多规合一”城市治理体系。促进统筹城乡规划、土地利用总体规划、国民经济和社会发展规划，以及环境保护规划等基于自贸试验区内空间布局的衔接与协调；

10. 深化外债比例自律管理试点，区内中资企业借用外币外债资金可按规定结汇使用。

（三）在全省海关特殊监管区域复制推广的改革事项（2 项）

1. 对台湾输入区内的农产品、食品等产品试行快速检验检疫模式；

2. 在海关特殊监管区内企业可在自贸试验区内开展保税展示交易业务。

（四）在厦门大嶝对台小额商品交易市场复制推广的事项（2 项）

1. 对台小额商品交易市场内进口原产台湾药品、化妆品、医疗器械简化审批手续，快验快放；

2. 平潭对台小额商品交易市场试行“先放行后报关”模式。允许企业借助新舱单系统数据向海关进行入境申报，海关对舱单审核、查验后直接放行货物，企业再报关、缴税。

二、加强组织实施

各级各有关单位要将推广复制自贸试验区创新成果列为本地、本部门重点工作，加强组织领导，健全工作机制，扎实抓好落实。要对照《福建自贸试验区首批创新成果复制推广任务分工表》，逐项制订复制推广工作方案，明确具体措施、时间节点、责任人和可检验的成果形式，于 2015 年 6 月 15 日前送省自贸办，由省自贸办汇总后报省政府。

省有关部门要加强与国家部委的沟通联系，及时掌握国家部委工作动态；要加强业务指导和跟踪督查，及时帮助协调解决复制推广工作中遇到的困难和问题，确保改革创新成果落实到位。

附件：福建自贸试验区首批创新成果复制推广任务分工表

福建省人民政府

2015 年 5 月 31 日

附件：

福建自贸试验区首批创新成果复制推广任务分工表

编号	举措内容	已实施片区	推广区域	推广时间	推广牵头单位	备注
1	企业设立实行“一表申报”制度	福州、厦门、平潭片区	全省	6 月 1 日	各市、县(区)人民政府	
2	企业注册实行“三证合一、一照一码”登记制度	福州、厦门、平潭片区	全省	6 月 1 日	省工商局	
3	试点推行“一掌通”3A 移动税务平台	福州片区	全省	7 月 1 日	省地税	6 月 1 日起先推广到厦门、平潭片区
4	推行电子营业执照，加盖登记机关电子印章，赋予企业“电子身份”，方便企业商务交易、办理行政事务手续	福州、厦门、平潭片区	全省	今年底前	省工商局	
5	实行商事主体名称“自助查重、自主选用”	平潭片区	福州、厦门片区	今年底前	省工商局	
6	实行企业联络地址登记制度	平潭片区	福州、厦门片区	7 月 1 日	省工商局	
7	企业设立实行“一章审批、印章即刻、当日办结”的服务模式	平潭片区	福州、厦门片区	6 月 1 日	福州、厦门片区管委会	

续表

编号	举措内容	已实施片区	推广区域	推广时间	推广牵头单位	备注
8	创新台湾输大陆商品快速验放机制,除国家禁止、限制进口的商品、废物原料、危险化学品及其包装、散装商品外,区内进口原产于台湾的工业品简化手续	厦门、平潭片区	福州片区	7月1日	福建检验检疫局	
9	试行“台商协会总担保制度”	平潭片区	福州、厦门片区	7月1日	福州海关、厦门海关、省台联	
10	海关、国检“一站式”检验平台	厦门、平潭片区	福州片区	7月1日	福州海关、福建检验检疫局	
11	实施卡口智能化管理,对智能化卡口识别条形码系统进行改造,实现车辆过卡自动比对、自动识别、自动验放等智能化管理	福州、平潭片区	厦门片区	待海关总署智能化卡口建设标准出台后启动	厦门海关	
12	建设自贸试验区综合服务平台,为企业提供投资设立、工商变更、纳税服务、社保缴交、海关检验检疫登记、进出口经营权备案、“多规合一”申报、信用查询、公章刻制、报关、报检、金融服务等全方位、“一站式”服务(办事审批不出区)	厦门片区	福州、平潭片区	9月1日	福州、平潭片区管委会	
13	创新区域管理,推行“多规合一”城市治理体系,促进统筹城乡规划、土地利用总体规划,国民经济和社会发展规划,以及环境保护规划等基于自贸试验区内空间布局的衔接与协调	厦门片区	福州、平潭片区	9月1日	福州、平潭片区管委会	

续表

编号	举措内容	已实施片区	推广区域	推广时间	推广牵头单位	备注
14	深化外债比例自律管理试点，区内中资企业借用外币外债资金可按规定结汇使用	平潭片区	福州、厦门片区	实施细则经国家外汇管理局批复后即可实施	省外汇管理局	
15	对台湾输入区内的农产品、食品等产品试行快速检验检疫模式	福州、厦门、平潭片区	全省海关特殊监管区域	7月1日	福建检验检疫局、厦门检验检疫局	
16	在海关特殊监管区内企业可在自贸试验区内开展保税展示交易业务	福州、厦门、平潭片区	全省海关特殊监管区域	7月1日	福州海关、厦门海关	
17	对台小额商品交易市场内进口原产台湾药品、化妆品、药疗器械简化审批手续，快验快放	平潭片区	厦门大嶝对台小额商品交易市场	7月1日	省食品药品监管局	需国家食品药品监管局商国台办公布实施；视实施情况，总结经验，适时推广到福州、厦门片区
18	平潭对台小额商品交易市场试行“先放行后报关”模式。允许企业借助新舱单系统数据向海关进行入境申报，海关对舱单审核、查验后直接放行货物，企业再报关、缴税	平潭片区	厦门大嶝对台小额商品交易市场	7月1日	厦门海关	视实施情况，总结经验，适时推广到福州、厦门片区

福建省人民政府关于推广福建自贸试验区第二批可复制创新成果的通知

闽政〔2015〕35号

各设区市人民政府、平潭综合实验区管委会，省人民政府各部门、各直属机构，中央驻闽各机构：

经省政府批准，福建自贸试验区第二批12项改革创新成果分批、分期在省内其他区域推广。现就有关事项通知如下：

一、复制推广主要内容

（一）在全省复制推广的改革事项（9项）

1. 简化CEPA、ECFA货物进口原产地证书提交需求；

2. 放宽优惠贸易安排项下海运集装箱货物直接运输判定标准；

3. 市场竞争秩序监测体系；

4. 企业信用分类管理；

5. 推行税控发票网上申领系统；

6. 口岸通关“一关通”模式；

7. 取消出口货物纸质进场章；

8. 建设两岸青年创客创新创业基地；

9. 创新跨境电子商务高效便捷监管模式。

（二）在福建自贸试验区内复制推广的改革事项（2项）

1. 试点海运快件进出境业务；

2. 出入境船舶检疫全程无纸化。

（三）在全省海关特殊监管区域复制推广的改革事项（1项）

融资租赁海关监管制度。

二、加强组织实施

各级各有关单位要将推广复制自贸试验区创新成果列为本地、本部门重点工作，加强组织领导，健全工作机制，扎实抓好落实。要对照《福建自贸区试验区第二批创新成果复制推广任务分工表》，逐项制定复制推广工作方案，明确具体措施、时间节点、责任人和可检验的成果形式，于2015年7月25日前送省自贸办，由省自贸办汇总后报省政府。

省有关部门要加强与国家部委的沟通联系，及时掌握国家部委工作动态；要加强业务指导和跟踪督查，及时帮助协调解决复制推广工作中遇到的困难和问题，确保改革创新成果落实到位。

附件：《福建自贸区试验区第二批创新成果复制推广任务分工表》

福建省人民政府

2015年7月9日

附件：

福建自贸区试验区第二批创新成果复制推广任务分工表

编号	创新举措名称及内容	已实施片区	推广区域	推广时间	推广牵头单位	备注
1	简化CEPA、ECFA货物进口原产地证书提交需求，海关认可原产地证书电子数据，只要收到出口方传输的原产地证书电子数据，就无需提交纸质原产地证书。	福州、平潭片区	全省	7月15日	福州海关、厦门海关	
2	放宽优惠贸易安排项下海运集装箱货物直接运输判定标准。对ECFA项下的进口货物，采用验核集装箱号及封志号的方式来判定，突破了以往需提交第三方中转地海关出具的证明文件的做法。	福州、平潭片区	全省	7月15日	福州海关、厦门海关	

续表

编号	创新举措名称及内容	已实施片区	推广区域	推广时间	推广牵头单位	备注
3	市场竞争秩序监测体系，建立数据采集点，利用信息化平台和大数据资源，动态监测市场秩序状况，及时发布不公平竞争预警信息。	福州、厦门、平潭片区	案管系统推广至全省	7月15日	省工商局	
			预警系统推广到设区市	今年底前		
4	企业信用分类管理。结合企业行为本身与信用关系的密切程度，依据企业信用指标所反映的信用状况，将企业信用标准分为守信标准、警示标准、失信标准和严重失信标准；提出企业分类管理的措施。	福州、厦门、平潭片	全省	今年底前	省工商局	
5	推行税控支票网上申领系统。在原有普通发票网上申领系统的基础上，实现税控发票网上验旧、网上申领、免费邮递上门，纳税人将信息远程写入税控盘和金税盘即可开具发票，足不出户办理发票领用开具全过程。	厦门片区	全省	今年底前	省国税局、厦门国税局	2015年9月1日起推广到厦门全市A级企业
6	口岸通关的“一关通”模式。多点报关，企业根据物流流向自主选择放行地。	厦门片区	全省	7月15日	福州海关、厦门海关	
7	取消出口货物纸质进场章。报关前企业无需在相关出口单证上加盖“进场章”，出口货物实际运抵海关监管场所后，由海关监管场所经营人直接向海关发送电子运抵报告。	厦门片区	全省	今年底前	福州海关、厦门海关	
8	建设西岸青年创客创新创业基地。支持台湾专业人士、大学毕业生、青年创业者到我省创新创业，促进两岸青年感情和事业深度融合，推动大众创新，万众创业。	厦门片区	全省	7月15日	各设区市人民政府平潭综合实验区管委会	

续表

编号	创新举措名称及内容	已实施片区	推广区域	推广时间	推广牵头单位	备注
9	创新跨境电子商务高效便捷监管模式。对出境电商产品,集中申报、集中办理;对国际快递或邮寄方式入境的个人自用物品免于检验,对无订单信息的入境商品实施入区检疫、区内集中监管、出区分批核销放行。	厦门、平潭片区	全省	9月1日	福建检验检疫局、厦门检验检疫局	海关实行“清单核放、定期申报”通关模式已在全省推广实施
10	试点海运快件进出境业务。海关以海运方式办理闽台之间的快件业务;检验检疫部门利用两岸海运快件平台,通过与海关、国检监管系统、台湾关贸网等对接,简化个人自用物品检验检疫监管。	厦门、平潭片区	福州片区	今年底前	福州海关、福建检验检疫局	1. 需海关总署审批后实施 2. 福州片区还需建设两岸海运快件平台
11	出入境船舶检疫全程无纸化。船舶代理报检企业不再每船到申报窗口提交纸质材料,取消纸质船舶进出口岸联系单,依托船舶检疫移动执法系统和移动终端,检疫人员即时受理报检,并配合登轮查验完成无纸化录入,实现船舶检疫移动执法。	厦门片区	福州、平潭片区	今年底前	福建检验检疫局、厦门检验检疫局	
12	融资租赁海关监管制度。海关对融资租赁货物分期征收关税和增值税,符合条件的企业可以保证书的方式提供担保,根据物流实际需要,实行海关异地委托监管,降低企业融资成本和通关成本。	福州、厦门、平潭片区	全省海关特殊监管区域	7月15日	福州海关、厦门海关	

福建省人民政府关于推广福建自贸试验区第三批可复制创新成果的通知

闽政〔2016〕1号

各设区市人民政府、平潭综合实验区管委会，省人民政府各部门、各直属机构，中央驻闽各机构：

经省政府批准，福建自贸试验区第三批20项改革创新成果分批、分期在省内其他区域推广。现就有关事项通知如下：

一、复制推广主要内容

（一）在全省复制推广的创新成果（15项）

1. 企业注册“全程电子化登记”

2. 土地出让在线办理模式

3. 出境加工海关监管方式

4. 引入中介机构开展报税核查、核销和企业稽查

5. 国际海关AEO互认制度

6. 简化报关单位管理

7. 海关注册登记企业信用信息公示制度

8. 海关企业协调员制度

9. 海关信任接单制度

10. 海关简化加工贸易核销单证提交模式

11. 简化电子口岸入网审批

12. 免除低风险动植物检疫证书清单

13. 改革和简化检验检疫原产地签证管理

14. 集装箱分拨货物卫生检疫前置模式

15. 实施“源头管理、口岸验放”快速通关模式

（二）在福建自贸试验区内复制推广的创新成果（2项）

1. 投资体制改革“四个一”

2. 海关归类行政裁定全国适用

（三）在全省海关特殊监管区域复制推广的创新成果（3 项）

1. 对保税展示交易、保税租赁货物实施分线监管、预检验和登记核销管理模式

2. 一次备案、多次使用

3. 海关特殊监管区域内货物实施按状态分类监管

二、加强组织实施

（一）切实加强领导。各级各有关单位要将推广复制自贸试验区创新成果列为本地、本部门重点工作，加强组织领导，健全工作机制，扎实抓好落实。

（二）逐项制订方案。各级各有关单位要对照《福建自贸试验区第三批创新成果复制推广任务分工表》，逐项制定复制推广工作方案，明确具体措施、时间节点、责任人和可检验的成果形式。复制推广工作方案于 2016 年 1 月 20 日前报省自贸办。

（三）强化沟通指导。三个片区和各设区市人民政府要加强与省自贸办和省牵头部门的沟通对接，推广过程中遇到的困难和问题，要及时上报省自贸办。省有关部门要加强对复制推广工作的业务指导，实时跟踪复制推广情况，及时协调解决问题，确保创新成果复制推广落实到位，取得实效。

附件：《福建自贸试验区第三批创新成果复制推广任务分工表》

福建省人民政府

2016 年 1 月 5 日

附件：

福建自贸试验区第三批创新成果复制推广任务分工表

编号	创新举措名称及内容	已实施片区	推广区域	推广时间	推广牵头单位	备注
1	企业注册“全程电子化登记”。通过互联网，开展电子化登记，实行“网上提交材料、网上智能比对、网上审查核准、网上核发执照、网上自动存档、网上亮照公示”的全流程电子化登记模式，做到一表申报(填写“一照一码”的一张表格、部门信息共享、无需重复提供)、一趟取照(材料齐全的到现场即可立等取照)。	福州、厦门、平潭片区	全省	2016年1月1日	省工商局	
2.	土地出让在线办理模式。通过土地使用权出让管理内网办公和外网交易系统，在线办理土地出让业务。	福州、厦门、平潭片区	全省	2016年2月1日	省国土厅	
3	出境加工海关监管方式。借助信息化手段，允许符合相应条件的境内经营企业根据经营所需委托境外企业进行产品生产，制成品复运进境。	福州、厦门、平潭片区	全省	2016年3月1日	福州海关、厦门海关	
4	引入中介机构开展报税核查、核销和企业稽查。引入第三方中介机构，辅助海关管理。	福州、厦门、平潭片区	全省	2016年3月1日	福州海关、厦门海关	
5	国际海关AEO互认制度。全国将建立不同层面的AEO联络员制度和队伍，建立直通式管理管道，将国际海关AEO互认便利措施落到实处，使AEO企业切实享受国际海关AEO互认合作带来的通关便利。	福州、平潭片区	全省	2016年3月1日	福州海关、厦门海关	
6	简化报关单位管理。取消异地关区报关服务限制；在自贸试验区范围内，改注册登记行政许可为备案制；积极推动企业注册登记多部门联合审批管理。	福州、厦门、平潭片区	全省	2016年3月1日	福州海关、厦门海关	

续表

编号	创新举措名称及内容	已实施片区	推广区域	推广时间	推广牵头单位	备注
7	海关注册登记企业信用信息公示制度。动态发布、公示在海关注册登记企业的注册登记信息、信用等级、海关行业资质及行政处罚信息等。		全省	2016年3月1日	福州海关、厦门海关	
8	海关企业协调员制度。组建海关企业协调员队伍，搭建关企合作平台，畅通海关与企业联系沟通和问题反馈渠道。	福州、厦门、平潭片区	全省	2016年3月1日	福州海关、厦门海关	
9	海关信任接单制度。海关对专业审单审结或电子审结的诚信企业应税报关单实行信任接单，现场接单环节不再对诚信企业的申报价格、归类等要素进行审核。	福州片区	全省	2016年2月1日	福州海关、厦门海关	
10	海关简化加工贸易核销单证提交模式。海关在对采用简化核销单证提交模式企业的电子化手册、电子账册进行核销时，先将企业报核报关单与海关电子底账中的报关单数据进行比对。比对无误的，继续办理核销业务；比对不符的，根据不同情况进行处置。	福州、厦门、平潭片区	全省	2016年2月1日	福州海关、厦门海关	
11	简化电子口岸入网审批。由原来各部门分别审批改为数据分中心集中审核。通过制发电子口岸IC卡，监管部门登录企业信息平台共享企业数据进行事中事后监管。	福州、平潭片区	全省	2016年2月1日	福州海关、厦门海关	
12	免除低风险动植物检疫证书清单。实施部分进境动植物及其产品的免于核查输出国家或地区动植物检疫证书的正面清单。		全省	2016年3月1日	福建检验检疫局、厦门检验检疫局	

续表

编号	创新举措名称及内容	已实施片区	推广区域	推广时间	推广牵头单位	备注
13	改革和简化检验检疫原产地签证管理。对原产地业务全流程、全方位实施简政放权改革，便利企业备案、申领原产地证书，提高区域性优惠关税政策利用率。	福州、厦门、平潭片区	全省	2016年2月1日	福建检验检疫局、厦门检验检疫局	
14	集装箱分拨货物卫生检疫前置模式。将入境集装箱分拨货物的卫生检疫环节前置到报检前，改变以往的“先拆箱后检疫”的做法，实施“集中检疫＋分批核销＋电子快放＋仓库协检”工作流程，对卫生检疫合格的货物实施“即报即放”，对不合格的实施拦截处理。	厦门片区	全省	2016年2月1日	福建检验检疫局、厦门检验检疫局	
15	实施“源头管理、口岸验放”快速通关模式。质检总局授权驻闽检验检疫机构与台湾有关部门开展合作，将进口台湾食品农产品检验检疫工作向前延伸，建立食品农产品质量安全源头管理机制，在食品、农产品输大陆时，实施快速验放。	福州、厦门、平潭片区	全省	2016年2月1日	福建检验检疫局、厦门检验检疫局	
16	投资体制改革“四个一”。在投资体制改革“并联审批”的基础上，试点实施“综合审批”，将投资项目从招商对接到竣工验收涉及的所有审批事项合并为规划选址与用地、项目核准或备案、设计审查与施工许可、统一竣工验收等4个办理阶段，每一个阶段均采取“一表申请、一口受理、并联审查、一章审批”的综合审批。	平潭片区	福州片区	2016年3月1日	福州市人民政府	结合试点情况，逐步推广

续表

编号	创新举措名称及内容	已实施片区	推广区域	推广时间	推广牵头单位	备注
17	海关归类行政裁定全国适用。聚集归类疑难商品，将具体商品归类判例化，相同商品适用同一归类行政裁定，对全国关境内的企业和海关具有同等约束力。		福州、厦门、平潭片区	2016年3月1日	福州海关、厦门海关	
18	对保税展示交易、保税租赁货物实施分线监管、预检验和登记核销管理模式。		全省海关特殊监管区域	2016年3月1日	福建检验检疫局、厦门检验检疫局	
19	一次备案、多次使用。在建立符合监管要求的计算机系统情况下，海关特殊监管区域内企业在账册备案环节，向海关一次性备案企业基础信息、进出货物信息等，经海关核准后，可以在海关相关业务中多次、重复使用。	厦门片区	全省海关特殊监管区域	2016年3月11日	福州海关、厦门海关	
20	海关特殊监管区域内货物实施按状态分类监管。海关根据货物不同状态，实施“状态分类、分账管理，标识区分、实时核注，联网监管、信息共享，安全便利、风险可控”的监管模式。（海关特殊监管区域内也存放非保税货物）	厦门片区	全省海关特殊监管区域	2016年2月1日	福州海关、厦门海关	

福建省人民政府关于印发中国（福建）自由贸易试验区实施的省级行政许可事项目录的通知

闽政文〔2015〕250号

各设区市人民政府、平潭综合实验区管委会，省人民政府各部门、各直属机构，福建自贸试验区福州片区管委会、厦门片区管委会、平潭片区管委会，各大企业，各高等院校：

经研究，决定授权由中国（福建）自由贸易试验区（以下简称福建自贸试验区）福州、厦门、平潭片区管委会实施省级行政许可事项（具体目录见附件），外商投资项目核准按自贸试验区外商投资准入特别管理措施（负面清单）办理。现就有关事项通知如下：

一、福建自贸试验区各片区管委会要抓紧落实授予行政许可权限的承接工作，进一步梳理公布本片区行政许可事项目录清单，明确行政许可事项名称、设定依据、实施主体、实施对象等，并对目录清单实行动态调整。省直有关单位要认真做好业务指导、具体衔接工作，确保授予权限尽快落实到位。

二、福建自贸试验区各片区管委会要以企业需求为服务导向，进一步简政放权、再造流程，建立“一站式”办结的审批机制和实行“一口受理、一表申报、并联审批、统发证照”的服务模式，做到区内事区内办，入区企业办事不出区、审批不出区，切实营造便捷、高效的发展环境。

三、要进一步加强福建自贸试验区各片区综合监管和执法工作，建立健全以注重事中、事后监管为主要内容的综合监管和执法模式，进一步创新监管方式，建立守信激励、失信惩戒机制和横向到边、纵向到底的监管体系，把监管责任落到实处。

附件：中国（福建）自由贸易试验区实施的省级行政许可事项目录（略，共253项）

福建省人民政府

2015年7月10日

中共福建省委人才工作领导小组印发加强自贸试验区人才工作文件的通知

闽委人才〔2015〕4号

福州、厦门市委，平潭综合实验区党工委，省直、中央驻闽有关单位党组（党委）：

《关于加强中国（福建）自由贸易试验区人才工作的十四条措施》、《中国（福建）自由贸易试验区引进高层次人才行动计划（2015－2017年）》已经省委常委会议审议通过，现印发给你们，请结合实际认真贯彻执行。

各项工作牵头部门要在本通知印发1个月内出台相关实施细则、工作方案，加强督促协调，切实负起责任；有关责任单位要积极参与，密切配合，共同推进工作落实。福州、厦门、平潭等市（区）要结合本地实际，在1个月内出台相应实施方案，进一步明确任务分工和时间进度，2个月内出台相关配套政策，并按《关于建立中国（福建）自由贸易试验区人才工作沟通交流机制的通知》（闽委人才〔2015〕2号）要求，及时报送人才需求、引才工作进展，以及需要协调解决的问题。省委组织部要会同省人社厅、省商务厅对福州、厦门、平潭和省直有关部门工作推进情况进行监督检查。

在执行过程中的重要情况和建议，请及时报送省委组织部。

中共福建省委人才工作领导小组

2015年6月25日

关于加强中国（福建）自由贸易试验区人才工作的十四条措施

为推动中国（福建）自由贸易试验区（以下简称“自贸试验区”）以海纳百川的胸襟和敢为天下先的气魄先行先试，进一步提升人才服务质量，优化人才发展环境，现就加强自贸试验区人才工作制定实行如下措施：

一、创新引进高层次人才评价认定机制

实行更加简便高效的引进高层次人才评价认定办法。以用人主体认可、业内认同和业绩薪酬为导向，建立资格条件制、推荐制、积分制等人才评价机制。分类研究制定自贸试验区急需引进的国际金融、国际航运、国际贸易、国际物流、国际法律、跨境电商、互联网经济、旅游策划运营、文化创意等方面高层次人才的评价认定标准。

简化引进高层次人才评价认定程序。从福建省外引进到自贸试验区的高层次人才（平潭引进范围扩大到全岛），由推荐人、用人单位或引进高层次人才本人向各片区指定人才服务窗口申报。申报1个月内，由所在设区市（区）组织部门会同人社、发改、科技、经信、财政及相关部门，根据评价认定办法，对符合条件的直接确认为引进杰出人才（A类引进高层次人才）、引进创业创新领军人才（B类引进高层次人才）、引进急需紧缺创业创新人才（C类引进高层次人才）等三类（本文稿所称“引进高层次人才”特指经上述办法确认的三类引进高层次人才）。

责任单位：省委组织部、宣传部，省人社厅、发改委、商务厅、科技厅、财政厅、金融办、旅游局，福州、厦门市委，平潭综合实验区党工委

二、落实高层次人才税收激励政策

全面贯彻落实国务院批准自贸试验区实行的税收政策，确保高层次人才享受到税收优惠（本文稿所称“高层次人才”的范围详见说明）。按照中共中央国务院《关于深化体制机制改革加快实施创新驱动发展战略的若干意见》、国务院《关于进一步做好新形势下就业创业工作的意见》等的要求，加快推广中关村等国家自主创新示范区税收试点政策，在区内实行促进高层次人才加大科技研发投入、吸引人才加盟、吸收股权投资、发展离岸业务等方面的税收激励办法。对自贸试验区内企业以股份或出资比例等股权形式给予企业高端人才和紧缺人才的奖励，原则上实行已在中关村等地区试点的股权激励个人所得税政策。落实好闽台之间个人所得税负差额补贴政策。

责任单位：省地税局

三、确保高层次人才创业项目建设所需土地供给

福州、厦门、平潭及各片区所在县（市、区）要按照省国土厅、住建厅、商务厅《关于中国（福建）自由贸易试验区建设用地管理的意见》，优先保障高层次人才投资项目建设运营所需用地，从项目规划选址、征地报批、土地供应、地价优惠等方面给予政策倾斜。对高层次人才在区内创办科技型、创业型、成长型企业的，福州要根据需要提供100平方米以内3年免租金、100平方米以上3年减租金的工作场所，平潭要根据需要提供200平方米以内3年免租金、200平方米以上3年减租金的工作场所。

高层次人才在区内建设运营公共平台（含科技企业孵化器、政学研商合作平台及国际贸易、金融服务、科研设计的综合平台等），运行1年内有5名以上引进高层次人才入驻的，其在区内后续项目所需用地，按国家规定最低价标准确定土地出让底价。

支持高层次人才以行业联盟等形式发展产业。对拥有10名及以上引进高层次人才的联盟，其联盟成员在区内投资经营性项目所需用地，依照规定需公开出让的，采取设定高层次人才引进条件定向挂牌出让土地使用权，并按国家规定的最低价标准确定土地出让底价；依照规定可以

实行协议出让的，按基准地价确定土地出让价格。

责任单位：省国土厅，福州、厦门市委，平潭综合实验区党工委

四、破解高层次人才项目融资难问题

设立高层次人才创业投资基金，发挥财政“种子”资金作用，引导各类资本投向高层次人才创办的科技型、创业型、成长型企业。省直相关主管部门要优先向基金管理机构提供相关企业项目信息查询和对接服务。

加大对区内高层次人才运营的优秀项目（指高层次人才参与投资或作为主要管理人员参与管理的、经设区市评审确定为优秀的项目）贷款贴息、债券贴息、融资担保、风险补偿的扶持力度。政府主导的担保公司要加大对区内高层次人才运营项目的担保支持力度，省再担保公司对区内高层次人才运营项目可适当提高再担保代偿比例。对区内高层次人才运营项目通过银行贷款的，福州、厦门、平潭市（区）级财政按当年利息额50%、不超过200万元的标准提供贷款贴息，单家企业贴息不超过3年（厦门市可根据实际情况适当提高标准，下同）。对区内高层次人才运营项目通过公开市场发行债券，及与信托公司、基金公司、证券公司、保险公司合作采取信托融资、股加债融资、保险资金融资等方式融资的，福州、厦门、平潭市（区）级财政按不低于融资额度4%、最高不超过400万元的标准给予贴息，期限为3年。对为区内高层次人才运营项目提供融资担保服务的担保机构，福州、厦门、平潭市（区）级财政按融资担保总额2%的标准给予担保补贴，期限为3年。对金融机构为区内高层次人才运营项目提供非担保融资服务形成的本金损失，福州、厦门、平潭市（区）级财政最高可给予30%的风险补偿，单笔补偿不超过1000万元。区内高层次人才以个人名义贷款并实际用于项目经营的，同等享受贷款贴息、融资担保扶持政策。

拓宽人才项目融资渠道。全面贯彻落实省政府《关于促进工业创新转型稳定增长十条措施》有关扶持中小微企业发展和金融服务的政策。“万家小微企业成长计划”、“小微企业贷款保证保险”等扶持政策应优先

向高层次人才运营项目倾斜。省内地方法人银行应创新科技金融服务模式，积极发展股权质押、知识产权质押、专利权质押、订单质押、应收账款质押、仓单质押、新药证书等质押融资贷款。鼓励银行业金融机构创新金融产品给予高层次人才运营公共平台支持。支持高层次人才创办的企业通过发行中期票据、短期融资券、企业债、公司债、绩优票据等方式进行融资。积极引入和鼓励各类股权投资基金、保险直投资金投向高层次人才创办的企业或运营的项目。加强人才重大活动的统筹整合，推进人才与资本、用人主体、人才载体的对接，并做好与“6·18”中国·海峡项目成果交易会的衔接。推进福建省侨商联合会、福建侨商投资企业协会会员向高层次人才项目投资。吸引一批国际创投机构入驻自贸试验区。

责任单位：省经信委、发改委、财政厅、侨办、侨联、金融办，省委组织部，人行福州中心支行，福建银监局、证监局、保监局，厦门银监局、证监局、保监局，省投资开发集团，福州、厦门市委，平潭综合实验区党工委

五、加大引进高层次人才创业创新经费支持力度

科技（研）经费支持。引进高层次人才到自贸试验区创办科技型企业，按规定申请的科研项目优先立项，纳入各级财政科研资金支持范围，在各类科研项目经费安排中予以重点支持。探索事前立项、事后补助等方式支持高层次人才所办企业开展研发活动。

公共平台建设经费支持。引进高层次人才在区内建设公共平台，可采取政府和社会资本合作（PPP）的方式予以支持；申请配套建设经费支持5000万元以上的，经有关部门评估审核，对优秀项目采取“一人一议”方式，由省委组织部协调从相关项目经费中统筹给予最高1亿元的支持。福州、平潭引进高层次人才在区内建设运营经备案的科技企业孵化器，新建的按每平方米100元（指在孵企业使用面积，含公共服务场所）、最高100万元的标准给予一次性补助；改建、扩建的按每平方米50元、最高50万元的标准给予一次性补助。

团队建设经费支持。引进高层次人才所在团队核心成员未享受到高层次人才政策支持，且年薪达到用人单位所在设区市（区）上一年度城镇单位在岗职工平均工资1.5倍及以上（凭个人所得税完税证明）的，由省级人才专项经费按照每人每年4万元的标准给予用人单位生活补贴。每个团队前2年内最多支持5名成员，第3年最多增加到15名。同一企业（机构、项目）支持不超过3年，其团队成员个人累计支持不超过3年。

责任单位：省委组织部，省经信委、发改委、科技厅、财政厅、商务厅、人社厅，福州、厦门市委，平潭综合实验区党工委

六、多渠道多形式为各类人才提供住房保障

实行引进高层次人才住房公积金特殊支持政策。引进高层次人才及其配偶可在当地缴存住房公积金。购买具有产权的自住住房的，自缴存住房公积金当月起，即可申请住房公积金贷款，贷款最高额度可放宽至当地最高贷款额度的4倍。平潭的引进高层次人才已办理购房贷款的，本人及其配偶在还贷期间可每年提取两次住房公积金用于偿还贷款；租赁自住住房的，可每年提取两次住房公积金用于支付租金；离开自贸试验区时，可以提取或转移住房公积金。探索来闽台湾人才及其家属购房贷款享受当地居民同等待遇政策。

试行引进高层次人才购房积分贴息办法。引进高层次人才依靠商业贷款或住房公积金贷款，在福建省内购买第一套普通住宅的，根据初始分值由省级人才专项经费给予购房贴息，之后根据其服务期限及创业创新情况计算积分，并相应提高贴息标准。

福州、厦门、平潭等市（区）及各片区，要根据各类人才的实际需求，综合采取人才限价房、人才公寓、购房补贴、租房补贴等各种办法，多渠道多形式提供住房保障。引进高层次人才生活用房，由福州、厦门、平潭及各片区所在县（市、区）按照人才公寓有关规定组织开发建设，或者通过建设限价商品住宅予以保障，限价商品住宅用地采取“限销售对象、限房屋售价”的方式进行公开出让。对在各类科技企业孵化器、

综合性平台创业的“985”工程学校、“211”工程学校、国家一级学科、国家重点学科毕业的优秀应届毕业生，福州、平潭要提供1年以上免租金的过渡住房。

责任单位：省委组织部、省住建厅、财政厅、人社厅，福州、厦门市委，平潭综合实验区党工委

七、提供更加优惠便利的高层次人才居家生活待遇

安家补助。对经确认且正式到岗落地的引进高层次人才，由省级人才专项经费按A类引进高层次人才国内引进的100万元、境外引进的200万元（人民币，视同省政府奖励，下同），B类引进高层次人才国内引进的50万元、境外引进的100万元，C类引进高层次人才国内引进的25万元、境外引进的50万元的标准，给予用人单位一次性安家补助。其中，中直单位和厦门市引进的，省级财政按上述标准的一半进行补助；属受派方式引进的，按照上述标准，由省级人才专项经费给予用人单位岗位补贴，同一企业（机构、项目）补贴不超过10人。入选省引才“百人计划”的，省级补助部分予以相应抵扣。

子女入（转）学。持有《福建省人才居住证》的海外人才和持有《外国专家证》的高层次人才，其子女在国外生活5年以上并在国内初中学校就读未满3年，报名参加初中升高中考试的，可以适当降低录取分数线；其子女属于具有我省高级中等教育学校学籍并有我省高级中等教育学校3年完整学习经历的非福建省户籍考生，或在中国定居并符合报名条件的外国侨民（须持有我省公安厅填发的《外国人永久居留证》），允许参加我省高考，享受当地考生同等录取政策。A、B类引进高层次人才子女入园或就读义务教育学校的，可按本人意愿，选择教育部门推荐的优质公办幼儿园或义务教育学校就读，由相关市、县（区）教育行政部门负责办理入学手续。C类引进高层次人才子女入园或就读义务教育阶段学校的，由其居住地或工作所在地的市、县（区）教育行政部门负责统筹安排到条件较好的公办幼儿园或义务教育学校就读。支持厦门、福州、平潭加强国际学校建设，提升办学水平。

医保社保。引进高层次人才入选省引才“百人计划”的，按省引才“百人计划”的医疗待遇规定执行。探索在自贸试验区内推动两岸医疗保障方面的对接，落实台胞在闽参保政策和待遇，鼓励在闽台湾人才参加福建社会保险。

配偶安置。A类引进高层次人才配偶愿意在闽就业的，由所在设区市妥善安排，或参考当地平均工资水平以适当方式为其发放生活补贴。B、C类引进高层次人才配偶未安排就业的，所在设区市（区）要积极推动用人单位为其发放生活补贴。

交通便利。相关设区市（区）或片区应统筹考虑区内高层次人才上下班便利问题。对长期在区内上班、工作生活地相隔较远的高层次人才，要通过汽车购置税补贴等办法给予补助。

责任单位：省委组织部，省卫计委、教育厅、财政厅、人社厅，福州、厦门市委，平潭综合实验区党工委

八、完善便利往来和签证（注）居留政策

实行更加便利的签证手续。来闽工作的外籍高层次人才，可直接向省外专局申请最长为5年期限的《外国专家证》或按《关于为外籍高层次人才来华提供签证及居留便利有关问题的通知》（人社部发〔2012〕57号）、《关于简化海外高层次引进人才居留和出入境手续的意见》（闽政办〔2009〕66号）的规定，凭相关证明材料向公安出入境管理部门办理多次出入境签证或居留证件。积极为自贸试验区高层次人才及其配偶和未满18周岁的子女提供申请签证和永久居留资格的便利。

促进两岸往来更加便利。对在自贸试验区内投资、就业的台湾高管、专家和技术人员，在项目申报、出入境等方面给予便利。为区内台资企业外籍员工办理就业许可手续提供便利，放宽签证、居留许可有效期限。对区内符合条件的外籍员工，提供入境、过境、停居留便利。加快推动台湾车辆在闽便利进出政策的实施，推动实施两岸机动车辆互通行驶。

积极争取国家支持，先行开展探索创新。在取得国家有关部门支持的前提下，先行先试外国人进入核备制度，探索建立技术移民制度，试

行在闽优秀台湾学生创业签注。

责任单位：省人社厅、台办、公安厅、交通厅、外办，福州海关、厦门海关、福建出入境检验检疫局、厦门出入境检验检疫局，福州、厦门市委，平潭综合实验区党工委

九、加强人才服务体系建设

健全完善人才服务机制。依托省引进人才服务中心、中国海峡人才市场，建设人才服务专门机构和常态化的人才服务窗口，归口做好引进人才服务；推动和引导省市留学生联谊会、省新侨人才联谊会、海西虚拟研究院等组织开展服务。各片区要设立人才服务窗口，按照“属地管理”原则，指定专人负责全程提供企业注册、创业辅导、政策培训、经费支持、项目融资等服务。做好人才服务部门之间的信息互联互通。

加强各类人才服务平台建设。推动各片区引入海内外知名人力资源机构和猎头公司，鼓励有条件的省内人力资源服务机构在自贸试验区内与国外人力资源服务机构开展合作。支持福州市和厦门市加快中国国际人才市场海西福州分市场和厦门市分市场、中国福州海西引智试验区、国家软件集成电路人才国际培训福州基地和厦门基地建设。定期组团参加或主承办国际性人才交流合作大会。加快海峡人力资源服务产业园建设，在平潭建立两岸人才交流合作基地，引进台湾人力资源中介机构。

全面落实对台湾居民开放的专业技术资格考试。赋予平潭制定相应从业规范和标准的权限，在框架协议下，允许台湾建筑、规划、金融、医疗、旅游等服务机构的执业人员，持台湾有关机构颁发的证书，在批准范围内在区内开展业务。在区内企事业单位等机构任职的台湾人才，允许对其台湾学历、任职资历、技能等级等方面视同大陆同等水平予以采认。

责任单位：省人社厅、台办、卫计委、住建厅、财政厅、金融办、旅游局，中国海峡人才市场，福州、厦门市委，平潭综合实验区党工委

十、加快打造优质人才载体

加强政产学研商协作平台建设。支持厦门大学、福建师范大学设立

福建自贸试验区研究院，联合省内外高校、研究机构成立福建自贸试验区研究协同创新中心。推动自贸试验区与中国科学院大学等组织合作建立福建创新服务平台。推动成立海外侨商创业园。支持厦门建设海峡两岸人才交流合作基地、复旦－金圆两岸金融研究中心、海峡清华研究院。鼓励和支持片区加大产业技术研究院、留学人员创业园、大学生创业园、知识产权服务平台、技术成果交易平台等人才发展平台建设。推进区内企业建设院士工作站、生产力中心、博士后科研工作站、工程（技术）研究中心、企业技术中心、重点（工程）实验室。

鼓励国内外著名高等学校、国家级重点科研院所、大型企业、跨国公司、培训咨询机构、中介机构、海外华侨华人专业社团到自贸试验区设立分支机构。支持跨国公司区域性总部落户自贸试验区，或在自贸试验区内设立研发中心、结算中心、采购中心、营销中心、数据中心等功能性机构。支持区内企业发起成立国际性行业协会、产业联盟。

责任单位：省委组织部，省经信委、发改委、科技厅、民政厅、财政厅、商务厅、人社厅、侨办、科协、侨联，厦门大学、福建师范大学，福州、厦门市委，平潭综合实验区党工委

十一、推动和引导用人主体发挥作用

试行企业首席科技官岗位配额制，推进企业设立首席科技官岗位。对区内从事国际金融、国际贸易、国际物流、跨境电商等业务，注重商业模式创新，形成具有领先性、独创性的商业模式，年销售收入达 5000 万元以上、近 3 年内或入驻自贸试验区后 4 个季度销售收入平均保持 25％以上增长的企业，由省级人才专项经费按其高管平均年薪一半、最高 50 万元的标准，给予企业首席科技官（含负责科技、管理、品牌、组织、商业模式等创新的岗位）岗位津贴，每个企业配额 1 个岗位，每个岗位津贴不超过 3 年。全省每年配额不超过 3000 万元（含对互联网企业首席信息官的岗位配额）。

推动企业完善人才发展机制。鼓励和支持区内企业健全人才内部流动、绩效考核、个性化服务和培养、股权分红激励等人才工作机制。各

片区要制定实施支持企业做好人才工作的政策措施，加强对企业人力资源部门负责人的培训。提高科研人员成果转化收益比例，加大科研人员股权激励力度。

推动用人主体自主引才。以猎头方式引进高层次人才的，由省级人才专项经费按猎头经费30%、最高10万元的标准给予用人单位补助。对引进到高等院校、科研院所、国有企事业单位的高层次人才，可聘任中高级管理职务（职称），不受评聘时限和岗位职数限制；引进到事业单位的，不受单位现有编制限制。鼓励和支持各片区通过“以奖代补”等形式给予企业引才奖励。推动各片区制定出台柔性引才引智工作的政策措施。

允许福州、厦门、平潭以特殊政策引进自贸试验区建设专才。支持福州、厦门、平潭以政府雇员、政府特聘专家、聘任制公务员等形式引进高层次人才。引进自贸试验区建设专才，编制、职数已满的，可先安排，逐步消化调整到核定的编制职数内；使用公务员或参公事业单位编制的人员，按照聘任制公务员管理试点办法规定，在核定的编制总额内进行招聘和管理。

奖励各方面力量参与引才。成功推荐A类引进高层次人才的，由省级人才专项经费给予10万元奖励；成功推荐B、C类引进高层次人才的，由省级人才专项经费给予每人3万元奖励。入选省引才“百人计划”的，按照《福建省关于奖励高层次人才引进的暂行办法》及“就高从优不重复原则”给予推荐人奖励。

责任单位：省委组织部、编办，省科技厅、财政厅、人社厅，福州、厦门市委，平潭综合实验区党工委

十二、加强本土人才的培养与开发

采取培训一批、挂职一批、培养一批的办法，5年内，培养开发2万名左右的干部人才。分期分批组织党政领导干部、业务管理和服务人员，参加专题培训、业务培训和挂职锻炼，以及赴境外学习访问。围绕国际化、复合型人才培养，整合优化我省现有高校教育资源，发展交叉学科，

大力引进台湾等境外优质师资力量，推进国际化教育，加强高校自贸试验区专业人才的培养。依托北京大学、清华大学等战略合作伙伴，开展定向培养、委托培养。鼓励和支持区内企业选派人才到国内外著名高校、自贸试验区研修和培训，由相关市（区）或各片区给予适当补助。

推进本土人才向自贸试验区流动。鼓励和支持福州、厦门、平潭在自贸试验区内探索建立促进人才合理流动的制度体系，畅通高层次人才流动的渠道。符合条件的高校和科研院所的科研人员经所在单位批准，可带着科研项目和成果、保留基本待遇到自贸试验区企业开展创新工作或创办企业。对于离岗创业的，经原单位同意，可在3年内保留人事关系，与原单位其他在岗人员同等享有参加职称评聘、岗位等级晋升和社会保险等方面的权利。允许省内高等学校和科研院所根据自贸试验区建设需要设立一定比例流动岗位，吸引有创新实践经验的企业家和企业科技人才兼职。

责任单位：省委组织部，省科技厅、教育厅、人社厅，福州、厦门市委，平潭综合实验区党工委

十三、重奖有突出贡献的创新人才

制定实施创新奖评选办法，以政府奖励为引导，推进形成大众创业、万众创新的良好氛围。在自贸试验区率先每年评选10名以内创新奖，按贡献程度由省级人才专项经费分别给予100万元、50万元、30万元的奖励。表彰一批自贸试验区建设专才。

责任单位：省委组织部，省科技厅、财政厅、人社厅，福州、厦门市委，平潭综合实验区党工委

十四、实行人才环境第三方机构评估机制

每个片区要建立人才环境监测点，及时征集产业发展对高层次人才的需求，收集高层次人才创业创新需要解决的问题，反馈给相关部门。

省委组织部、省统计局每年委托专门机构开展省直相关责任部门人才工作满意度测评。对人才工作满意度测评较差的省直相关责任部门，由省委组织部对相关部门分管领导提出诫勉。

引进第三方机构对各片区人才情况进行评估。根据评估情况研究确定各片区引才目标责任，完善推广高层次人才政策措施；对人才工作推进力度不大、人才工作环境建设较差的片区，由省委组织部对相关市（区）分管领导提出诫勉。

责任单位：省委组织部，省统计局、人社厅，福州、厦门市委，平潭综合实验区党工委

说明：本文稿所称“高层次人才”包括在福建省工作入选的国家人才（科技）计划、省级人才计划的人才，及经确认的A、B、C类引进高层次人才。具体包括：我国“两院”院士，国家“千人计划”、外专“千人计划”人选，国家级杰出专业技术人才，国家有突出贡献中青年专家，国家“百千万工程”国家级人选，长江学者特聘教授（讲座教授），中科院“百人计划”入选者，国家杰出青年基金获得者，国家青年科技奖获得者，国家重点学科、重点实验室、工程（技术）研究中心首席专家，973计划、983计划的首席科学家，教育部新世纪优秀人才支持计划入选者，享受国务院政府特殊津贴专家；福建省引进高层次创业创新人才（省引才“百人计划”），福建省引进高层次人才（A类、B类、C类），福建省引进台湾高层次人才；福建省特殊支持高层次人才“双百计划”人选，福建省“外专百人计划”人选，百千万人才工程省级人选，闽江学者特聘教授（讲座教授），省杰出青年基金获得者，省青年科技奖获得者，省优秀专家，省杰出科技人才，海西产业人才高地领军人才，海西创业英才，省突出贡献企业家，省软件杰出人才，等等。

中国（福建）自由贸易试验区
引进高层次人才行动计划（2015－2017年）

建立中国（福建）自由贸易试验区（以下简称“自贸试验区”）是新形势下全面深化改革和扩大开放、促进两岸对接融合发展的重大举措。为满足自贸试验区建设对高层次人才的需求，现就自贸试验区引进高层次人才制定实施行动计划如下：

一、总体要求

深入学习贯彻习近平总书记来闽考察重要讲话精神，按照中央和省委的统一部署，坚持“海纳百川、人才优先，先行先试、创新机制，精准高效、务实管用”的理念，坚持加大精准引才力度与提升人才服务质量、优化人才环境同步推进，坚持政府推动与企业主体、各方面力量积极参与有机统一，以更宽的视野、更强的气魄、更大的力度引进自贸试验区建设和发展需要的高层次人才，为自贸试验区建设提供坚强的人才支持和智力保证。

二、主要任务

（一）聘任一批自贸试验区建设顾问

以省政府名义聘任一批有自贸试验区规划设计、平台建设实践经验的国内外专家，及国际金融服务、国际航运服务、国际贸易、国际物流、国际法律、跨境电子商务、海洋开发、旅游策划、文化创意等领域的国内外专家，担任自贸试验区建设顾问，定期组织开展调研、研讨及实地指导。

责任单位：省商务厅，省人社厅，省委组织部，省委宣传部，省政府办，省发改委，省经信委，省科技厅，省住建厅，省海洋与渔业厅，省旅游局，省侨办，省金融办，人行福州中心支行，福州、厦门市委，平潭综合实验区党工委时间进度：2015 年 7 月各相关单位开展前期沟通，8 月研究提出聘任工作计划、建议人选名单，9 月办理首批顾问的聘任手续；2016、2017 年视实际情况聘任第二批顾问

（二）柔性引进一批自贸试验区建设专家

争取国家商务部、旅游局、中国人民银行等部门的支持，选派一批国际金融服务、国际航运服务、国际贸易、国际物流、国际法律、跨境电子商务、互联网金融、大数据及云计算、旅游策划运营、文化创意等方面的专家，到福州、厦门、平潭市（区）级相关职能部门或自贸试验区管理机构挂职。

落实与北京大学、清华大学、中国人民大学的人才战略合作协议，推动与中国海洋大学签订人才战略合作协议，争取复旦大学、上海社科院等有关高校、科研院所支持，接收一批有实践经验、有前瞻性研究成果的金融服务、规划设计、现代物流、跨境电商、海产品加工与储存等方面的专家，到厦门大学、福建社科院、福州大学、福建师范大学、海峡研究院、海西研究院挂职，开展研究或从事业务工作。

责任单位：省委组织部，省人社厅，省住建厅，省海洋与渔业厅，省商务厅，省旅游局，省侨办，省金融办，人行福州中心支行，福建社科院，海西研究院，厦门大学，福州大学，福建师范大学，福州、厦门市委，平潭综合实验区党工委。

时间进度：2015 年 7 月各相关单位开展前期沟通对接，10 月前接收首批柔性引进人才；2016 年适时接收第二批柔性引进人才

（三）精准引进一批自贸试验区建设专才

委托国家外专局、台湾人力资源机构和相关机构，建立精准引进自贸试验区建设专才目标库，重点收集德国、韩国、美国、新加坡、香港、台湾等国家或地区自由贸易区（港）专业人才的信息。通过国家外专局海外工作网络体系、海外人力资源战略伙伴、境内外知名人力资源机构及台湾人力资源机构，以全职聘用、海外专家服务项目等各种方式精准引进目标库人才。

支持福州、厦门、平潭以政府雇员、政府特聘专家、聘任制公务员等形式引进高层次人才，安排到管委会职能部门、相关政府部门、负责综合性平台建设的国有企业工作。其中使用公务员或参公事业单位编制的人员，根据聘任制公务员管理试点办法进行招聘和管理。

责任单位：省人社厅，省委组织部，省委统战部，省台办，省侨联，省科协，省侨办，中国海峡人才市场，福州、厦门市委，平潭综合实验区党工委

时间进度：2015 年 7 月与国家外专局有关部门签订高层次人才引进合作协议，福州、厦门、平潭上报首批精准引进高层次人才需求目录；10 月前第一批自贸试验区建设专才到位；12 月建成目标库；后续按照“成熟一个、引进一个、落地一个”的原则精准引进自贸试验区建设专才

（四）重点引进一批台湾高层次人才

贯彻落实《深化闽台人才交流合作行动计划（2015－2018 年）》，实施引进台湾高层次人才“双百计划”，围绕与台湾地区投资贸易自由和闽台产业对接，重点引进一批台湾金融、通信、运输、旅游、医疗、教育、文化等领域的高层次科研和管理人才，吸引一批从事农产品、水产品、食品、化妆品、药品和花卉苗木等相关商品的贸易、物流、金融、跨境电商等业务的领军人才到自贸试验区创业。

责任单位：省人社厅，省委组织部，省台办，省农业厅（省委农办），省财政厅，中国海峡人才市场，福州、厦门市委，平潭综合实验区党工委

时间进度：每年 9 月启动当年度台湾引进高层次人才遴选工作

（五）推动用人主体引进一批产业发展高层次人才

重点面向北京、上海、天津、广东（深圳）及香港、新加坡、韩国首尔等国家或地区，持续举办各类招才引智活动，定期不定期征集发布自贸试验区人才需求，组织园区内企业开展招聘工作。力争 3 年内推动引导用人主体引进 1200 名左右自贸试验区产业发展需要、具有国际视野的高层次人才，把自贸试验区打造成各类国际化优秀人才的聚集区。

责任单位：福州、厦门市委，平潭综合实验区党工委

时间进度：2015—2017 年（其中，2015 年 10 月底确认首批引进高层次人才）

三、保障措施

（一）制定实施加强自贸试验区人才工作的政策措施

围绕自贸试验区高层次人才创业创新面临的问题，参照目前国内最优惠的人才政策，研究出台加强自贸试验区人才工作的政策措施，以政策制度创新打造吸引人才新优势，以体制机制创新搭建培养人才新平台，以最好的服务、最优的环境、最大的诚意广聚天下英才。

责任单位：省委组织部，省人社厅，省台办，省科协，省发改委，省经信委，省卫计委，省教育厅，省科技厅，省公安厅，省民政厅，省财政厅，省国土局，省住建厅，省交通厅，省商务厅，省外办，省地税局，省金融办，人行福州中心支行，福建银监局、证监局、保监局，厦门银监局、证监局、保监局，省投资开发集团，中国海峡人才市场，福州、厦门市委，平潭综合实验区党工委

时间进度：2015—2017 年（其中，2015 年 1 月研究起草初稿、开展调查研究，6 月出台加强自贸试验区人才工作的政策措施，召开新闻发布会对外发布，2016 年总结完善后向全省推广相关政策措施）

（二）依托省委人才工作领导小组定期召开联席会议

联席会议由省委组织部牵头，省委人才工作领导小组成员单位，福州、厦门、平潭及省直、中直有关部门参加，会商解决人才引进工作中遇到的问题。推动各园区完善高层次人才引进工作机制。省委人才办、省人社厅、省商务厅、中国海峡人才市场、各片区要指定专人负责自贸试验区人才队伍建设问题。

责任单位：省委组织部，省商务厅，省人社厅，中国海峡人才市场，福州、厦门市委，平潭综合实验区党工委

时间进度：2015—2017 年（其中，2015 年 7 月前各园区建立高层次人才工作机制）

（三）加大资金投入力度

省级人才专项经费优先用于自贸试验区人才队伍建设。福州、厦门、平潭要根据自贸试验区人才工作情况，加大财政投入力度。

责任单位：省委组织部，省财政厅，福州、厦门市委，平潭综合实验区党工委

时间进度：2015—2017 年

（四）对自贸试验区建设和引才组团出境给予倾斜

相关部门和设区市（区）对自贸试验区人才引进、培训等需要组团出境的要给予特殊支持，并在审批、证照颁发、签证（注）等手续办理上提供便利。

责任单位：省公安厅，省外办，省台办，省财政厅，省人社厅，福州、厦门市委，平潭综合实验区党工委

时间进度：2015—2017 年

（五）实行第三方机构评估考核机制

每个片区分别建立 2—3 个人才工作监测点。每年由省委组织部、省统计局委托专门机构开展省直相关责任部门人才工作满意度测评。引进第三方机构对各片区人才工作情况进行评估。

责任单位：省委组织部，省统计局，省人社厅，福州、厦门市委，平潭综合实验区党工委

时间进度：2015—2017 年（其中，2015 年 8 月前启动人才工作监测点建设，10 月前制定人才环境满意度测评、第三方机构评估工作方案）

（六）适时启动自贸试验区人才立法工作

将自贸试验区人才工作作为重要内容纳入《中国（福建）自由贸易园区管理条例》，以一个专章规范自贸试验区人才工作中需要重点推进、重点解决的事项。根据工作实践和评估情况，适时启动自贸试验区人才立法工作。

责任单位：省法制办，省人大法制工委，省委组织部，省人社厅，省商务厅，福州、厦门市委，平潭综合实验区党工委

时间进度：2016—2017 年

福建省人民政府办公厅关于印发福建自贸试验区实施“一照一码”登记制度工作方案的通知

闽政办发明电〔2015〕37号

福州市、厦门市人民政府，平潭综合实验区管委会，省直有关单位：

经省政府研究同意，现将《福建自贸试验区实施“一照一码”登记制度工作方案》印发给你们，请认真组织实施。

福建省人民政府办公厅

2015年5月1日

附件：

福建自贸试验区实施“一照一码”登记制度工作方案

一、改革目标

为贯彻落实李克强总理来闽调研时的重要指示精神，在我省实行营业执照、组织机构代码证和税务登记证“三证合一”试点的基础上，在福建自贸试验区实施“一照一码”登记制度试点工作，通过试点在全省推广，为全国全面实施“一照一码”改革探索经验。

二、改革内容

按照国家发改委拟编制的统一社会信用代码编码规则，坚持源头顺序赋码原则，将工商营业执照注册号、组织机构代码、税务（国税、地税）登记号合并为企业社会信用代码，实行“一照一码”，采用“流水编号、实时赋码”的赋码方式，具体赋码规则如下：

第一部分（第1位）：登记管理部门代码。3表示工商。

第二部分（第2位）：机构类别代码。1表示企业，2表示个体工商户，3表示农民专业合作社。

第三部分（第3—8位）：登记管理机关行政区划码。

第四部分（第9—17位）：主体标识码。

第五部分（第18位）：校验码。

三、实施范围

2015年5月起，在福建自贸试验区福州片区、厦门片区、平潭片区新设立的企业。

实施期间，国务院如果出台全国统一的“一照一码”改革实施方案，我省要按照国家统一部署同步实施。

四、组织实施

（一）加强领导。“一照一码”登记制度改革工作由各级政府统一领导，工商部门牵头，会同质监、国税、地税等部门具体实施。各级政府、各部门要深刻认识实行“一照一码”登记制度的重大意义，认真落实各项措施和要求。

（二）部门协同推进。省工商、质监、国税、地税等部门加强对上协调沟通，确保数据传送畅通、准时、准确。全省相关部门和金融保险等机构对企业提交的“一照一码”营业执照应予以认可，不得以任何理由和条件要求企业提供“一照一码”营业执照以外的其他证照。同时，为保障改革顺利进行，各部门要积极向上争取国家层面对我省“一照一码”改革的试点支持以及特殊情况和过渡期间的处理措施。

（三）强化技术支撑。省发改委（数字办）会同相关部门，在梳理完善并联审批办事流程的基础上，加快开发审批信息共享平台，支持相关单位改造审批系统，实现信息实时转换生成。省工商局负责“一照一码”营业执照打印系统开发。

（四）不收取任何费用。此项改革工作的经费由各级财政给予保障，不向企业收取任何费用。

五、过渡期的措施

（一）存量企业暂不实行“一照一码”。存量企业（含已经实行“一照三号”的企业）暂不实行“一照一码”，待全国“一照一码”改革方案公布后，按照国家统一部署同步实施。

（二）提供相关服务。过渡期间，各部门要为企业提供相关服务，不增加企业负担，更方便企业，特别是为企业到省外经商办企业提供顺畅的服务。

福建省人民政府办公厅转发省工商局等部门关于深化“一照一码”登记制度改革工作意见的通知

闽政办〔2015〕130号

各市、县（区）人民政府，平潭综合实验区管委会，省人民政府各部门、各直属机构，各大企业，各高等院校：

省工商局、省编办、省发改委、省国税局、省地税局、省质监局、省法制办等部门联合制定的《深化“一照一码”登记制度改革工作意见》已经省政府同意，现转发给你们，请认真贯彻执行。

福建省人民政府办公厅

2015年9月16日

附件：

深化“一照一码”登记制度改革工作意见

省工商局　省编办　省发改委

省国税局　省地税局　省质监局　省法制办

根据《国务院办公厅关于加快推进“三证合一”登记制度改革的意见》（国办发〔2015〕50号）、《工商总局等六部门关于贯彻落实〈国务院办公厅关于加快推进“三证合一”登记制度改革的意见〉的通知》（工商企注字〔2015〕121号）文件精神，并结合我省“三证合一、一照一码”登记制度改革的实际情况，提出如下工作意见。

一、实施时间、范围

2015年10月1日起在全省企业、农民专业合作社全面实施“一照一码”登记制度。个体工商户具体实施时间待条件成熟后另行通知。

已登记企业和农民专业合作社应于2016年12月31日前完成换发加载统一社会信用代码的营业执照。

二、统一登记模式

（一）规范登记程序

1. 设立登记。企业设立登记流程按照《福建省人民政府办公厅关于全省复制推广福建自贸试验区“一照一码”登记制度改革试点的实施意见》（闽政办〔2015〕79号）文件的规定执行，农民专业合作社、个体工商户设立登记参照此规定执行。

2. 变更登记及换照。企业、农民专业合作社、个体工商户的变更登记、换照，统一到原登记工商局（市场监管局）、工商所窗口办理。工商部门核准生成统一社会信用代码，并将变更、换照信息上传“数字福建”审批共享平台供各部门共享，无需再到组织机构代码登记部门、税务登记部门办理组织机构代码、税务登记证变更登记或换发工作。

在办理变更登记时，对已领取组织机构代码证的商事主体，核发加载嵌入原9位组织机构代码的统一社会信用代码营业执照，收缴其原发营业执照、组织机构代码证、税务登记证；没有领取组织机构代码证的，按照“三证合一、一照一码”登记模式核发加载统一社会信用代码的营业执照，收缴其相关证照。证照遗失的，可办理相关手续后再办理变更登记或换照。

3. 注销登记。企业、农民专业合作社办理注销时，需提供税务部门开具的“清税证明”。省工商局、省国税局、省地税局要进一步加强沟通，税务机关将企业清税信息共享给登记机关核对。

（二）统一登记申请条件和文书规范

国家工商总局等六部委以依法行政、方便企业办事、降低行政成本为出发点，按照“保留必需、合并同类、优化简化”的原则，整合优化登记申请文书提交材料规范（样式见附件）。我省与全国实行统一的登记条件、登记程序和登记申请文书材料规范，全面使用六部委制定的登记表格和提交材料规范，原“一照一码”设立登记申请书停用。申请人办理企业注册登记时只需填写“一表”，向“一个窗口”提交“一套材料”即可，登记部门审核后，直接核发加载统一社会信用代码的营业执照，并在企业信用信息公示系统公示。

（三）尽快建立信息共享的保障机制

全省各级工商登记部门通过工商一体化平台采集录入相关数据，核准登记后生成统一社会信用代码，并实时将设立、变更、注销的登记数据推送至审批共享平台。各相关单位要适应“一照一码”登记模式的变化，加大信息化投入，以统一社会信用代码为标识，改造升级现有的业务管理系统，实现与省内跨区域、跨部门的信息交换传递和数据共享机制相对接，推动企业基本登记信息和相关信用信息共享和应用。报送共享的数据要逐步适应各级行政审批效能监督和事中事后监管要求。

（四）积极稳妥推进已设立主体的营业执照换发

截至今年6月底全省已登记的商事主体约有215.7万户，其中企业66万户，农民专业合作社2.9万户，换照工作任务重、时间紧。各地应加强协调，强化保障，有序做好已登记主体营业执照的换发工作：一是此次全省商事主体的换照不收取任何费用，全部由各地财政保障；二是省质监、工商、税务部门要加强沟通和协调，做好新旧数据的衔接工作；三是各级工商部门要提前预估、合理分流工作量，个体工商户、个人独资企业、合伙企业的变更登记和换照工作原则上由当地工商（市场监管）所办理，各级政府部门应健全完善工商（市场监管）所的设置配备和工作保障，不得随意撤并工商（市场监管）所窗口；四是要注意换照时限，在过渡期内，未换发的证照（包括各地探索试点的“一照三号”“一照一号”的营业执照，下同）可继续使用；过渡期结束后，一律使用加载统一社会信用代码的营业执照办理相关业务，未换发的旧证照自动失效。其他机关事业单位在办理涉企其他事宜时，要注意证照换发的截止时限，帮助宣传、引导企业及时换发新照。

三、保障措施

（一）加强组织领导。我省是全国首个实行“一照一码”登记制度改革试点的省份，全省各级人民政府及有关部门要充分认识实行“一照一码”登记制度对深化商事登记制度改革的重要意义，加强组织领导和协调，抓紧落实改革必需的人员、场所、设施和经费保障。

（二）部门协同推进。工商、机构编制、发改、国税、地税、质监、法制等部门要各司其职，协同配合。各级工商（市场监管）部门要切实履行牵头职责，做好营业执照采购、表格更换以及软件升级等各项前期准备工作，加强对“一照一码”登记制度改革的跟踪了解和检查指导；机构编制部门要科学划分部门职责，为“一照一码”登记制度改革提供必要的人员保障；发展改革部门要积极协调，完善省级审批信息共享平台建设；质监、地税、国税部门要及时做好本部门业务系统的升级改造，及时出台本部门贯彻落实改革工作意见的具体方案，调整简化部门办事流程，实现内部管理业务有序衔接。

（三）加强宣传培训。要充分利用各种新闻媒介，加大对“一照一码”登记制度改革的宣传解读力度，及时解答和回应社会关注的热点问题，在全社会形成关心改革、支持改革、参与改革的良好氛围。各级人民政府必须在当地电视台、主要报纸和广播电台发布关于全面实施“一照一码”登记制度改革的公告，特别是要将有关换照的要求和时限广而告之，公告内容由各级工商部门负责提供。要注重业务培训，及时组织各级工商、质监、国税、地税、公安、银行窗口人员开展“三证合一”“一照一码”综合业务操作、登记提交材料、内部工作流程等培训，提高窗口人员熟练掌握新业务的水平。

工商总局等六部门关于贯彻落实《国务院办公厅关于加快推进“三证合一”登记制度改革的意见》的通知（略）

福建省人民政府办公厅关于支持福建自贸试验区融资租赁业加快发展的指导意见

闽政办〔2015〕123号

福州、厦门市人民政府，平潭综合实验区管委会，省人民政府各部门、各直属机构，中央驻闽各机构：

为引导自贸试验区融资租赁业发展，拓宽企业融资渠道，鼓励跨境融资租赁，服务产业转型升级，经省政府同意，现提出以下指导意见。

一、明确业态发展重点。鼓励自贸区融资租赁企业开展智能装备制造、新一代信息技术、节能环保等战略性新兴产业的融资租赁业务，拓展飞机、汽车、船舶等运输工具的专业融资租赁服务，推进医疗、教育、检验检测等装备融资租赁服务。鼓励自贸区外企业利用自贸区融资租赁平台开展业务，引导地铁、机场、高速公路、高速铁路等基础设施建设项目采用融资租赁方式融资。各自贸片区可以根据实际选择重点扶持的融资租赁业态。

二、引进和培育重点企业。支持国内外知名融资租赁公司在自贸试验区设立总部或开设分支机构。鼓励台湾金融机构、企业集团到自贸试验区设立融资租赁公司。在自贸试验区已设立、新设或迁入的融资租赁公司和金融租赁公司，自贸区所在地政府可以根据到资情况给予一次性财政补助。注册资本实缴5000万元（含）—5亿元的，可以给予不超过100万元补助；注册资本实缴5亿元（含）—10亿元的，可以给予100万元—300万元补助；注册资本实缴10亿元以上的，可以给予不超过500万元补助。

三、支持和鼓励业务创新。支持融资租赁企业（金融租赁公司除外）兼营与主营业务相关的商业保理业务，鼓励融资租赁企业设立项目公司，允许经营大型设备、成套设备、不动产租赁业务和境内外租赁业务；设立专业子公司的（金融租赁公司专业子公司除外），可以不设最低注册资本限制。允许转让和受让融资租赁资产。拓宽融资租赁的租赁产品，允许以工厂厂房、仓储用房、商业地产等用于生产经营的不动产作为租赁物；允许以软件、技术等无形资产作为租赁产品。探索开展物业售后回租相关业务，在自贸区所在地政府监管下，根据融资租赁双方合同约定，可以延期办理不动产转让产权登记。

四、拓宽境内外融资渠道。支持融资租赁企业通过境内外资本市场上市融资，在全国中小企业股份转让系统、海峡股权交易中心挂牌融资。对已实现上市融资或挂牌融资且募集资金全部用于投资自贸区内项目的企业，自贸区所在地政府给予一次性专项补助。鼓励注册在区内的融资租赁公司（金融租赁公司除外）在净资产10倍与上年末风险资产的差额范围内借用外币资金，在不超过净资产10倍范围内借用人民币资金。支持融资租赁公司赴境外发债和探索通过资产证券化盘活租赁资产。引导境外各类基金及保险机构对区内融资租赁公司进行周期匹配的股权投资，改善融资租赁公司资产负债结构。

五、实施经营业绩奖补。自贸区所在地政府可以根据融资租赁企业的经营主业和经营业绩给予奖补。对入驻自贸区企业租用自用办公用房，可按照租金市场指导价的一定比例给予1年—3年的租金补助。对购入设备并被自贸试验区企业租赁使用的融资租赁公司，按照合同履行金额3‰—5‰给予奖励。对购入智能制造设备、飞机、船舶、新能源生产设备、医疗设备等符合自贸区产业政策设备的融资租赁公司，可以按5‰—10‰弹性给予奖励。自贸区所在地政府可以约定单一企业单笔业务奖励和总奖励的最高金额，也可以设定申请奖励的融资租赁企业的业绩门槛。

六、落实专业人才激励措施。支持自贸区融资租赁高层次人才申报福建自贸试验区高层次人才引进计划，符合条件的由省级人才专项经费给予25万—200万元的安家支持，并相应纳入自贸区所在地政府引进高层次人才计划给予相应的政策支持。对新引进国内外知名融资租赁总部企业的高层次人才，自贸区所在地政府可按其经营业绩给予住房和生活补助。

七、做好相关服务。坚持平等保护、物权法定、一物一权、物权公示和物权公信原则，做好办理租赁物权属的登记公示和查询。融资租赁公司根据人民银行相关规定和工作安排接入中国人民银行企业征信系统。融资租赁公司在动产融资统一登记平台办理融资租赁物登记、租金等应收账款质押和转让登记，并在开展资产抵押、质押和受让等业务时，查询相关标的物权属状况。登记主管部门要公示租赁登记申报材料，简化登记流程，在规定时限完成租赁不动产权属变更登记和动产抵押变更登记等手续。对船舶、农机、医疗器械、飞机等设备融资租赁简化相关登记许可或进出口手续。在经营资质认定上同等对待租赁方式购入和自行购买的设备。对申请开办医疗器械设备租赁等特定业务的融资租赁公司，可以简化经营场所房屋属性、面积等要求，下放经营许可权限。海关设立绿色通道，简化租赁企业进出口业务通关手续。落实飞机租赁等企业税收优惠政策，加快办理租赁物出口退税。

八、加强引导和防控风险。福州市政府、厦门市政府、平潭综合实验区管委会要结合实际加强引导，10 月 1 日前制定并出台各片区融资租赁业发展的具体指引方案和扶持奖励办法，报省政府办公厅备案。福建银监局、省金融办、经信委、商务厅要按照职责分工，加强对融资租赁业的监管及服务，对企业经营情况及经营风险进行持续监测，建立重大情况通报机制、风险预警机制和突发事件应急处置机制，防范融资租赁行业经营风险，严厉打击非法集资等违法行为。引导租赁各方及时通过诉讼或者仲裁等方式解决争议，支持行业协会等组织及时调处和化解租赁各方的纠纷。

福建省人民政府办公厅

2015 年 9 月 4 日

福建省人民政府办公厅关于江阴汽车整车进口口岸加快发展五条措施的通知

闽政办〔2015〕11号

福州市人民政府，福州保税港区管委会，省直有关单位：

为促进江阴汽车整车进口口岸（以下简称江阴口岸）做大做强，延伸综合产业链，形成规模聚集效应，经省政府同意，提出以下措施：

一、加大推介招商

（一）对吸引大企业、大项目入驻，由当地部门统筹，给予招商工作经费支持。

（二）对认定为新引进的总部企业，按照促进总部经济发展的相关政策给予支持。

（三）鼓励发展进口汽车改装维修、汽车技术研发、汽车融资租赁、区外展示交易、汽车文化娱乐等新业态。

（四）鼓励整车进口企业建立并拓展分销零售和售后服务渠道，对相关零售和售后服务渠道整合项目予以支持。

（五）鼓励国有企业和民营企业发起设立江阴口岸产业发展引导基金，支持江阴口岸重点项目建设。

（六）鼓励整车进口企业与电子商务企业开展合作，促进线上、线下融合，共同开拓终端消费市场。

（七）积极开展对外宣传，提高对江阴口岸认知度。

责任单位：福州市人民政府、福州保税港区管委会、省商务厅、省经信委、省财政厅、省汽车工业集团、省外贸中心集团、省交通运输集团

二、深化闽台对接

（一）争取国家发展改革委支持，对属于两岸中转业务的进口汽车适

用保税政策。

（二）促进两岸汽车生产、改装、贸易、物流企业以及汽贸服务衍生行业的合作对接，支持省外贸中心集团等有条件的企业在台湾设立非中规车改装保税基地。

责任单位：省发改委、福州市人民政府、福州保税港区管委会、省商务厅、福州海关、福建检验检疫局、省汽车工业集团、省外贸中心集团

三、拓展双向物流

（一）鼓励省属汽车生产企业在江阴口岸开展汽车进出口业务，对相比直接从其他整车口岸进出所增加的物流费用给予适当补助。

（二）对带动力强的整车物流企业可研究采取“一企一策”给予倾斜支持。

（三）对汽车物流专用设备和设施建设投入给予适当贴息支持。

（四）对新增的整车进出口航线，可以在鼓励福州港口生产发展相关政策的基础上，对引航、拖轮和船舶港务费用等加大扶持。

责任单位：福州市人民政府、福州保税港区管委会、省经信委、省交通运输厅、省商务厅、省汽车工业集团、省外贸中心集团、省交通运输集团

四、优化运营环境

（一）争取商务部支持，允许在江阴口岸的非品牌授权汽车贸易企业开展汽车平行进口业务。

（二）实施“先进区、后报关”“批次进出、集中申报”“集中汇总纳税”“车到即检、合格即放”“进境展示交易”等关检监管新模式。

（三）支持建立报检、报关、报牌、缴税费、保险等一站式服务窗口和进口汽车异地展示体验及汽车进口信息发布等公共服务平台。

（四）清理进出口环节经营性服务和收费，落实各项减免税费政策，确保江阴口岸所有收费标准均低于国内其他整车进口口岸。

（五）鼓励在江阴口岸注册的企业自主申请进口汽车3C认证，对认

证费用给予适当补助。

（六）从2015年至2017年，由福州保税港区管委会统筹省级、福州市和保税港区共同安排的资金，对重大项目、公共服务平台、进口增量等实施激励扶持。

责任单位：福州市人民政府、福州保税港区管委会、福州海关、福建检验检疫局、省商务厅、省财政厅、省物价局、省交通运输集团

五、强化金融服务

（一）对在江阴口岸注册的企业，鼓励银行业金融机构加大信贷支持，保障企业正常资金需求。

（二）鼓励银行业金融机构推出国内国外保兑仓融资、保险业金融机构推出信用保险等各类针对整车进口业务的金融产品。

（三）支持整车进口企业进入助保贷外贸企业池，运用助保贷风险补偿金政策为企业申请融资贷款提供增信服务，将企业融资贷款纳入风险补偿金的补偿范围。

（四）支持有条件的企业发起设立汽车金融公司，为汽车消费者提供消费贷款。

责任单位：人行福州中心支行、福建银监局、福建保监局、省金融办、省商务厅、福州市人民政府、福州保税港区管委会

福建省人民政府办公厅

2015年1月23日

福建省人民政府办公厅关于江阴汽车整车进口口岸加快发展六条补充措施的通知

闽政办〔2015〕86 号

福州市人民政府，省直有关单位：

为进一步促进江阴口岸汽车整车进口，在《福建省人民政府办公厅关于江阴汽车整车进口口岸加快发展五条措施的通知》（闽政办〔2015〕11 号）的基础上，经省政府同意，现提出六条补充措施：

一、用地支持。对发展汽车改装、汽车技术研发、汽车仓储、区外展示交易所需的用地可采取先租后让的方式予以优先安排，在不低于同类用途土地基准地价的前提下，确定土地使用权出让底价时给予适当优惠。

责任单位：福州市人民政府、省国土厅

二、融资支持。用活用好自贸区政策，推动境内外金融机构业务合作，为整车进口企业提供进口信贷、内保外贷等融资服务，开展资金池业务；加强境外供应商的前期资信调查，帮助汽车整车进口企业确定整车贸易的真实性，降低企业贸易风险；综合运用关税保函、库存车辆第三方质押、汽车供应链金融等多种金融服务方案，拓宽企业融资渠道。整合江阴港区整车口岸扶持资金，设立金融助保贷外贸企业池，为汽车整车进口企业进口开证、押汇以及存货质押贷款等全供应链融资提供风险分担和增信支持。出口信保福建分公司进一步完善汽车进口预付款的保险业务，提供便利。

责任单位：人行福州中心支行、福建银监局、福建保监局、省金融办、福州市人民政府，省商务厅，出口信保福建分公司

三、便利通关。海关、检验检疫部门实行每周“5＋2”工作制和 24 小时预约加班制，并在业务现场设立专门窗口。海关实行提前申报、分

类通关、税费电子支付，以及“先进区、后报关”“批次进出、集中申报”“集中汇总纳税”“进境展示交易”“区内自行运输”等通关便利化措施；在企业信用条件符合且报关手续完备的前提下从办理接单审核、现场验估、税费征收，到查验放行，最长不超过2天；按不高于国内其他口岸同类车型的审价水平审价；对信誉良好的企业实行“担保验放、自动放行”，税收保函一般不超过3个月核销。

责任单位：福州海关、福建检验检疫局

四、快速检验。检验检疫部门实施“分线管理＋验证整改＋事后监管”的检验监管新模式。对进口汽车采用预申报、预审核、预验证等方式允许企业后补申报材料，预先告知通关单号，汽车进入监管区域后同步办理报检和报关手续，同步实施检验检测和关税核实缴纳。采取入境预检验、出区核销放行模式，预检合格后，当即完成相关流程并出具随车检验单，企业凭海关出具的完税证明，向检验检疫部门领取随车检验单进行核销放行，实现报检到报关零等待、检验检测零等待、放行零等待。

责任单位：福建检验检疫局、福州海关

五、优化服务。省商务厅以最简易的方式办理汽车平行进口企业资质确认手续；在接到企业条件合规、材料齐全的申请后即到即办，最长2个工作日之内发放汽车整车自动进口许可证。自贸试验区福州片区在引进整车进口大型企业时，可采取“一企一策”的方式予以政策优惠和个性化服务。福州保税港区综合服务中心无偿为汽车经销企业投资项目设立、变更审批提供全程代办服务，免费为企业提供法定注册地址。自贸试验区福州片区工商部门对在区内从事汽车经营项目实施特事特办、专人专件办理，对材料齐全、符合法定程序的，当天予以核准。报关行设立汽车经销企业海关预录入及报关专属通道，各有关服务单位对汽车整车进口企业予以减免服务费。

责任单位：省商务厅、福州市人民政府

六、财政支持。2015至2017年3年内，由省、市、福州保税港区管委会共同筹集1亿元（其中省级财政每年安排1500万元）资金，对扩大整车进口相关的重大项目、公共服务平台、进口增量、进出口联动等实施激励扶持，具体扶持办法由自贸试验区福州片区管委会对外公布。对进口汽车改装生产线项目实际投资额（不含土地、厂房）达1500万元以上的项目，实行“一企一策”，按项目设备投资总额的5%给予补助，最高不超过300万元，由省经信委从每年度部门预算中安排。对线上线下融合，服务于进口汽车整车销售的电子商务平台建设、改造项目，经省商务厅评定，择优予以奖励。对服务于汽车进口的电子政务平台，由省数字办组织论证后，按不高于总投资的30%给予补助，最高不超过300万元。

责任单位：省财政厅、商务厅、福州市人民政府，省经信委、数字办

福建省人民政府办公厅

2015年6月16日

福建省人民政府办公厅关于支持中国—东盟海产品交易所加快发展十三条措施的通知

闽政办〔2015〕94号

各市、县（区）人民政府，平潭综合实验区管委会，省人民政府各部门、各直属机构，各大企业：

为加快推进中国－东盟海产品交易所（简称交易所）发展，经省政府同意，现提出以下措施：

一、培育做大交易规模

（一）发挥省内水产流通加工协会、远洋渔业协会等各类涉海协会作用，引导省内远洋捕捞、食品加工、冷链物流等各类涉海企业，通过交易所平台，做大境内外贸易规模。支持交易所冷链物流建设，对于交易所配套新（扩）建3万吨或3万平方米以上的冷库，给予补助100万元。细化落实《福建省人民政府关于进一步加快远洋渔业发展五条措施的通知》（闽政〔2015〕24号）、《福建省人民政府关于加快远洋渔业发展六条措施的通知》（闽政〔2014〕36号）有关奖励补助政策。

责任单位：省海洋渔业厅牵头，福州市人民政府配合

（二）鼓励远洋水产品进入交易所交易。对在我省口岸进关并进入交易所交易的远洋渔业自捕水产品，每吨鱼货补助50元；对进入交易所交易但鱼货异地交割的，按上述标准的80%执行。

责任单位：福州市人民政府

（三）引导省内大型商贸物流企业入驻交易所交易平台，优先通过交易所交易平台进行买卖。整合省内海产品市场供应链，推动省内永辉超市、新华都等大型采购商家入驻交易所，在同等条件下优先选择其供货渠道。

责任单位：福州市人民政府牵头，省商务厅配合

（四）支持交易所构建自营电子商务平台，交易所网上年销售额首次

超过1亿元，或网上年销售额居全国行业排名前三名，给予一次性最高不超过100万元奖励。

责任单位：省商务厅牵头，省财政厅配合

（五）支持交易所建设海洋产业基地，优先办理用海审批手续，按规定减免部分海域使用金。在福州出口加工区设立产业基地，在宁德设立分中心及“中国—东盟海产品交易所宁德（霞浦）综合基地”产业园区。

责任单位：福州市、宁德市人民政府牵头，省海洋渔业厅配合

（六）交易所高管及技术骨干人员参照执行《福州市鼓励加快总部经济发展实施办法的通知》相关人才奖励政策。

责任单位：福州市人民政府

二、加大金融财税扶持

（七）对在交易所交易的福州地区会员企业（含新注册或迁入），自2015年起三年内，根据企业实际到资注册资本金和船舶总吨位给予定额奖励。奖励办法由福州市人民政府制定，并以奖励交易所发展的方式，由交易所兑现给相关会员企业。方便交易所增值税发票提供、开具等服务。鼓励交易所对前1000名会员免收会员费。自2015年起两年内，对交易额前100名会员企业按照交易额的1%—2%给予奖励，最高不超过100万元，省、福州市财政各承担一半。

责任单位：福州市人民政府、省财政厅

（八）鼓励省内金融机构同交易所合作，开展针对交易所会员的银行授信、交易所仓单回购、担保、供应链保理等金融创新业务，帮助企业解决融资难问题。

责任单位：省金融办牵头，福建银监局、人行福州中心支行配合

（九）支持交易所在海丝沿线国家设立海外仓储，对建仓面积在1万平方米以上的，给予不超过100万元的补助；支持交易所在海关特殊监管区设立跨境电子商务仓储集散配送中心和O2O展示交易中心，对场地面积超过3000平方米的，按其购买或租用土地费用的30%给予补助，最高不超过100万元。

责任单位：省商务厅

（十）支持设立中国—东盟海产品产业投资发展基金。支持交易所适时开展中远期合约、标准化合约（不含集中交易）等交易模式创新，为会员提供通关报检、进出口代理、缴退税代理等一站式服务。支持金融机构通过交易所平台，探索本外币跨境结算新模式，提供各类金融产品。

责任单位：省金融办牵头，福建银监局、人行福州中心支行配合

三、推进贸易便利化

（十一）允许进入福建自贸试验区内未交割的水产品，由交易所或指定的代理人先行统一办理审批和报检手续，实施“统一申报、集中查验、分批核放”检验检疫监管模式；台湾渔船自捕水产品入境申报时，允许免予提交台湾官方主管部门出具的有关检验检疫证书；对台湾渔船自捕入境水产品，允许免于提交台湾官方主管部门出具的卫生证书。

责任单位：福建检验检疫局

（十二）注册在福建自贸试验区内的交易所交易会员，简化 CEPA 及 ECFA 原产地证书提交需求，无需提交纸质原产地证书；放宽直接运输判定标准，在福建自贸试验区内申请享受 ECFA 优惠关税待遇的进口货物经第三方中转无法提交相关证明文件时，海关可采用验核集装箱号及封志号的方式判定经第三方中转货物是否符合直接运输要求；支持交易所及交易会员用好用活自贸试验区其他各项改革举措。

责任单位：福州海关

（十三）对交易所交易会员开放省内高速公路海产品冷链物流绿色通道，符合条件的部分减免冷冻水产高速公路通行费；由交易所投入建设冷链物流物联网监控系统，对交易会员的水产运输实施全程监控，提高水产食品的安全系数。

责任单位：省交通运输厅

各牵头单位要切实负起责任，加强工作协调，其他有关单位要密切配合，共同推动各项措施尽快落实到位，支持交易所加快发展。

福建省人民政府办公厅

2015 年 6 月 28 日

>>附录

福建自贸试验区政策法规和操作规程目录

（一）规范性文件

1. 关于发布中国（福建）自由贸易试验区台湾居民个体工商户营业范围的公告

2. 中国（福建）自由贸易试验区管理办法

3. 中国（福建）自由贸易试验区相对集中行政复议权实施办法

4. 中共福建省委人才工作领导小组印发加强自贸试验区人才工作文件的通知

5. 中共福建省委人才工作领导小组印发《福建省引进高层次人才评价认定办法（试行）》的通知

6. 中共福建省委人才工作领导小组印发《福建省加强引才工作行动计划（2015－2018年）》的通知

7. 福建省人民代表大会常务委员会关于在中国（福建）自由贸易试验区暂时调整实施本省有关地方性法规规定的决定

8. 福建省人民政府关于中国（福建）自由贸易试验区福州片区实施方案的批复

9. 福建省人民政府关于中国（福建）自由贸易试验区厦门片区实施方案的批复

10. 福建省人民政府关于中国（福建）自由贸易试验区平潭片区实施方案的批复

11. 福建省人民政府关于印发中国（福建）自由贸易试验区实施的省级行政许可事项目录的通知

12. 福建省人民政府关于印发《中国（福建）自由贸易试验区管理委员会行政规范性文件法律审查规则》的通知

13. 福建省人民政府关于印发中国（福建）自由贸易试验区产业发展规划（2015－2019年）的通知

14. 福建省人民政府关于推广中国（上海）自由贸易试验区可复制改革试点经验工作方案的通知

15. 福建省人民政府关于推广福建自贸试验区首批可复制创新成果的通知

16. 福建省人民政府关于推广福建自贸试验区第二批可复制创新成果的通知

17. 福建省人民政府关于推广福建自贸试验区第三批可复制创新成果的通知

18. 福建省人民政府关于鼓励和支持台湾青年来闽创业就业的意见

19. 中共福建省委办公厅　福建省人民政府办公厅关于进一步做好自贸试验区建设工作的通知

20. 福建省人民政府办公厅关于印发福建自贸试验区贯彻自由贸易试验区外商投资准入特别管理措施（负面清单）和自由贸易试验区外商投资国家安全审查试行办法实施意见的通知

21. 福建省人民政府办公厅关于印发福建自贸试验区管理机构运行机制规定的通知

22. 福建省人民政府办公厅关于支持福建自贸试验区融资租赁业加快发展的意见

23. 福建省人民政府办公厅关于印发福建自贸试验区实施“一照一码”登记制度工作方案的通知

24. 福建省人民政府办公厅转发省工商局等部门关于深化“一照一码”登记制度改革工作意见的通知

25. 福建省人民政府办公厅转发省统计局关于福建自贸试验区统计报表制度（试行）的通知

26. 福建省人民政府办公厅关于江阴汽车整车进口口岸加快发展五条措施的通知

27. 福建省人民政府办公厅关于江阴汽车整车进口口岸加快发展六条补充措施的通知

28. 福建省人民政府办公厅关于支持中国—东盟海产品交易所加快发展十三条措施的通知

29. 福建省人民政府办公厅转发省财政厅关于《台湾会计专业人士担任中国（福建）自由贸易试验区会计师事务所合伙人试行办法》的通知

30. 福建省人民政府办公厅关于印发《推进工商登记制度改革实施方案》的通知

31. 福建省人民政府办公厅转发省工商局等部门关于实行“三证合一”登记制度实施意见（试行）的通知

32. 中共福建省委组织部　省教育厅　省人力资源和社会保障厅关于做好高层次人才子女就读中小学和幼儿园工作的通知

33. 中共福建省委组织部　福建省人力资源和社会保障厅关于印发《福建自贸试验区引进高层次人才团队建设经费支持实施办法（试行）》的通知

34. 中共福建省委组织部　福建省人力资源和社会保障厅关于印发《企业首席科技官岗位配额制实施办法（试行）》的通知

35. 中共福建省委宣传部关于印发《中国（福建）自由贸易试验区宣传报道方案》的通知

36. 中共福建省委宣传部等4部门关于印发《福建自贸试验区新闻和信息发布工作方案》的通知

37. 福建省发展和改革委员会关于印发《中国（福建）自由贸易试验区外商投资项目备案管理办法》的通知

38. 福建省发展和改革委员会关于印发《中国（福建）自由贸易试验区境外投资项目备案管理办法》的通知

39. 福建省发展和改革委员会等部门关于印发《中国（福建）自由贸易试验区监管信息共享管理试行办法》的通知

40. 福建省发展和改革委员会关于印发《福建省自贸试验区信息化平台建设总体方案》的通知

41. 福建省科学技术厅关于印发《福建省自贸试验区引进高层次人才科研项目资助暂行办法》的通知

42. 福建省科学技术厅关于支持自贸试验区企业开展闽台科技合作措施的通知

43. 福建省人力资源和社会保障厅关于做好中国（福建）自由贸易试验区内人力资源服务许可审批事项有关问题的通知

44. 福建省国土资源厅等部门印发《关于中国（福建）自由贸易试验区建设用地管理的意见》的通知

45. 福建省国土资源厅关于支持自贸试验区高层次人才项目建设的通知

46. 福建省环保厅关于探索中国（福建）自由贸易试验区环评审批事中事后监管方式的通知

47. 福建省住房和城乡建设厅关于在中国（福建）自由贸易试验区设立台资建设工程企业和台湾建筑专业人士执业有关事项的通知

48. 福建省住房和城乡建设厅关于在中国（福建）自由贸易试验区设立台资物业服务企业有关事项的通知

49. 福建省住房和城乡建设厅关于实行住房公积金特殊支持政策有关问题的通知

50. 福建省住房和城乡建设厅关于台湾城乡规划服务机构执业人员在中国（福建）自由贸易试验区内开展业务活动有关工作的通知

51. 福建省住房和城乡建设厅关于取得大陆注册结构工程师等3类执业资格的台湾地区专业人士在中国（福建）自由贸易试验区注册执业管理工作的通知

52. 福建省住房和城乡建设厅关于做好台湾专业人士在中国（福建）自由贸易试验区内设立的建筑工程设计事务所申请资质有关工作的通知

53. 福建省住房和城乡建设厅关于做好台湾建筑师在中国（福建）

自由贸易试验区内开展业务活动有关工作的通知

54. 福建省住房和城乡建设厅关于促进福建自贸试验区建筑专业服务发展的通知

55. 福建省农业厅关于加强中国（福建）自由贸易试验区农作物种子企业监管服务的意见

56. 福建省林业厅关于印发《中国（福建）自由贸易试验区国（境）外引种和松材线虫病疫木加工事中事后监管实施办法（试行）》的通知

57. 福建自贸试验区水土保持预防监督事中事后监管办法

58. 福建省海洋与渔业厅关于做好中国（福建）自由贸易试验区海域使用权市场出让项目海洋环评报告核准和备案有关工作的通知

59. 中国（福建）自由贸易试验区招标拍卖挂牌出让海域使用权管理办法

60. 福建省商务厅　福建省工商行政管理局　福州海关　厦门海关　福建出入境检验检疫局　厦门出入境检验检疫局关于福建自贸试验区开展平行进口汽车试点工作的通知

61. 福建省商务厅关于支持福州、平潭开展跨境电子商务保税进口试点十二条措施的通知

62. 福建省商务厅等部门关于印发《中国（福建）自由贸易试验区开展境内外维修业务试点管理暂行办法》的通知

63. 福建省商务厅关于印发《中国（福建）自由贸易试验区境外投资开办企业备案管理暂行办法》的通知

64. 福建省商务厅关于印发《中国（福建）自由贸易试验区商业保理业务试点管理暂行办法》的通知

65. 福建省商务厅关于做好福建自贸试验区招商引资工作的通知

66. 福建省文化厅关于印发中国（福建）自由贸易试验区文化市场开放项目实施细则的通知

67. 福建省地方税务局关于发布《中国（福建）自由贸易试验区人才激励个人所得税管理办法（试行）》的公告

68. 福建省地方税务局关于加强中国（福建）自由贸易试验区税收事项事中事后监管措施的意见

69. 福建省工商局关于印发《促进中国（福建）自由贸易试验区市场公平竞争工作暂行办法》的通知

70. 福建省工商局关于印发《福建省工商系统企业经营异常名录管理实施办法（试行）》的通知

71. 福建省工商局关于印发《市场主体年度报告公示制度试行意见》的通知

72. 福建省工商行政管理局关于印发中国（福建）自由贸易试验区外商投资广告企业项目备案管理办法的通知

73. 福建省工商局关于在全省推广实施企业信用分类监管的通知

74. 福建省质量技术监督局关于印发《中国（福建）自由贸易试验区质量技术监督工作改革意见》的通知

75. 福建省质量技术监督局关于印发《中国（福建）自由贸易试验区质量技术监督工作改革意见》的通知

76. 福建安全生产监督管理局关于印发《中国（福建）自贸试验区危险化学品进口企业登记管理办法》的通知

77. 福建省旅游局关于印发《台湾导游领队在福建自贸试验区执业实施方案》的通知

78. 福建省食品药品监督管理局关于促进中国（福建）自由贸易试验区建设的若干意见

79. 福建省食品药品监督管理局关于印发《台湾药师在福建自由贸易试验区执业的管理暂行规定（试行）》的通知

80. 福建省物价局关于印发《中国（福建）自由贸易试验区反价格垄断工作办法》的通知

81. 福建省物价局关于开展自贸试验区价格监测和信息发布工作的通知

82. 福建省金融工作办公室关于金融服务自贸试验区招商引资工作

六条措施的通知

83. 福建省金融工作办公室关于推进当前自贸试验区金融创新有关工作的通知

84. 福建省高级人民法院关于印发《福建法院服务保障中国（福建）自由贸易试验区建设的意见》的通知

85. 中国人民银行福州中心支行关于印发《中国－东盟海产品跨境交易人民币结算管理规定（试行）》的通知

86. 国家外汇管理局福建省分局关于印发《推进中国（福建）自由贸易试验区外汇管理改革试点实施细则》的通知

87. 国家外汇管理局厦门市分局关于印发《推进中国（福建）自由贸易试验区厦门片区外汇管理改革试点实施细则》的通知

88. 福州海关　厦门海关关于印发《福州海关　厦门海关共同推进中国（福建）自由贸易试验区建设联系配合办法》的通知

89. 厦门海关关于下发《厦门海关推进中国（福建）自由贸易试验区厦门片区建设监管服务改革方案》的通知

90. 福建检验检疫局关于全面复制推广福建自贸试验区首批检验检疫创新措施的通知

91. 福建检验检疫局关于做好跨境电子商务进口检验检疫试点工作的通知

92. 福建检验检疫局关于做好跨境电子商务零售出口检验检疫试点工作的通知

93. 福建检验检疫局关于印发进一步支持平潭对台小额商品交易市场发展15条措施（试行）的通知

94. 福建银监局办公室关于印发中国（福建）自由贸易试验区银行业监测制度的通知

95. 福建保监局关于印发《中国（福建）自由贸易试验区保险机构和高级管理人员备案管理办法》的通知

96. 福建边防总队服务自贸区建设十项措施

97. 关于印发《关于支持福建自贸试验区跨境电商、保税展示交易、转口贸易、商业保理等重点业态发展的若干措施》的通知

98. 福建自贸试验区办公室关于印发《福建自贸试验区发展状况考评办法》的通知

99. 福建自贸试验区 30 项标志性改革措施

100. 厦门跨境人民币贷款业务试点暂行管理办法

101. 关于印发《平潭综合实验区内台商独资或控股开发建设项目管理办法（试行）》的通知

（二）操作规程

1. 福建省交通运输厅关于福建自贸试验区重点试验事项办事指南

2. 国家外汇管理局福建省分局融资租赁外汇管理操作规程

3. 国家外汇管理局厦门市分局融资租赁外汇管理操作规程

4. 关于在福建自贸试验区内试点实施台商独资海员外派机构资质审批许可的公告

5. 福建检验检疫局关于印发福建自贸试验区重点试验项目和上海自贸试验区可复制可推广制度首批工作规范（试行）的通知

6. 福建检验检疫局关于印发中国（福建）自由贸易试验区福州及平潭片区诚信生产企业进出口一般工业品快速验放工作规范（试行）的通知

7. 福建出入境检验检疫局关于在平潭试点开展台湾认证结果和检验检测结果采信工作的通告

8. ZSP67－15 进口台湾熟肉制品检验检疫准入作业指导书

9. 中华人民共和国福州海关　福建省商务厅　福建省国家税务局　福建省工商行政管理局　国家外汇管理局福建省分局　福建省质量技术监督局 2015 年第 24 号公告（进一步简化福州关区企业办理电子口岸入网用户资格审批流程）

10. 福州海关　厦门海关　福建检验检疫局　厦门检验检疫局 2014 年第 13 号公告（全面实施出入境法定检验检疫货物“通关单无纸化”工作）

11. 福州海关2015年第1号公告（试点集中汇总征税作业模式）

12. 福州海关2015年第2号公告（保税展示交易业务）

13. 福州海关2015年第3号公告（实施进出区货物“批次进出、集中申报”作业模式）

14. 福州海关2015年第4号公告（简化保税货物内销手续）

15. 福州海关2015年第5号公告（开展内销选择性征收关税业务）

16. 福州海关2015年第6号公告（简化以通关作业无纸化方式申报提交的有关随附单证）

17. 福州海关2015年第7号公告（开展期货保税交割业务）

18. 福州海关2015年第8号公告（启用统一新版备案清单）

19. 福州海关2015年第9号公告（开展融资租赁业务）

20. 福州海关2015年第10号公告（实施境外入区货物“先进区、后报关”作业模式）

21. 福州海关2015年第11号公告（实施进出境（区）货物的智能化卡口管理）

22. 福州海关2015年第12号公告（推进海关AEO互认工作）

23. 福州海关2015年第13号公告（两岸海关电子信息交换系统）

24. 福州海关2015年第14号公告（放宽海运集装箱货物直接运输判定标准）

25. 福州海关2015年第15号公告（简化CEPA、ECFA单证提交需求）

26. 福州海关2015年第18号公告（引入社会中介机构协助开展海关保税监管和企业稽查工作相关事项）

27. 福州海关2015年第19号公告（企业注册登记改革事宜）

28. 福州海关2015年第20号公告（开展信任接单作业模式）

29. 福州海关2015年第21号公告（开展“自动审放、重点复核”审单作业模式）

30. 福州海关2015年第22号公告（企业自律管理）

31. 福州海关2015年第25号公告（开展海关企业协调员试点工作）

32. 福州海关2015年第26号公告（举办展会的支持服务和通关便利措施）

33. 福州海关2015年第28号公告（推行预归类“自主申请、全区通用”作业模式）

34. 福州海关2015年第29号公告（简化加工贸易核销单证提交模式）

35. 厦门海关2014年第9号公告（货物流转“自行运输”作业模式）

36. 厦门海关2014年第10号公告（进出区货物实施“批次进出、集中申报”作业模式）

37. 厦门海关2014年第11号公告（开展保税展示交易业务）

38. 厦门海关2014年第12号公告（开展集中汇总征税作业模式）

39. 厦门海关2014年第14号公告（推广海关特殊监管区域“两单一审”通关作业模式）

40. 厦门海关2014年第15号公告（启用统一新版备案清单）

41. 厦门海关2015年第1号公告（设立海关企业注册登记业务窗口）

42. 厦门海关2015年第2号公告（企业开展境内外维修业务相关事宜）

43. 厦门海关2015年第3号公告（关检“一站式”查验场）

44. 厦门海关2015年第4号公告（试点海运快件业务）

45. 厦门海关2015年第5号公告（实行“多点报关，申报地放行”通关模式）

46. 厦门海关2015年第6号公告（取消“进场章”）

47. 厦门海关2015年第7号公告（厦门永大会计师事务所具备中介机构参与海关稽查工作资格）

48. 厦门海关2015年第8号公告（推广海关特殊监管区域“两单一审”通关作业模式）

49. 厦门海关2015年第9号公告（设立海关企业注册登记业务窗口）

50. 厦门海关2015年第12号公告（开展内销选择性征收关税业务）

51. 厦门海关2015年第13号公告（开展期货保税交割业务）

52. 厦门海关2015年第14号公告（放宽海运集装箱货物直接运输判

定标准）

53. 厦门海关 2015 年第 15 号公告（简化原产地证书提交需求）

54. 厦门海关 2015 年第 16 号公告（企业注册登记改革）

55. 厦门海关 2015 年第 17 号公告（开展融资租赁业务）

56. 厦门海关 2015 年第 18 号公告（停止预录入收费）

57. 厦门海关 2015 年第 19 号公告（开展委内加工业务海关管理试点）

58. 厦门海关 2015 年第 20 号公告（飞机维修业务的有关监管问题）

59. 厦门海关 2015 年第 21 号公告（开展保税料件交易业务监管制度试点）

60. 厦门海关 2015 年第 22 号公告（实施进出境船舶监管手续相关纸质单证简化措施）

61. 厦门海关 2015 年第 23 号公告（开展国际航行船舶保税油跨关区供应业务）

62. 厦门海关 2015 年第 24 号公告（内销货物电子化分段担保业务）

63. 厦门海关 2015 年第 25 号公告（整船换载）

64. 厦门海关 2015 年第 26 号公告（实施进出境船舶舱单无纸化的措施）

65. 厦门海关 2015 年第 27 号公告（台车入闽）

66. 厦门海关 2015 年第 28 号公告（建立货物实施状态分类监管模式）

67. 厦门海关 2015 年第 29 号公告（开展中资非五星红旗国际航行船舶沿海捎带业务）

68. 厦门海关 2015 年第 30 号公告（台车入闽调整）

69. 厦门海关 2015 年第 31 号公告（预归类简化）

70. 厦门海关 2015 年第 32 号公告（开展海运国际中转口岸直拼业务）

71. 厦门海关 2015 年第 33 号公告（开展保税展示交易业务）

福建自贸试验区大事记

2014 年

1 月

1 月 2 日，在 2014 年省政府工作报告中提出，要主动对接上海自由贸易试验区政策，整合优化各类海关特殊监管区，推动在我省设立自由贸易园区。

2 月

省委、省政府决定由省商务厅牵头，整合平潭、厦门、福州相关区域，开展福建自由贸易园区申报工作。

3 月

省商务厅牵头完成福建自由贸易园区总体方案初稿，广泛征求各有关部门和专家学者意见。

5 月

经省委、省政府批准，《福建自由贸易园区总体方案（征求意见稿）》报有关国家部委征求意见。

6月

6月5日，《福建自由贸易园区总体方案》由省政府正式行文报送商务部。

9月

9月7日，商务部与福建省在厦门召开联席会议，商务部部长高虎城，省委书记尤权，省领导陈桦、叶双瑜等参加会议。会议议定启动福建自贸园区省部工作机制。

11月

11月12日，尤权书记主持召开省委专题会，研究自贸园区工作。

11月13日，商务部召集福建、广东、天津三省市会议，高虎城部长传达党中央、国务院关于自贸园区试点精神，研究推进第二批自由贸易园区工作。省领导陈桦以及广东省、天津市领导参加了会议。

11月29日，我省与商务部在北京召开福建自贸园区总体方案专家座谈会，征求福建自贸园区总体方案意见和建议。

12月

12月6日，省商务厅组织开展第一期自贸试验区知识培训，省直有关部门和相关地市代表100多人参加了培训。

12月6日，福建省委、省政府正式成立中国（福建）自由贸易园区推进工作领导小组，省委尤权书记任组长。领导小组下设办公室，挂靠省商务厅，省商务厅厅长黄新銮兼任领导小组办公室主任。

12月12日，李克强总理主持召开国务院常务会议，明确在天津、福建、广东开展第二批自贸园区试点。

12月13日，商务部王受文部长助理召集广东、天津、福建、上海四省市和全国人大法工委、国家发改委、财政部等相关部委，研究广东、天津、福建三省市设立自贸试验区和上海自贸试验区扩区事宜。

12月14日，国务院办公厅召开会议，研究四省市自贸试验区实施范围和法律授权调整事宜，省领导陈桦、省商务厅厅长黄新銮参加会议。

12月20日，省委尤权书记主持召开省委专题会，研究我省自贸试验区方案、机构设置。

12月24日，国务院常务会议研究审议广东、天津、福建三省市自贸试验区实施范围和法律调整授权。

12月28日，第十二届全国人民代表大会常务委员会第十二次会议审议通过福建、广东、天津、上海四省市自贸试验区实施区域相关法律调整议案。

12月30日，省委书记、省自贸试验区工作领导小组组长尤权主持召开福建自贸试验区工作领导小组第一次会议，传达学习习近平总书记在中央政治局常委会研究自贸试验区有关事项时的重要讲话精神，研究部署推进我省自贸试验区建设工作。

12月31日，国务院以国函〔2014〕178号文，批复设立中国（福建）自由贸易试验区。福建自贸试验区涵盖平潭片区、厦门片区、福州片区，总面积118.04平方公里，并明确了各片区四至范围。

2015年

1月

1月4日，尤权书记主持召开省委专题会，研究审定福建自贸试验区总体方案。

1月4日，福建省向商务部报送《中国（福建）自由贸易试验区总体方案》（征求意见稿）。

1月7日，《中国（福建）自由贸易试验区总体方案》由商务部办公厅和省政府办公厅联合行文征求国家相关部委意见。

1月14日，省领导陈桦、郑晓松赴国台办、财政部就福建自贸试验区方案进行汇报沟通。

1月15日—20日，福建省委组织部举办“自贸试验区建设与进一步扩大开放”专题培训班，学员对象包括福建自贸试验区工作领导小组成员单位主要负责人，福州、厦门、平潭综合实验区主要领导以及承担自贸试验区建设的主要负责人。

2月

2月3日，省台办、商务厅在福州召开中国（福建）自由贸易试验区建设座谈会，邀请台湾业界、学界和行业团体的30多名与会嘉宾，对推动福建自贸试验区建设发展献言献策。

2月4日，赴福州、厦门、平潭片区挂职干部（人才）培训会议在榕召开。省委常委、组织部长姜信治出席会议，要求挂职干部认真贯彻落实中央和省委关于自贸试验区建设的部署要求，在新的岗位上做出一番新业绩。

2月7日，《中国（福建）自由贸易试验区总体方案》经征求37个部委意见后，联合会签上报国务院审批。

2月17日，“中国（福建）自由贸易园区推进工作领导小组”更名为“中国（福建）自由贸易试验区工作领导小组”，尤权书记任组长。调整后的领导小组成员共29人。

2月27日，福建自贸试验区福州、厦门、平潭片区外商投资企业设立“一表申报、一口受理、三证合一”服务模式开始试运行。

2月28日，省委书记、省自贸试验区工作领导小组组长尤权主持召开省自贸试验区工作领导小组第二次会议，研究部署我省自贸试验区建设下一步工作。

3月

3月3日—12日，省委常委、省委组织部长姜信治率福建省友好代表团赴新加坡、澳大利亚开展自贸试验区人才引进工作。

3月16日—18日，郑栅洁副省长连续召开省政府专题会，研究省自贸试验区五个专题小组工作推进计划。

3月19日，国家旅游局出台《支持中国（福建）自由贸易试验区旅游业开放意见的函》（旅函〔2015〕11号），从扩大旅行社业开放、放宽旅游从业人员限制、支持平潭建设国际旅游岛、促进整体开放带动旅游发展、推动实施旅游便利化措施、探索实现区内区外联动、鼓励旅游金融创新等七方面提出支持措施。

3月20日—26日，郑栅洁副省长赴福建自贸试验区福州、厦门、平潭三个片区调研。

3月24日，习近平总书记主持中央政治局会议，审议通过广东、天津、福建自由贸易试验区总体方案和进一步深化上海自由贸易试验区改革开放方案。

4月

4月8日，国务院正式印发《中国（福建）自由贸易试验区总体方案》（国发〔2015〕20号）。

4月8日，国务院办公厅发布《关于印发自由贸易试验区外商投资准入特别管理措施（负面清单）的通知》（国办发〔2015〕23号），列明了不符合国民待遇等原则的外商投资准入特别管理措施，共计50个条目122项。

4月8日，国务院办公厅发布《关于印发自由贸易试验区外商投资国家安全审查试行办法的通知》（国办发〔2015〕24号），明确了与负面清单管理模式相适应的外商投资管理国家安全审查措施。

4月19日，省政府印发《关于中国（福建）自由贸易试验区福州片区实施方案的批复》（闽政文〔2015〕120号），明确了福州片区建设的总体要求、区域布局、主要任务和措施、保障机制。

4月19日，省政府印发《关于中国（福建）自由贸易试验区厦门片区实施方案的批复》（闽政文〔2015〕121号），明确了厦门片区建设的总体要求、区域布局、主要任务和措施、保障机制。

4月19日，省政府印发《关于中国（福建）自由贸易试验区平潭片区实施方案的批复》（闽政文〔2015〕122号），明确了平潭片区建设的总体要求、区域布局、主要任务和措施、保障机制。

4月20日，省政府公布《中国（福建）自由贸易试验区管理办法》（省政府令第160号）。

4月20日，省政府公布《中国（福建）自由贸易试验区相对集中行政复议权实施办法》（省政府令第161号），明确福建自贸试验区内的行政复议案件，三个片区管委会可根据职责分工统一行使行政复议权。

4月20日，省政府发布《关于印发〈中国（福建）自由贸易试验区管理委员会规范性文件法律审查规则〉的通知》（闽政〔2015〕16号），明确自贸试验区规范性文件的法律审查制度。

4月21日，中国（福建）自由贸易试验区挂牌仪式在福州举行。省委书记尤权为福建自贸试验区揭牌并为第一批进驻自贸试验区福州片区的企业和机构代表颁发证照。

4月21日，福建自贸试验区政策说明会在福州召开，副省长郑栅洁出席会议。会上，省领导、福建自贸试验区领导小组办公室和福州、厦门、平潭片区的有关负责人分别对福建自贸试验区总体方案和三个片区实施方案进行解读，并通报了有关工作进展情况。

4月22日—24日，李克强总理莅临福建自贸试验区厦门片区、福州片区，实地察看自贸试验区象屿综合服务大厅、兴业银行福州片区支行，深入了解简政放权、商事制度改革和金融改革等情况。李克强总理表示，自贸试验区不是政策洼地而是改革高地，要求福建大胆闯勇于创，当好改革先行者。设立自贸试验区的初衷就是用开放倒逼改革，福建要通过开放跨境金融业务，倒逼内地融资成本降低。

4月29日，国家工商总局出台《关于支持中国（福建）自贸试验区建设的若干意见》（工商企注字〔2015〕57号），在企业登记制度、企业日常监管等方面提出 12 条意见，支持福建自贸试验区建设。

5 月

5 月 1 日，省政府办公厅发布《关于印发福建自贸试验区实施“一照一码”登记制度工作方案的通知》（闽政办发明电〔2015〕37 号），明确在福建自贸试验区率先实施“一照一码”登记制度试点工作。

5 月 4 日，海关总署出台《关于支持和促进中国（福建）自由贸易试验区建设发展的若干措施》（署加发〔2015〕115 号），从全面复制推广上海自贸试验区经验、服务自贸试验区改革需求以及实施海关监管制度创新和海关安全高效监管等方面提出五方面 25 条支持措施。

5 月 18 日，省政府新闻办、福建自贸试验区领导小组办公室联合召开新闻发布会，通报了福建自贸试验区第一批 18 项创新举措。

5 月 31 日，省政府印发《关于推广福建自贸试验区首批可复制创新成果的通知》（闽政〔2015〕25 号），明确将首批 18 项改革创新成果分批、分期在省内其他区域推广。

6 月

6 月 1 日，交通运输部发布《关于在国家自由贸易试验区试点若干海运政策的公告》（交通运输部公告 2015 年第 24 号），明确自贸试验区内试点的若干海运政策。

6 月 1 日，省政府办公厅发布《关于全省复制推广福建自贸试验区“一照一码”登记制度改革试点的实施意见》（闽政办〔2015〕79 号），决定在全省复制推广“一照一码”登记制度改革试点。

6 月 6 日，厦门国际商事仲裁院和厦门市国际商事调解中心在福建自贸试验区厦门片区挂牌成立。

6 月 10 日，省政府新闻办、福建自贸试验区办公室联合召开新闻发布会，公布福建自贸试验区第二批 8 项全国首创举措。

6 月 12 日，文化部印发《关于实施中国（广东）自由贸易试验区、中国（天津）自由贸易试验区、中国（福建）自由贸易试验区文化市场管理政策的通知》（文市函〔2015〕490号），允许在粤津闽3个自贸试验区内设立外资经营的演出经纪机构、演出场所经营单位及娱乐场所。

6月16日，省委书记、省自贸试验区工作领导小组组长尤权主持召开省自贸试验区工作领导小组第三次会议，研究部署我省自贸试验区建设下一步工作。

6月24日，郑栅洁副省长主持召开福建自贸试验区企业创新顾问座谈会，17名企业代表应邀参会。

6月25日，海关总署印发《海关总署关于支持自由贸易试验区建设发展有关原产地管理措施的通知》（署税函〔2015〕242号），明确将福建自贸试验区“简化CEPA以及ECFA提交项下货物进口原产地证书需求”及“放宽ECFA项下海运集装箱货物直接运输判定标准”两项措施在上海、天津、广东三个自贸试验区复制推广，这是第二批自贸试验区挂牌以来海关总署首次发文予以推广的海关创新举措。

6月30日，福建自贸试验区领导小组办公室、省金融办联合在上海举办“中国（福建）自由贸易试验区投资推介会”，近120位跨国公司、商会代表和金融机构参会。

7月

7月1日，省委组织部、福建自贸试验区领导小组办公室、省人社厅、省政府新闻办联合召开新闻发布会，公布《关于加强中国（福建）自由贸易试验区人才工作的十四条措施》（闽委人才〔2015〕4号）、《2015年福建自贸试验区高层次人才岗位需求》。

7月4日，郑栅洁副省长到福建自贸试验区领导小组办公室集中办公驻地，听取福建自贸试验区领导小组办公室工作汇报，并看望集中办公的同志。

7月9日，省政府印发《关于推广福建自贸试验区第二批可复制创新成果的通知》（闽政〔2015〕35号），明确将第二批12项改革创新成果分批、分期在省内其他区域推广。

7月10日，省政府新闻办、福建自贸试验区领导小组办公室联合召开新闻发布会，公布了第三批4项全国首创举措以及3项率先开放措施。

7月15日，由福建自贸试验区领导小组办公室（商务厅）、阿里巴巴集团主办的“阿里直通自贸试验区首发仪式”在福州举行，福建自贸试验区与阿里巴巴集团聚划算战略合作全面启动。

7月17日，海关总署署长于广洲来闽调研福建自贸试验区建设工作。于广洲署长对我省自贸试验区挂牌以来取得的成效表示肯定，要求海关充分发挥职能，提高监管效能，持续创新举措，进一步推进通关便利化、贸易便利化。海关总署副署长孙毅彪，省委常委、福州市委书记杨岳，副省长郑栅洁陪同调研。

7月24日、27日，福建自贸试验区领导小组办公室（商务厅）在深圳、北京分别举办“中国（福建）自由贸易试验区投资推介会”，两地众多机构和企业代表参会。

8月

8月10日—14日，苏增添、马新岚、刘德章、李川等25位全国人大代表组成专题调研组，赴福州片区、平潭片区开展调研，先后走访福州片区综合服务大厅、跨境电商产业园、台湾创业园等。代表们充分肯定福建在推进自贸试验区建设发展所做的工作和取得的成效，同时对进一步加快自贸试验区基础建设，推进体制机制创新等提出意见建议。

8月16日，省政府印发《中国（福建）自由贸易试验区产业发展规划（2015—2019年）》（闽政〔2015〕41号），提出重点发展商贸服务、航运服务、现代物流、金融服务、新兴服务、旅游服务和高端制造七大产业集群。

8月16日，“厦蓉欧”班列在厦门开通，这是中国四大自贸试验区开出的首条直达欧洲、中亚班列。

8月24日，省政府新闻办、福建自贸试验区领导小组办公室会同有关单位联合召开新闻发布会，发布福建省国际贸易“单一窗口”上线试运行和第四批 7 项全国首创举措。

8 月 25 日，商务部出台《关于支持自由贸易试验区创新发展的意见》（商资发〔2015〕313 号），提出促进外贸转型升级、降低投资准入门槛、完善市场竞争环境等五方面 26 条措施。

8 月 28 日，郑晓松副省长到福建自贸试验区厦门片区调研。郑晓松副省长表示，加大对知识产权的保护，构建孵化团队，吸引更多台湾青年来厦创业。

8 月 28 日—29 日，广东省委书记胡春华、省长朱小丹率领广东省党政代表团到我省考察指导，并走访了福建自贸试验区福州、厦门片区。两省深入交流发展经验，并强调要加强互动交流，在自贸试验区、“一带一路”建设等方面深化合作，共享试验成果，不断为改革开放探索经验。

9 月

9 月 4 日，省政府发布《关于支持福建自贸试验区融资租赁业加快发展的指导意见》（闽政办〔2015〕123 号）。

9 月 8 日，以“海外华商与中国自由贸易试验区建设”为主题的第九届海外华商中国投资峰会在厦洽会期间举行。国务院侨办谭天星副主任、福建省政府郑晓松副省长到会致辞，商务部外资司、上海、福建、广东、天津自贸试验区相关负责人及 300 多位海内外嘉宾参会。

9 月 10 日—11 日，商务部王受文副部长率领公安部、财政部、卫计委、工商总局、旅游局、海关总署、台办等国家部委组成的调研组，赴我省调研台资企业发展和自贸试验区建设情况，并在福州召开自贸试验区建设工作座谈会。尤权书记会见调研组一行，郑晓松副省长出席了座谈会。王受文副部长说，福建自贸试验区设立以来已初见成效，特别是在投资贸易便利化、体制机制创新、综合执法体系建设等方面都创造了不少好做法好经验。商务部将一如既往地支持福建自贸试验区建设，希望福建继续大胆探索、先行先试，发挥好对台优势，更好地服务于国家发展战略。

9月10日，由福建省外办主办、福建自贸试验区领导小组办公室协办的“福建自贸试验区推介会”在福州举行，来自25个国家驻广州、上海、厦门总领事馆的总领事、领事等31人组成的外国驻华领事团参加了会议。

9月16日—17日，国家旅游局杜江副局长带队赴平潭专题调研自贸试验区平潭片区旅游业发展和国际旅游岛建设。

9月19日，由省商务厅、福建自贸试验区领导小组办公室主办，省国际投资促进中心承办，以“投资福建自贸试验区”为主题的中国（福建）国际投资合作对接会在福州召开，来自亚洲、非洲、美洲、欧洲、大洋洲60余个国家近400名跨国公司、非政府组织与政府部门代表参加会议。

10月

10月15日，中共中央台办、国务院台办正式授予厦门两岸青年创业创新创客基地“海峡两岸青年创业基地”的牌匾，国台办主任张志军等领导为基地揭牌。

10月21日，福建自贸试验区闽投投资发展有限公司在平潭揭牌成立。公司由省投资集团、福建建工集团、平潭国投公司联合发起设立，将重点投资自贸试验区的基础性、战略性产业项目、新兴产业项目以及其他具有良好前景的项目，搭建起重大项目的投融资运作平台和新兴产业的孵化平台。

10月21日，中国—东盟海产品交易所正式对外公开挂牌交易。这是我国首家以“海产品”为主题的线上交易所，主要提供大宗海产品现货“线上交易、线下交收、跨境结算”的第三方电子交易平台服务。

10月23日，厦门片区管委会与广东自贸试验区深圳前海蛇口片区管委会签署合作协议，双方就加强合作、共同促进自贸试验区制度创新，共同参与“一带一路”建设，加强产业合作互动等达成共识。

10月28日，由省外办主办的“驻港领事官团福建行·福建自贸试验区推介会”活动在福州召开。外交部驻港公署特派员佟晓玲、省外办、省商务厅及来自新加坡、法国、澳大利亚等13个国家和地区驻香港的领事官员参加了活动。

11月

11月11日，全国自贸试验区首份以检商“两证合一”形式办结的原产地备案在福州片区办结发出，标志着由省商务厅和福建检验检疫局合力推动的“两证合一”改革正式启动。

11月12日，福建省商务厅与美国信息产业机构、中国美国商会、美中贸易全国委员会在北京联合举办“福建省自贸试验区政策推介暨信息与服务行业合作交流会”。

11月16日，经省政府同意，福建自贸试验区领导小组办公室印发《关于支持福建自贸试验区跨境电商、保税展示交易、转口贸易、商业保理等重点业态发展的若干措施》(闽自贸办〔2015〕11号)。

11月17日—20日，省委书记尤权率调研组深入福建自贸试验区福州、平潭和厦门片区调研，实地检查自贸试验区建设推进情况，并在厦门主持召开自贸试验区工作座谈会。省领导于伟国、杨岳、叶双瑜、张志南、王蒙徽、潘征分别参加上述活动。

11月24日，福建省十二届人大常委会第十九次会议在福州举行，会议审议了《中国（福建）自由贸易试验区条例（草案）》。

11月26日—28日，商务部外资司黄峰副司长率队赴我省调研自贸试验区外商投资备案工作情况，并与部分企业、中介机构座谈。

11月30日，经国务院自由贸易试验区工作部际联席会议审定，商务部印发了全国自贸试验区8个“最佳实践案例”，其中我省自贸试验区提供的国际贸易“单一窗口”案例和平潭投资管理体制改革“四个一”案例入选。

12 月

12 月 1 日，国家工商总局、福建省政府联合印发《关于发布中国（福建）自由贸易试验区台湾居民个体工商户营业范围的公告》（工商个字〔2015〕208 号），允许台湾居民在福建自贸试验区注册登记为个体工商户，无需经过外资备案（不包括特许经营），从事 129 个行业的经营活动。

12 月 2 日，福建检验检疫局在福建自贸试验区平潭片区率先试点开展两岸检验检疫电子证书互换互查。

12 月 9 日，中国人民银行出台《关于金融支持中国（福建）自由贸易试验区建设的指导意见》（银发〔2015〕373 号），从扩大人民币跨境使用、深化外汇管理改革、拓展金融服务、深化两岸金融合作、完善金融监管等五方面提出 30 条支持政策。

12 月 18 日，中国人民银行福州中心支行在平潭举办福建自贸试验区平潭片区台资企业征信查询试点开通仪式。平潭 15 家商业银行与上海资信有限公司签订了台湾地区信用报告查询合作协议，首开大陆与台湾地区征信信息共享的先河。

12 月 18 日、22 日，国家外汇管理局厦门市分局、福建省分局分别出台了《推进中国（福建）自由贸易试验区厦门片区外汇管理改革试点实施细则》（厦门汇〔2015〕94 号）及《推进中国（福建）自由贸易试验区外汇管理改革试点实施细则》（闽汇〔2015〕189 号），出台 18 条措施，支持我省自贸试验区开展外汇管理试点。

12 月 19 日，福州市马尾区人民法院自由贸易区法庭在马尾正式成立，这是福建省第二个自贸试验区法庭，将集中管辖涉福建自贸试验区福州片区的一审商事案件、房地产案件、知识产权民事纠纷案件。

12 月 28 日，国家认监委发布《关于自贸区平行进口汽车 CCC 认证改革试点措施的公告》（2015 年第 38 号），进一步调整汽车产品强制性认证制度，自 2016 年 1 月 1 日起开展自贸试验区汽车平行进口认证实施试点工作。

12月29日，海峡两岸仲裁中心在平潭成立。当日，中国国际经济贸易仲裁委员会福建分会及福建自贸试验区仲裁中心、中国海事仲裁委员会福建分会及福建自贸试验区仲裁中心、21世纪海上丝绸之路商务理事会福建联络办公室也揭牌成立。

12月31日，福州市马尾区人民检察院派驻福建自贸试验区福州片区检察室正式挂牌成立。

12月31日，省政府办公厅转发省统计局《福建自贸试验区统计报表制度（试行）》。

2016年

1月

1月4日，梁建勇副省长到福州片区调研，考察利嘉国际商业城、两岸金融创新合作示范区、中国—东盟海产品交易所等项目。

1月5日，省政府印发《关于推广福建自贸试验区第三批可复制创新成果的通知》（闽政〔2016〕1号），将20项改革创新成果分批、分期在省内其他区域推广。

1月7日，厦门市湖里区人民检察院派驻中国（福建）自由贸易试验区厦门片区检察室揭牌成立。

1月8日，平潭综合实验区人民检察院派驻中国（福建）自由贸易试验区平潭片区检察室正式挂牌成立。

1月10日，省商务厅黄新銮厅长在省政协第十一届四次会议上，就推动福建自贸试验区建设和加快发展我省互联网电子商务产业等重点提案办理情况向委员们作了报告。

1月11日，福建省国际贸易单一窗口（省电子口岸公共平台）与新加坡单一窗口成功进行了首票数据的交换和展示，标志着两个平台正式联通，福建成为国内省级单一窗口第一个同新加坡单一窗口实现对接的省份。

1月18日，梁建勇副省长到厦门片区调研，考察了太古飞机工程有限公司、夏商风信子进口商品直购中心、国际贸易单一窗口和综合服务大厅。

1月19日，省政府办公厅出台文件，确定福建自贸试验区新增的37个重点试验项目。

1月19日—21日，受商务部委托，国务院发展研究中心、普华永道和方达律师事务所等三家评估机构赴我省，对福建自贸试验区拟在全国复制推广的21项创新举措和负面清单管理模式实施情况进行评估。

1月21日，省商务厅和台湾关贸网路股份有限公司在福州签署了《闽台口岸信息互联互通合作协议书》，标志着闽台口岸通关、物流信息交换共享工作迈出了重要一步。

1月22日，中国人民银行发布《关于扩大全口径跨境融资宏观审慎管理试点的通知》，明确自2016年1月25日起，央行将面向注册在上海、福建、广东、天津四个自贸试验区的企业以及27家银行类金融机构，扩大本外币一体化的全口径跨境融资宏观审慎管理试点。

1月22日，梁建勇副省长到福州保税港区调研，并对福州片区提出了工作要求。

1月25日，商务部外资司将《福建自贸试验区统计报表制度（试行）》印发给上海、广东、天津自贸试验区学习借鉴。

2月

2月18日，省人大常委会办公厅发布《关于〈中国（福建）自由贸易试验区条例（草案修改稿）〉公开征求意见的公告》，面向社会各界公开征求自贸试验区条例草案的意见，提意见截止时间至3月20日。

2月22日，商务部、工业和信息化部、公安部、环境保护部、交通运输部、海关总署、质检总局、国家认监委等8部门联合印发《关于促进汽车平行进口试点的若干意见》（商建发〔2016〕50号），提出七条支持措施，加快推动汽车平行进口试点政策措施落地。

2月26日，厦门片区管委会、市金融办联合人民银行厦门市中心支行、厦门银监局、厦门证监局、厦门保监局发布了厦门片区成立以来的首批27个金融创新案例，内容涵盖推动两岸金融合作、凸显服务实体经济功能、助力小微企业发展、创新监管与服务手段等四个方面。

后　记

本书在梁建勇副省长的指导下，由福建自贸试验区领导小组办公室牵头会同福建自贸区发展研究中心编撰，省商务厅钟木达副厅长、福建社科院李鸿阶副院长、省商务厅陈靖副巡视员负责审稿，省商务厅黄新銮厅长最后定稿。

本书编撰过程中，编者尊重相关评估机构对福建自贸试验区发展的客观评价，但因篇幅限制，对主要内容进行了摘编，希望给予谅解。同时，对新华通讯社、人民日报社、经济日报社、福建日报社和复旦大学、上海对外经贸大学、福建师范大学福建自贸区综合研究院等单位给予的大力支持表示衷心感谢。

由于编撰时间比较仓促，疏漏之处在所难免，欢迎广大读者批评指正。

编者

2016 年 4 月